神奇甲骨文

王宇信 题

刘志伟 著

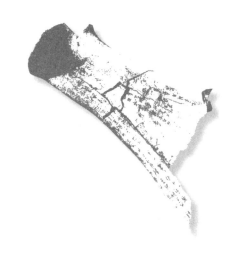

中国文史出版社

图书在版编目（CIP）数据

神奇甲骨文／刘志伟著 . -- 北京：中国文史出版
社，2020. 11

ISBN 978 – 7 – 5205 – 2427 – 8

Ⅰ. ①神… Ⅱ. ①刘… Ⅲ. ①甲骨文 – 通俗读物

Ⅳ. ①K877. 1 – 49

中国版本图书馆 CIP 数据核字（2020）第 208235 号

责任编辑：金硕

出版发行：**中国文史出版社**

社　　址：北京市海淀区西八里庄路 69 号院　　邮编：100142

电　　话：010 – 81136606　81136602　81136603　81136605（联络部）

传　　真：010 – 81136655

印　　装：廊坊市海涛印刷有限公司

经　　销：全国新华书店

开　　本：660 × 950　1/16

印　　张：16

字　　数：230 千字

版　　次：2021 年 1 月北京第 1 版

印　　次：2025 年 5 月第 2 次印刷

定　　价：49. 80 元

写在前面的话

甲骨文神奇在哪儿？甲骨文是现代汉字的鼻祖，今天我们时时刻刻离不开的汉字，就是甲骨文字一脉相承的嫡传。美妙的汉字独树一帜，一字一历史，一字一故事，一字一智慧，一字一艺术！

一片甲骨惊天下！

一片甲骨记录了许多的世界之最！

一片甲骨堪称中国考古学家的摇篮！

一片甲骨把中国的信史提早了千多年！

一片甲骨兴起了一门全球瞩目的显学！

一片甲骨揭示了世界公认的华夏文明！

一片甲骨证实了《史记》等典籍的可信！

一片甲骨掀起了湮没三千多年王朝的盖头！

一片甲骨从古代走来而今还有十五亿人在应用！

一片甲骨力压群雄走进互联网成为这个星球上寿命最长的文字学家！

…… ……

在早期金石家们手里，只有可供把玩的宝物而没有历史。他们并不知道那个湮没已久的殷商王朝怎么回事儿，更不了解那时候发生的逸事逸闻，这些都有待我们去发掘、去梳理、去阐述。甲骨文字是彼时"贞人"老爷爷，对于那个遥远的殷商社会的全记录，显现了中华民族先民的智慧与创造。穿越历史，古代先贤就仿佛是人类的童年，他们的休养生息充满了情趣，他们之间发生的故事，稚嫩、智慧，甚至充溢着天真与无邪。换句话说，古人也是萌萌的文艺范儿。满满的好奇心促使我们透过甲骨学殷商文化这个窗口，去探秘、去发现、去观察、去品味。

近年来，随着我国国力的增强，全体国民文化素养极大提升，尤其是各级各类学校研学实践课程化的落地，大家的目光再次聚焦到古老的甲骨文字，以及产生甲骨文的那个时代的社会形态。甲骨文字当之无愧地被联合国教科文组织公布为世界记忆遗产，它尘封了太多太多的神秘，有待我们一一破解，让更多的有志之士和青少年成为中华优秀传统文化的爱好者、受益者、传承者！

本书通过"神奇甲骨与殷商""殷墟发掘趣闻录""甲骨书法启蒙课"三大板块内容，阐释了一个完整的甲骨学殷商文明大全宝库。

急不可待了吧，让我们倒拨时针，手握甲骨文这把金钥匙，去开启探秘征程的大门吧！

CONTENTS
目录

第二编　殷墟发掘趣闻录

第三编　甲骨书法启蒙课

第一编

神奇甲骨与殷商

◎ 四只眼睛的仓颉只是一个传说

在中华民族光灿夺目的历史画卷里，仓颉是一位介于神话与传说之间的人物，无论从神话学、民族学或民俗学的角度考察，他都是古之神圣者，史称"龙颜四目"，"声有睿德"，他赫赫卓著的功绩在于"始制文字，以代结绳之政"。仓颉发明的这个"秘密武器"竟然感动得"天雨粟，鬼夜哭，龙亦潜藏"，真是惊天地泣鬼神的英雄创举呀！

据说仓颉是中国原始社会后期黄帝的助手。他曾把流传于先民中的文字加以搜集、整理和使用，在汉字创造的过程中起了重要作用，为中华民族的繁衍和昌盛做出了不朽的功绩。仓颉何方人氏呢？有说为今河南南乐人，也有说是陕西白水人。是神是人还没有弄明白呢，有谁见过四只眼睛的"人"？考察祖籍是不是有些无厘头了？

最早提及仓颉的是战国时期的荀卿，就是那篇流芳百世的名作《劝学篇》的作者。到了汉代，人们更加崇拜仓颉，于是又给他添了两只眼睛，开始神化。其实这些都不重要，重要的是普罗民众对于文字的敬畏。黄帝时代没有文字，只有结绳记事，一条绳子上打了大大小小的绳结作为重大事件的记录。

时间久了绳结越来越多，记忆也越来越迷糊，难以应付更多的记载需求。黄帝就命仓颉去造字。

仓颉领受了任务，每日苦思冥想不得要领。一天，他看见从天上飞着的凤凰嘴里掉下一件东西，捡起来一看，上面有一个自己不认得的蹄印。于是仓颉去询问猎人，得知这是貔貅的蹄印。仓颉很受启发，于是他便注意仔细观察各种事物的特征，譬如日、月、星、云、山、河、湖、海，按其特征画出图形，造出许多象形字来……

我们知道，各民族的文字大都是以象形文字开始而后分道扬镳的。

甲骨文之所以让我们如此自豪，起码可以从这两个方面去说。其一，以甲骨文为基因的汉字由于历代统治者的维护、使用，其一脉相承的精神价值，就在于它在中华民族数千年来的大一统中，发挥了巨大的凝聚作用；其二，汉字以表意为主的存在方式，适应了中国的地域广袤，适应了各地的语音微殊，表现了它顽强的生命力。有人这样形象地比喻汉字：一字一历史，一字一故事，一字一智慧，一字一艺术！

作为联合国五种法定的工作语言之一，汉语言文字信息量最大，工作文本篇幅最为精短而最显严密。由于一批科学家的努力，汉字顺利地通过了电脑录入关，如此年长的甲骨文字的后裔直通互联网，跨入了世界的同步发展之中。有人惊呼不少年轻人忘记了汉字书写，福兮，祸兮？时代在发展，人类在进步，杞人忧天要不得。不记得两千多年前的孔夫子就痛心疾首于"礼崩乐坏"，今天呢？夫子应无恙，当惊世界殊！

文字的发展是一个漫长的渐进过程，我们愿意相信有那位仓颉先生的功劳，更有殷商"贞人"的创造。郭沫若先生曾经说，发展到甲骨文字的成熟阶段，至少需要一千五百年的进化历史。在没有发现甲骨文字之前，人们出于对文字的敬畏，创造出一个"文圣人"来祭祀仓颉，当然很美好。感谢甲骨文，感谢殷商贞人，也感谢传说中的仓颉，不管他有几只眼睛。

◎ 甲骨文：你都记载了什么

1899年秋天王懿荣发现了龟甲兽骨文字，就是我们今天所说的甲骨文。甲骨文字，是早于篆籀、早于青铜铭文的古文字。文字，是人类进入文明时代的标志之一。关于文字的产生，有着许许多多美丽的传说。很久很久以前，人类社会还处于荒蛮时代。那时候，聚落中只有语言而没有文字。人们要记住什么事情，一是靠口口相传；二是在绳子上打结，即所谓的"结绳记事"。直到现在，世界上有些封闭落后的少数民族，甚至还在使用这种方法。

上面我们提到了仓颉造字，其实，仓颉这个人并不存在。世上的字是普通的百姓在日常生活劳动中发明创造出来的，不过把它们集中在仓颉一个人身上而已。无论国内还是国外，都发现过一些上古时期人类在岩石上刻画的符号或图画。在出土的七八千年前的陶罐上，也常见一些图案或者似字非字的刻画。人类发明文字是一个渐进的过程，是不可能由一个人在一段时间内完成的。

要说甲骨文，先得说说人类初民对社会、对自然的认识。当时，社会生产力还十分低下，人们对世间万物的认识十分有限。打个比方说，他们的智力就如同当今幼小的孩童一样。看见天上打雷下雨，心中就十分恐惧，以为有一个人们看不见的神物在控制着。甲骨文里，"雷"字就是"电"周围加上四个圆辘辘。他们想象着：有一架奇大无比马车，车辘辘在天上来回滚动，于是伴随着闪电发出了巨大的声响，不一会儿，雨就下来了……经历地震洪灾，他们又以为是上天在惩罚自己。于是，他们想象了许多怪异的猛兽，把它们铸造在青铜器上，以之"辟邪"。在与自然搏斗中，他们的伙伴死掉了，他们以为是另一个世界在召唤死者……现在看来，他们是多么的可笑，甚至还会有人指责这些初民"迷信"！不要笑话他们，就像不要笑话我们身边幼稚的孩童一样。直到今天，不是还有许许多多的未知世界我们依然没有弄懂吗？

既然"迷信"，他们凡事都要占卜一下，预测一下凶吉。

又是一个大旱之年。天上的太阳如同一盆火，毫无遮拦地倾倒在大地上。河流干涸了，裂着横七竖八的沟。田地里，禾苗全都旱死了，大地如同冒了烟一般。人类最早的伙伴——猎狗饿死了。天上断了飞鸟，地上没了走兽。人们一群群地跑到河边，对着天对着地长跪不起，他们唯一的希望，就是能下一场雨！雨啊，雨！你就是生命啊！

国王来了，身后跟着满脸忧愁的大臣们。尽管鼓乐师们还是那样卖力，把乐器奏得震天响；尽管舞女们强打精神还在拼命跳着，可是，谁也没有心情去看他们一眼。巫师（那时候称为"贞人"）出来了。他穿着华丽而奇特的衣服，脸上画满了粗犷的花纹，充满着神秘的色彩。当时，贞人是很受人们崇敬的，因为，只有他才可以与天神"通"上话。石头垒成的简单的祭台上，摆放了一些极为简朴的而当时也只能如此的被称作"牺牲"的供品。国王朝贞人点了点头，示意可以开始了。祭台后面的小巫们舞着手中的道具，跳起了类似于萨满的怪异的舞蹈。很多东西都可以用作道具，比如戈、盾、羽毛、牛尾，或者是乐器什么的。一边跳，贞人嘴里一边念念有词。他的话一般人是听不懂的，因为那是在与"神"说话。终于表演结束了。贞人虔诚地走到火盆前，两个小巫捧上经过整治的龟板，巫师从火盆里夹起一把烧得通红的小铜刀，朝着龟板背面已经钻好的小坑坑里烫。龟板冒出一缕青烟，袅袅地飞向半空。少顷，贞人把龟板翻过来，仔细地去辨认由于背面烧灼而产生的细小的裂纹。人们把竖的细纹叫作"兆"，横的细纹叫作"坼"。这一横一竖加在一起，就是占卜的"卜"字。这个"兆"字直到今天还有预先显示的意义，不是有句话说"瑞雪兆丰年"吗？

此时此刻，连国王都不敢出一口大气，生怕惊动了上天。沉闷的气氛终于结束了。贞人把裂开细小纹路的龟板捧给国王看，并且指点着告诉国王说：三天以后，上天就会普降喜雨！国王高兴地舒了一口气。贞人庄重地把龟板捧好，拿出精美的铜刀，在这块龟板上小心翼翼地刻下一句话：翌贞乙亥雨。

国王亲自参加的祭祀如此之隆重，以致一般的奴隶根本到不了跟前。直到祭祀结束了，跪在远处的臣民们这才不约而同地欢呼起来，又是一阵狂热的鼓与舞的交织……

其实，商代的甲骨文的内容无所不包：要去打仗，能胜与否？今年小麦，丰收与否？老天下雨吗？有人进攻吗？王后什么时候生孩子？是男呢还是女呢？等等。据著名甲骨学家胡厚宣先生研究，殷墟出土的甲骨有十五六万片，甲骨卜辞上记载的内容非常丰富，有几十个类别之多。再加上大量的遗址遗物的文化遗存，不但记载着大量的商代的历史史料，就是商以前的好多古史上的问题，也可以从这里探求而获得解决。随着甲骨学研究的日益深入，上古社会的许多不解之谜被学者们一一破译。甲骨学从"绝学"发展成为显学，甲骨文走出了象牙塔，成了一门与不少学科搭界的边缘学科。学者们普遍认为，研究甲骨学，必然会推动相关学科和辅助学科的同步发展。甲骨学涉及的相关学科有：考古学、历史学、文献学、语言文字学、文学、历法学、医学、天文学、地理学、物理学、数学、生物学、农科学等。所以说，商代的甲骨文，简直就是当时社会的一部百科全书。换句话说，甲骨文就是世界上最早的图书和档案。1996 年 9 月 2 日原国家邮电部曾经发行一套纪念邮票，名为"中国古代档案珍藏"。其中第一枚邮票即为殷商甲骨文字。国际图书大会把殷商甲骨文字作为会徽 Logo，足见其弥足珍贵！

参加过殷墟发掘的李济先生在 1977 年于美国出版的英文版的《安阳》一书中说，至少早在隋代，殷墟就被用作墓地了。证据表明，那时的人在埋葬死者时，便经常"遭遇"埋在地下的刻字甲骨。如果那时的一些学者像 19 世纪的古文字学家一样有教养，而发现了这埋藏的珍品的话，那么中国学者早在 13 个世纪前，就认识甲骨文了。因为，在发现的隋代墓葬上的回填土中，就有一些刻字的甲骨碎片。他的这一基本观点得到了大家的认可，即在人类智力的发展中，都有其特定的阶段，并遵循着某种规律性。就像西安兵马俑的发现一样，偶然存在于必然之中。直到今天，不要说小屯的农民，即使一般人之中，可以系统地辨识甲骨文的也为数不多。19 世纪末，甲骨文被认为是一个重大发现，这个发现与其说是偶然的，还不如说是历代学者不断努力的结果。李济在这部书中还指出：1899 年发生的甲骨文被认定的事，是有长期的学术准备的。

◎ 甲骨文除了占卜，也有今天所说的文学吗

一提到文学，我们就会想到诗歌、小说什么的。现代意义上的文学包括戏剧、诗歌、小说、散文等。那么，中国的文学是什么时候诞

生的呢？中国是一个文学大国，从上古的神话传说，到第一部诗歌集大成者《诗经》，以至其后的古风、唐诗、宋词、元曲、明杂剧、笔记小说……清代更是我国近现代文学趋于成熟的辉煌时期。我们现在就来读读这篇并没有载入中国文学史的文字：

> 癸卯卜，
> 今日雨？
> 其自西来雨？其自东来雨？
> 其自北来雨？其自南来雨？

在殷墟甲骨文里，求雨的卜辞数量极多，这就是比较典型的一条。出土的甲骨文中，不仅有占卜记录，也有重大事件的记事。我们很难猜想当年占卜求雨的情形了。我想，如果基于上古时代诗、乐、舞三位一体的状况，这篇卜辞是应该能歌唱的。中国汉语言文学赋予了文字以独特的音韵美，所以，今天我们读起来，依然感觉这篇卜辞句读铿锵、朗朗上口。这分明就是一首文辞简洁优美的五言古风了。

我们再来看一首诗歌：

> 江南可采莲，莲叶何田田！
> 鱼戏莲叶间：
> 鱼戏莲叶东，鱼戏莲叶西，
> 鱼戏莲叶南，鱼戏莲叶北。

这是一首我们大家熟悉的汉乐府中的一首名篇《江南》，是一首来自民间的优美诗歌。如果把这首诗歌与上面我们谈到那篇甲骨文卜辞比较一下，不是可以从中悟出它们之间内在的承继关系吗？当然，相同的例子还可以举出许多来。《人民日报》曾经发表过郭沫若先生的文章，郭老用甲骨文书写了这篇"四方雨"卜辞，与《江南》进行比较。许多学者经过研究认为，在甲骨文里，就已经产生了早期的诗歌与散文。其实，在"玄鸟生商"的传说中，简狄姐妹俩所唱的"燕燕于飞、燕燕于飞"就是最早的诗与歌。

在1984年纪念甲骨文发现85周年召开的第一次全国商史讨论会上，萧艾先生就提出来这样的观点，他在《卜辞文学再探》中，批驳了有些人的否认卜辞文学的观点，他说：我们的文学史，应该从卜辞文学开始。唐立庵先生1936年就写过一篇专论《卜辞时代的文学和卜辞文学》，发表在《清华学报》第11卷第3期上。唐先生在这篇文章中，选取了比较精粹的卜辞67条，认为商代已经有了"很优美的文学"。

20世纪30年代，另一位学者鲁默生在中山大学《史学专刊》上发表文章说，中国的编年史体是从甲骨文首创的。他认为，甲骨文学对六经影响甚巨。不少甲骨卜辞本身就是优美的散文。一条完整的甲骨卜辞，往往有占卜人、占卜时间、何事占卜、预测结果、实际验证等几个方面。这不就是一篇布局严谨的记事散文吗？20世纪50年代，也有学者继续探讨这一课题。

田璞先生在《从甲骨卜辞看殷商时代的神话传说》一文中指出：神话传说是商代文学最重要的一个组成部分，我们甚至可以说，殷商时代是一个神话传说的时代。在当时的文学领域中，它比散文和诗歌更显丰富、更重要，对后世影响也更大。的确，玄鸟生商、商汤祷雨、革囊射天等故事，还被后人收进了《诗经》《史记》等传世大著中。

怎么样？甲骨文并不是一般人想象得那样艰涩难懂，其中，还包括优美的诗歌、神话传说以及至今读来依然精彩的纪实散文呢！真可谓是中国文学的滥觞。

◎中国人共同的DNA——十二生肖

任何事情都有个度。有这么一拨人，权且称为"复古派"吧——他们主张"穿汉服""写甲骨"……我大不以为然，传承祖国文化精粹不能流于形式，总不能回到茹毛饮血时代吧？据传有位高考学子用甲骨文写了作文，疑惑之中看到了影印件，是有几个甲骨文字，更多的是金文与篆书。甲骨文字发现至今，总量大约有15万片，单字有4700余个，学者公认的也就1700来个，常用的恐怕不足千字。甲骨文多数是已经"死掉"不存在的人名、地名。还有人实用主义地"生造"甲骨文字，小处说是胡闹，大处说就是亵渎中华文化。

上古时代没有姓氏，找不到今天的某个"姓"，就连国王也是"日名制"即以出生那天的天干命名。可是，国人的聪明在于发明了统一的DNA，那就是谁也绕不开的十二生肖。十二生肖是中国人独特的属性标志，起码在殷商时代就有了。关于十二生肖还有很多传说故事。我们就以甲骨文书法家焦智勤先生的十二生肖书法说起，由此可以窥见殷商先贤造字的智慧来。

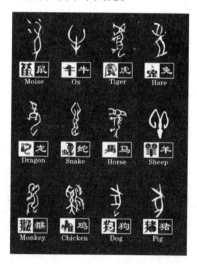

甲骨文的十二生肖活灵活现，饶有趣味。

先说排在老大的"鼠"：老鼠哪儿最厉害？当然是牙齿！即便是啃起木头来也不在话下。看看甲骨文"鼠"字有什么感觉？锋利的牙齿尤其突出呗。

牛、羊甬说了，一眼就看出来了，虽然都有"角"，此角不同彼角也！"虎"的威风表现在伶牙俐齿与斑斓虎纹，着实令人敬畏。都是四条腿的动物，造字时候怎么区分开来？聪明的贞人造字的时候善于抓住特征，为了区别出"马"来，就寻觅到了马的特点：飘然的马鬃；小兔的样子就是跃跃欲试、活蹦乱跳；小猪、小狗怎么办呀？找特点呗——小猪贪吃，小肚肚吃得滚圆滚圆，小狗尾巴翘翘，好像是对主人示好吧？

晚商时期国都即今天的安阳一带气候温湿，一年中最冷的元月，可比现在气温高出四五摄氏度来。加之雨水丰沛，动物种类繁多。麋鹿、虎豹、大象、野猪……甚至野牛、犀牛，飞禽水族当然更是不在话下了。

古人说"百里不同风"，更不要说中西文化的差异了。中西方有着不同的文化习俗，西方人赋予蛇以美女的形象。世界卫生组织的会徽主图即是一条蛇盘绕的权杖，它起源于埃斯科拉庇俄斯的故事，古希腊人将其尊崇为医神。古希腊是蛇徽的发源地，从古到今，蛇徽遍布希腊各地。中国则不同，有关蛇的成语，几乎找不到一个褒义词：从"虎头蛇尾"到"蛇蝎心肠"，从"杯弓蛇影"到"牛鬼蛇神"……既然如此，当初约定的十二生肖为什么加上蛇呢？殷商时期京畿附近多有蛇类出没，一般人出门要带一根棍子以御蛇类攻击。见面打招呼都是问：遇到蛇了吗？甲骨文"蛇"字突出头部，蛇身直立，似有随时攻击之势。今天汉字的"它"本义即是蛇。

鸡、猴不解自明，书画同源。"龙"字实在是叫先人费了脑筋，世上原本没有龙呀！作为华夏民族共同的图腾崇拜，可以追溯到5000—5500年前的红山文化，甚至濮阳的西水坡，那里出土了一只精致的蚌壳龙。据专家测定，其年代距今6400年左右，蚌壳龙被考古界

公认为"中华第一龙"。濮阳因此被誉为"中华龙乡"。国人历来爱争第一，我们也就不做裁判了，这个难题留给考古学家去考证吧。

到了殷商时代，在原先象形的基础上，又为"龙"字加上了类似"商"字的"王冠"，就知道龙在国人心目中的位置了。殷商器物有很多精美的龙的纹饰与造型，世界遗产殷墟大门口的装饰就是出自妇好墓的圆雕蟠龙。

◎ 聪明的古人早就认识了"虫牙"

孩童时代喜欢吃糖，有几个小朋友没有患过龋齿呢？中国上古殷商时期就已经注意到龋齿了，甲骨文记载的关于龋齿即"虫牙"的史料，比埃及和印度的同类记载早 700 年甚至 1000 年！

甲骨文字"齿"是个象形字。留心看看就会发现，甲骨文"齿"字的写法有多种结构。最简单的只有上面一颗门牙，有的只有下面的牙齿，上下牙齿齐全的才是一口好牙。

我们今天知道，民间所谓虫牙、蛀牙，学名叫作"龋齿"，发病率很高。龋齿并不是虫子"咬"的，是含糖食物进入口腔后，在牙菌斑内经致龋菌的作用发酵产酸，这些酸从牙面结构薄弱的地方侵入，溶解破坏牙的无机物而造成的。

民谚说："牙疼不算病，疼起来真要命。"每每发作，就感觉如同千百条小虫子在往牙里面"钻"一般。殷商人当然不懂得这些现代医学知识，他们会意地把"虫牙"写成一个小虫子在使劲儿蛀牙的样子，真真萌得可爱也很直观哟。

3000多年前的古代医学尚处于萌芽时期，甚至还有些"巫医交合"，但是当时的医学成果不可小觑。感激甲骨文的记载，我们得以大致窥得彼时医学的发展水平。文字学家为我们厘定出来很多关于疾病的史料，甲骨学大师胡厚宣先生还专门著有《殷商疾病考》一书。根据甲骨文记载：首疾即头痛，目疾即眼病，耳疾即耳科的统称，又分为听蘉（听力障碍）、耳鸣等等。口疾又分为舌疾、疾言（发音障碍）。另外还有腰疾、心荡（心慌）、胸疾（胸闷）、身疾（身腹胀、肱疾、肘疾、胫疾）、足疾、骨疾等。有片甲骨文记载说："妇好弗齿疾。"就是说商王武丁的太太妇好牙齿很好，没一点毛病。

"自疾"是什么呢？是不是自己病了？"自"在甲骨文里是指鼻子，对别人说"我"不就是指着鼻子说的吗？今天的"鼻"字上部还是个"自"。纵观殷商原始医学，已经基本涵盖了现代医学中内科、外科、口腔科、齿科、五官科、皮肤科、呼吸科、消化科、眼科、骨科、脑科、神经科，甚至包括肿瘤科、儿科、妇科和传染病科。有一片甲骨记载说："王疾，夕告小臣，若。"翻译成今天的语言，是说国王病了，傍晚的时候告诉一个小臣，会顺利治好吗？甲骨文中还有妇好怀孕、生男生女、分娩时间的记载等。

由于社会生产力的低下，"巫医交合"也是那时候的一大特点。他们往往把疾病当成先王或上天"降疾"，也难免得用驱鬼等来"安慰"自己一下，就算是精神抚慰法吧。草药已经普遍使用，也知道了苦、咸、酸、寒等药性，来辨证施治。

特别令人惊愕的是，安阳殷墟发掘的一座大墓中，一具成年男性的遗骸的前囟点处，竟然有一处直径 19 毫米的圆形穿孔！难不成是开颅手术？原始的针灸在甲骨文里也有很多记载，用的针有竹、骨、牙、石等材料。当然也有不少做梦、占梦、释梦的文字。迄今发现的唯一的"殷"字，与今天的"殷商""殷实"无关，只是一种腹疾的记载：一只手持一根"砭"，正在为一个患有大腹疾病的人进行治疗。

◎ 世界上第一例惊险车祸全记录

车祸这一社会灾难基本上源于近代工业的发展，大部分人认为有了汽车才有车祸。查阅维基百科，早在 1898 年的 2 月 12 日，英国就发生了一例车祸，造成一个名叫亨利·林德菲尔德（Henry Lindfield）的人丧生，这是世界上见诸记载的首位因车祸死亡的人。紧步其后的 1899 年（那一年殷墟甲骨文字被王懿荣认定），德国人西韦尔成为第二位死于车祸的人，不过他是位汽车司机，据说是在车头摇动发动机的时候，自己把自己给撞死了。

有图有真相，早在中国殷商时代就有一例车祸的记载了，堪称世界第一。卷帙浩繁的13卷本的《甲骨文合集》貌似枯燥，其实里面记载的趣闻多着呢。就说编号为第10405片的正面的那条卜辞吧，说的是商王在癸巳日用龟占卜预测吉凶，显示无祸；再次占筮，竟然是显示有祸！第二天一大早艳阳高照，商王心情不错，就登车前去打猎了。不一会儿就发现了情况，有一头兕（野犀牛）进入商王视野，国王大喜，手握弓箭，高喊一声：追！陪同的小臣子央驾着马车冲锋在前，一不小心他的车轱辘撞到一块大石头上，霎时间马惊了，前蹄腾空昂首惊鸣！更惨的是车轴断掉了，子央顿时坠落下来，差点撞倒商王的车子……虽是一场虚惊，但商王哪还有心思打猎？跑回王宫惊魂甫定立即占卜：这是不是灾祸的预兆呀？

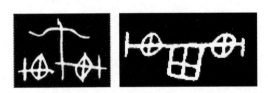

这段文字虽短，记载的事情却很复杂。既有事前的两种不同结果的预测，又有后来的应验，可以称为故事完整、情节曲折、悬念迭现的短篇纪实小说了，即便福尔摩斯也得折服。更为精妙的是，两个"车"字造型微殊：一个车轴完整，另一个车轴断了。

有人会说：商代的贞人真笨、真迷信，竟敢拿商王的生命开涮！不完全是这样，要知道那时候的科技部部长也有失算的时候嘛，今天的自动驾驶不是也有过失误？幸亏有贞人在甲骨上面契刻记录了这件事情，我们今天才得以窥见那天的"有惊无险"。

走进世界文化遗产殷墟景区的甲骨文碑林，细心的游客会看到那片甲骨的放大仿制石碑。带朋友去观光的时候，一定不要忘记给他们讲讲这个远古的真实故事呀。

◎ 殷纣王喝起啤酒来李白也不是对手

什么？殷纣王喝啤酒？有没有搞错呀！喝啤酒不是才有几十年历史吗？一般人以为啤酒是近代传入的舶来品，您看人家还有个洋名"啤"呢，是根据其英文 beer 音译过来的。说殷纣王喝啤酒，玩笑开大点了吧？3000 多年前哪儿来啤酒呢？

其实，类似"啤酒"的饮品在商代就出现了，不过那个时候不姓"啤"，而是姓"蘖"。

殷商时期酿酒业已经非常发达。大量的征战、祭祀离不开酒。国家政治生活中宴请方国宾客、军戎饯行、封侯任官、养老教子等，也都离不开酒。更有甚者说殷纣王腐败到营造"酒池肉林"供其享乐，是否属实，只有问那位比纣王帝辛晚生 2600 多年、明代隆庆年间的陈先生了。他大梦一场，捏造了几个人物，编著了神魔小说《封神榜》，扣了这位扩疆辟域的大英雄一头脏水。人言可畏呀！

现今酒的分类很多，大致说来就是白酒、曲酒与红酒。白酒是蒸馏酒，出现较晚，一般研究者认为是从金代开始的。人类的先民偶然发现，剩余的饭食或水果，会发酵产生一种令人兴奋的香味来，挤压出来的液体浓郁甘醇，于是就有意地用剩余的粮食、果品任其"腐败"造酒。

殷商时代的酒品大致有三类：黄酒、甜酒、香酒。被称为"醴"的甜酒味甘性平，即使豪饮也不会醉人。而香酒主要是祭祀用的。据专家研究，那时候人们已经掌握药酒的炮制技术了。我们今天尤其要提出的是"蘖酒"。有个成语"酒醴麹蘖"，为我们道出了中国古老蘖酒的秘密。

现代啤酒的"秘密武器"是什么？其实就是大麦发芽产生的酒曲，而"蘖"就是记载中用于造酒的植物的芽茎。20世纪80年代，吾友考古学家孟宪武先生主持发掘的刘家庄大墓中，发现了一只青铜饕餮纹卣，由于器物口沿锈蚀住了，里面竟然有商代酒液，这可是商代造酒重要的实物资料啊！我们今天在安阳市博物馆里还可以一睹殷商酒液的芳容。再看看那已经炭化的精致的竹编酒篓，就是过滤"浊"酒的工具。

由于酿酒业的发达，青铜器制作技术提高，中国的酒器达到前所未有的繁荣。当时的职业中还出现了"长勺氏"和"尾勺氏"这种专门以制作酒具为生的氏族。纵观出土的殷商青铜器，礼器尤其是酒具占据了更大的比例，有煮酒器、盛酒器、饮酒器、贮酒器等。铸满各种纹饰的酒具美轮美奂，盛酒器具如尊、壶、卮、皿、斝、觥、瓮……饮酒器如觚、觯、角、爵、杯、舟等。从酒具里往外盛酒，也是有专门的工具的。即使在民间，平民墓葬中也时有陶制的酒爵。甲骨文字中"酒"字的写法也最多，有几十种呢。

我们不妨想象一下，纣王帝辛每每战前尤其喜饮由"蘖"发酵酿造的这种低度的醴酒，没准儿他还有个啤酒肚，不，是"蘖酒肚"呢。

◎ 尝尝上古先民肥而不腻的红烧肉

大家知道，伊尹是商朝初年一位著名的丞相，同时也被称为"中华厨祖"。原本一个陪嫁奴隶出身的他，怎么会步入高层成为政治家了呢？原来他不仅有伟大的政治抱负，还有一手很好的厨艺，后来"陪嫁"到国王商汤那里当厨师。伊尹不仅餐饮拿手，还经常与商汤谈论一些天下大事，商汤很欣赏他，取消了伊尹的奴隶身份，还拜他为相。真是"因厨得意"呀！

商族人从游牧进化到定居生活，开创了原始的农业，今天我们所说的"五谷"至少商代就已经普遍种植了。不过，王公大臣还是喜欢"鲜食"，即肉食，像猪、牛、羊、鸡、鸭等家畜家禽，野生走兽飞禽、鱼类水产等，均在饕餮之列。

考古学家在殷墟发掘中得到一个青铜盘，不仅纹饰华丽，盘中还有一块弹性尚存的"红烧肉"呢！殷商饮宴不仅丰盛奢华，而且非常注意餐饮的营养均衡与健康。由于不再游牧生活，减少了狩猎奔波，偶尔出去打打猎也是秀一下国王大臣的勇猛威严而已，日复一日能量消耗必然减少，吃惯了肉食的贵族阶层，就对肉食加工提出了更高的要求。

肉食是不易消化的，为了可口，更为了强健脾胃，他们发现了一些很有营养价值的调味品。记载中的"卤"就是地势低洼地带自然产生的原盐，可以增加口感；烹饪肉食的时候放些梅子，可以起到收敛固涩的作用；烹调时加点酒可以去腥味儿；味辛而香烈的花椒、甜腻的饴糖等都被先民当成调料了。可以想象，那盘"红烧肉"一定香而不腻、咸中带甜、入口即化呢。

餐饮当然离不开烹饪器具。殷商的烹饪器具已经自成系列，有青铜分体甗、青铜气柱甑形器、鼎、簋、鬲等，不同的是宫廷用青铜器物，民间用陶制品而已。商王武丁的太太妇好墓出土的三联甗，造型奇特，上面的三只铜甗不仅可以搬动，而且底部还留有通气的孔。下面的长方形甗体放进水加热，蒸汽透过甗底蒸熟里面的肉食。

殷商贞人为什么没有记载下来当时的"菜谱"呢？或许将来有一天会有新发现——"菜谱甲骨文"呢……

◎ 想象不到古人跳舞的憨态

唉，晚生了3000多年，连殷商人怎么跳舞都没看见过！即便是著书立传的舞蹈史家，也是一筹莫展，记述匆匆一略而去。不过贞人帮了我们，管中窥豹，我们就知道一个大概了。

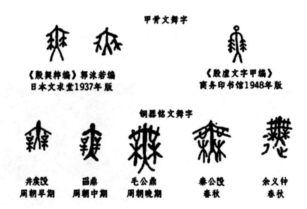

殷商人遇事即卜，每卜必有仪式。大凡祭祀祖宗、大战前夕、呼风唤雨、祈祷丰收、察天观地、修宅立柱……甚至饮酒欢宴、狩猎出征都得有乐舞营造气氛。殷商的表演艺术已经比较繁荣，宫廷还设有专门的乐官和舞臣。

经过大量的考古研究，专著文明史的学者们发现，最能体现古代先民智慧与创造的艺术，是音乐与绘画。它们都需要高度的抽象思维。说到音乐，业内人士会说节奏、旋律与和声，初民的音乐，最突出的就是节奏，听听古印第安人的乐曲就能感受出来。3000多年前的表演艺术没有今天这么多门类，基本上是三合一：一边跳舞一边和着音乐唱歌，也就是学者们说的"诗乐舞三位一体"。尽管三位一体，但是也有不少区别：文舞长袖袅袅煞是妖媚，武舞执戈扬盾更显威风。记载中著名的乐舞《大濩》，内容是歌颂商汤伐桀的。商汤立国，七年不雨。汤乘素车白马着布衣，身婴白茅，以焚自身为牺牲，祷于桑林之野。俄尔天降甘霖……《大濩》相传为宰相伊尹始创。汤王死后，商族后裔就把《大濩》作为祭祀祖先的乐舞了。古书所说："昔葛天氏之乐，三人操牛尾，投足以歌八阕，一曰《载民》，二曰《玄鸟》，三曰……"其中《玄鸟》即殷商人在歌颂自己的图腾。

在发掘出土的甲骨卜辞中，与舞蹈活动直接相关的记录不胜枚举。万舞即是其中之一，而且规模宏大：先是舞者手握兵器左冲右突，后又手执鸟羽和乐器妖媚动人。舞雩是求雨的专用乐舞，"三人操牛尾"就是这个乐舞中的规定动作。

乐舞也是商代用来降神祀鬼的一种手段。他们认为有鬼作祟，才导致天旱不雨，怎么办？跳个乐舞"吓唬"走恶魔呀。甲骨文中有关乐舞的记载很多与求雨相关，如此这般，恶魔吓走了，真的下雨了！

甲骨文中的"舞"字尽管有多种写法，但大都是一个正面的人体双手持对称的舞具而舞的形状。这表明双手执相同的道具舞蹈，是商代最典型的舞蹈形式。舞具在象形的甲骨文中略有不同。一般像鸟羽或兽尾，也有像编结的彩帛。"魌"字是一人头戴假面具的形象，这说明至少在商代就有戴面具的舞蹈了。不要小看这个"魌"字，这是华夏诸多民族"傩舞""傩戏"的鼻祖。你看，

郭沫若《卜辞通纂》

头戴面具，黄金四目，玄衣朱裳，执戈扬盾……不把恶魔吓死才怪呢！商代不仅中原祭祀已有魁头、假面舞蹈，在边远的巴蜀地区，也出土了青铜人像和青铜魁头。

有学人认为中国古代巫舞同源，也不无道理。甲骨文中"巫""舞"同义而不同字，"舞"为一手执牛尾而庆祝丰收；"巫"为一手执兵器，两脚踏地，欢庆战争胜利，可见古代巫、舞同源，你中有我，我中有你，形成了世界东方独有的文化特征。

降神、祈雨、祭祀、驱傩都属于殷商巫术的一部分，有独舞，更有群舞，每每黄钟大吕，氤氲袅袅，王宫重臣推杯换盏，又有歌舞升平，妙不可言哪！

郭沫若先生《卜辞通纂》载："戊辰卜：及今夕雨？弗及今夕雨？"这是一种在时间意义上事情即将出现或不会出现的某种很不确定性。是一场疑惑或疑问。当然，也可以美其名曰是一种追问。而追问的形式却也可以分叉。既然连追问的形式都可以分叉，那么，还有什么有关意义的阐释方式是不能分叉的？而这种分叉，却并非可以一览无余的，包括哲学性话语的一览无余。也因此，它在意义阐释方面也是无限的。

据郭沫若先生的《卜辞通纂·第三七五片》中记载："癸卯卜，今日雨？其自西来雨？其自东来雨？其自北来雨？其自南来雨？"这片甲骨是几块碎片拼对到一起的，即一片完整的求雨记录。毕竟求雨是上古先民重要的祈祷活动。

又有一片甲骨文卜辞，记录了一次著名的粮食丰歉预测：

东土受年，吉？

南土受年，吉？

西土受年，吉？

北土受年，吉？

中土受年，吉？

这里的"受年"就是丰收的意思，"年"就是一个人背负着成熟的谷物。我们可以看到当时的五土观念，不仅有东西南北，还有"中土"！甲骨文的"中"，含有国之中央的意义，也是表示风向的"标"。

◎ 没打鼓也不跳舞，为什么总说很受"鼓舞"

听一场感人肺腑的报告会，大家会感觉到很受鼓舞。听报告难道还要打鼓跳舞吗？

"殷人尊神，率民以事神。"商代社会生活中，有两件最大的事，即"祀与戎"。就是说，祭祀和战争比什么都重要。而祭祀和战争这二者之间，又有一点是相通的，那就是都少不了"击鼓"与"跳舞"。既然常常是一起出现，后来，"鼓"字与"舞"字就经常连用，就成了一个双音词。我们今天说，因为某某事而感到很受鼓舞，这里的"鼓舞"一词，意即"使人振作，增强信心和勇气"。

应该说，最早的原始舞蹈是起源于劳动的。人类的初民在狩猎获得成功之后，就围着烧烤的猎物，打击着手中随意捡起的木头或石块作乐。他们笑着、闹着，尽情地欢娱。我国发现的云南沧源岩画、内蒙古阴山岩画、广西花山岩画以及新疆的诸多岩画，或粗犷，或细腻，或大气磅礴，或风姿绰约。这些舞蹈有的模仿鸟兽，有的模仿劳作，为我们展示了上古人类社会生活的生动画卷。著名的《葛天氏之乐》歌颂的内容十分丰富：一曰载民，即歌颂人类自身；二曰玄鸟，即歌颂商族人的祖先——契的诞生；三曰逐草木；四曰奋五谷；五曰敬天常，意即向上帝表示敬意；六曰达帝功；七曰依地德，感谢大地的赐予；八曰总禽兽之极，希望鸟兽大量繁殖。《吕氏春秋·古乐篇》中所记载的这组乐舞中，"二曰玄鸟"最具有浓郁的宗教祭祀色彩。

舞蹈从自娱自乐走向专业化、宫廷化，成为奴隶制时代的标志之一。据记载，夏启、夏桀、商纣都不惜耗费巨大的人力、物力，修筑豪华的宫殿，尽掠民间能歌善舞者，日夜享乐。相传夏启编《九韶》，自吹"从天上取得仙乐，回到人间"。夏桀时，有"女乐三万"之说。历时达600年的商代，乐舞又发展到一个新的高度。

由于对世间的万物还没有一个深入的了解，商代的先民们认为自然界的许多现象都由一个看不见的"帝"在主宰。因此，商代祭祀之风尤为泛滥，以至于祭天、祭神、祭先祖，凡事都要卜问鬼神，以定凶吉。在祭祀占卜活动中，占中心地位的是巫。当时人们认为，巫是可以上通天神、下达国王的，有时，巫还可以左右国王的意志和行动。我们不能因为自己长大了，就认为那些幼童幼稚可笑。同样地，我们也不能对上古时代的"巫"过多地去横加指责。同时，巫还是当时的科学家、医学家、农学家，甚至是最初的文学家和心理学家，他们上通天文，下知地理，有着极高的社会地位，很受人们崇敬。他们不仅善于总结当时出现的一些新情况、新问题，而且善于用自己的表现方法，假借神的名义，用人们可以接受的方法传达"神"的意志。一味地谴责"巫"，说他们用迷信麻痹人民是不公平的。

甲骨文的"舞"字，其实就是一个象形字，即《葛天氏之乐》中所说"三人操牛尾，投足以歌八阕"。"舞"字显然就是一个人操着两条牛尾跳舞的样子。桑林是殷人举行祭祀的地方。桑林之社为祭祀祖先与男女幽会之地。后来一些正人君子说桑林之舞是"靡靡之音"云云，实在是假道学也！

殷墟甲骨文里有关乐舞的记载特别多。尤其是祭祀中用的"巫舞"。主持祭祀占卜的巫在进行巫术活动时，要跳舞娱神。这种被称为"巫舞"的舞蹈取材于大禹治水的故事。大禹长期治水，患上了腿疾，走路极不方便，只好一步步地挪动。"巫舞"吸取了"禹步"的特点，以优美细碎的小步舞，表现高难度的动作。有些乐舞还带有极为神秘的色彩。

在商代，求雨的舞蹈是最常见的舞蹈之一。甲骨文里就有许多"雩舞"的记载。天气大旱，寸草不生。人们在田野里长跪不起。大家都盼望着巫来解救多灾多难的众生。女巫来了，她的目光快速地扫过伏地的人们。随着她一声尖利的喊声，几个小巫神秘地钻了出来，围着女巫迅速地旋转着、旋转着。忽地，女巫们同时从腰间抽出牛尾，三人一组地狂跳起来。她们一只手臂拉在一起，另一只手臂在空中快速地摇动。在她们看来，就是用舞蹈告诉天神：我们为您准备了许多的肥牛呢！快快地下些雨来吧！要祭祀天神，就得供奉牺牲，杀了很多的牛去做牺牲，才能表示自己的虔诚。这大概就是跳舞时甩动牛尾巴的"功能"吧！童男童女们也参加了求雨的舞蹈，他们手里拿着长长的羽毛，一面狂跳着，一面对着上天呼风唤雨。

我们从甲骨文中还可以看到，商代的乐舞已有文武之分。比如，在宫廷里祭祀祖先的"羽舞"，这种舞蹈温文尔雅，手执鸟羽、头戴长翎，舞姿优美而高雅。而与之形成鲜明对比的，是充满火药味儿的"万舞"和"伐祭"。"万舞"舞者手执干戚，"习其俯仰诎伸。容貌得壮焉。行其缀兆，要其节奏，行列得正焉，进退得齐也"。商代乐舞在表演时间与规模上都已相当宏大。有的乐舞还动用许多人。《殷墟文字乙编》2373卜辞有"贞，乎取舞臣廿"的记载，就是叫20个舞臣来参加祭祀乐舞。还有一条卜辞为"今日众舞",不言而喻,"众舞"者,万众同乐也。

舞,说得不少了,也该说说"鼓"了。

音乐的主要要素为旋律、节奏与和声。节奏是人类最早掌握的音乐要素之一。劳动时的"吭唷吭唷"就是为了步调一致。人们发现,自然界干枯的大树敲击起来声音要响亮一些。偶然的机会,他们又发现,如果把兽皮蒙到中空的枯树一端,声音传得更远。于是,人们就把枯树抬回去,锯成一截一截地蒙上皮革,欢呼雀跃的时候就敲上一把。这就是鼓的雏形。殷墟考古发现的商代乐器已有较多的种类,比如,石磬、编磬、编铙、埙、管等。当年参加过殷墟发掘的胡厚宣先生回忆说,他们发现过尚有蒙着蟒皮痕迹的木鼓鼓腔,以及类似拉弦乐器与笙管类的乐器。我们还见到过制作异常精美的商代铜鼓。铜鼓造型优美,通体纹饰布局流畅,即便是今天最豪华的电声乐队架子鼓也不能与之同日而语!

好啦,扯得远了。总而言之,商代人离不开征战与祭祀,征战与祭祀又离不开鼓与舞。可以想见,当振奋人心的鼓声咚咚咚咚敲起来的时候,成群结队的商族人蜂拥出门,顿时,国都成为欢乐的海洋!面对入侵的敌人,他们执戈扬盾,一"鼓"作气,冲锋陷阵,所向披靡……

◎ "模""范"以及周遭没有铜矿的青铜时代

我们知道，丝绸之路是古代横贯亚欧的一条交通要道。它东起中国的渭水流域，向西通过河西走廊、新疆西行，过葱岭，经大月氏，直达地中海东岸，并转罗马等地。自公元前 2 世纪开始的千余年里，中国的丝和丝织品由此西运，促进了中国与西亚乃至欧洲各地的贸易往来，成为中世纪东西方经济文化交流的黄金之路。或许读者还不了解，比这还要早 1200 多年的商代，就已经有两条纵横交叉绵延数千公里的金石之路和玉石之路啦！

1949 年 5 月 6 日，随着人民解放军攻城的隆隆炮声，安阳这座有着 3000 多年辉煌历史的古城获得了新生。新中国的诞生使殷墟的发掘、研究、保护、利用进入了一个全新的时期。1950 年春，安阳殷墟的发掘工作就随之恢复了。1950年 4 月，中国科学院考古研究所派来以郭宝钧为首的工作队，开始了新中国的首次殷墟发掘。著名的武官村大墓虽然屡经盗掘，但仍出土了各类文物数百件。在这座被编号为 WKGM1 的规模宏大的商代大墓中，还出土了一件制作非常精美的虎纹石磬。石磬之上镂刻着一只造型乖巧的卧虎。石磬之上雕刻着一只雄健有力的猛虎，猛虎张口欲吞，线条刚劲而柔和，其造型令人过目不忘。微微敲击这只虎纹大石磬，它发出的音韵悠扬清越，略带铜声。这件虎纹石磬是我国现存的最古老的、最完整的一件乐器。这件石磬音频准确，制作技巧娴熟。从中，我们不难想象商代宫廷祭祀的恢宏场面。土阶茅茨的宫廷里，和着袅袅青烟，伴以黄钟大吕，舞女们踏着轻盈的舞步，国王与大臣们对饮着清醇的美酒，好一幅盛世太平的美景。

1973 年 9 月下旬，在殷墟小屯村北 700 米的洹水南岸，又发现一只虎纹石磬。此磬全长 88 厘米，高 28 厘米，厚 4.2—4.6 厘米。磬上部有一对钻成的小孔，可以悬挂。石磬的制作异常精巧。磬的整体很像一只鸟头的纵剖面形状，两面都刻有虎形纹。虎头张口做咆哮状，鱼形尾，前后肢间饰有两卷曲成圆形的蚕纹。图案造型栩栩如生，线条流畅而优美。经实验测试，石磬至今音调清婉，堪称商代乐器中的精品。双鸟饕餮纹鼓、崇阳铜鼓、武官村大墓出土的大理石石磬等都是商代乐器的代表。1957 年，通过对殷钟的研究发现，商代已有一定音程关系的组合，而不是偶然的组合。这三音组可以奏成曲调。商代已有了半音观念，并且已经有了固定音高和十二音律体系。中央民族研究所曾使用武官村出土的虎纹大石磬敲奏过乐曲《东方红》呢！

配合着国家的基本建设，殷墟的发掘几乎一直没有停止过。1958年中国科学院考古研究所成立了安阳考古工作队，翌年，工作站正式成立。1961 年，殷墟被列为国务院公布的第一批全国重点文物保护单位。划出了重点保护区、一般保护区、殷墟外围区，面积约 24 平方公里。殷墟的发掘更为有序地展开。

在当今靠近安钢大道的一个被称为"苗圃北地"的地方，发现了一处巨大的铸铜遗址。我们知道，铸铜、制陶和制骨，是商代已经形成规模的三大手工业。在这个铸铜遗址中，不仅发现了布局合理的生产区与居住区，还发现了大量的坩埚碎片、熔炉残壁，浇注用的陶范、陶模等。特别是被民间称为"将军盔"的大口尖底的坩埚，这种坩埚一次可以熔化青铜十多公斤。我们由此可以想见，3000 多年前的红火的铸铜场面。入夜，数以百计的工匠还在忙碌着。他们之中，有的人在鼓风冶炼，有的人整修陶范，有的人抬着坩埚在熔炉和浇注场地之间奔跑，而有的人则和着铿锵的节奏，操着牛尾，赤着光脚，围着即将成功的大鼎在拼命地唱着、跳着，他们相信，只有这样，即将成功的大鼎才能有神气。

2016年，在距离殷墟宫殿区10公里之遥的安阳辛店遗址被发现，辛店遗址是一处以铸造大型青铜礼器为主的商代晚期铸造遗址。2018年以来，考古人员在辛店遗址的多座墓葬内，出土34件商代晚期青铜礼器。此外，发现大量与铸铜有关的遗迹、遗物，如陶范、陶模、陶芯等4000余块，熔炉壁残块、炼渣残块等约1000块，磨石、青铜工具、骨制工具等近100件。计有方鼎、方尊、方罍……一个灰坑里较多大型"方形"青铜器陶范的出土，让考古人员惊叹。在他们眼里，并不多见的"方形器"出土意义重大。该遗址以铸造大型青铜礼器为主，器形包括鼎、簋、尊、觚、爵、斝、卣、觥、盉、簋等。再次印证了辛店遗址青铜铸造规模宏大、工艺高超、产品丰富的特点。

殷墟考古是一个系列过程，至今没有停止。无怪乎社科院考古所安阳工作站站长何毓灵说，关于殷墟，我们知道的还太少。

青铜浇铸时的温度在1100摄氏度左右。不仅要求有很高的炉温、严密而科学的配方，还需要协调统一的生产调度以及精巧的模范制作等。说到"模范"，我们今天似乎并不陌生。大多数人会以为，所谓"模范"，就是先进工作者，就是大家学习的样板。其实，"模范"一词的本义并非如此。"模"与"范"是一阴一阳相互配合的两种工具。我们用黏土比照一个器物的样子做出来，这就是"模"，也就是说，"模"和原物是一样的，是比葫芦画瓢的。而"范"则相反，是在"模"的基础之上又翻出来的一个"模子"。如果把黏土压到"范"里，就会产生一个与"模"一样的器物来。那么，如果把熔炼好的青铜液倒进"范"里，自然就会产生一个惟妙惟肖的青铜器物。由于

"模"与"范"必须配合使用，时间长了，人们说话时就把它们结合到一起了，就像我们前边说到的"鼓舞"一样。据研究，仅仅是铸造一只青铜酒爵，就要使用16块"范"。我们的先民不仅在"范"上面刻下了精美的纹饰，还把黏土做成的"范"用火烧一烧，以增强它们的坚硬程度。

据专家研究，殷墟出土的青铜器数量特别多，已达万件以上。不仅如此，殷商青铜器的冶炼配方已经非常合理，与今天经过科学的计算而得出的配方极为接近。他们要把锡与铅熔化到青铜里，以增强它的硬度，降低它的熔点。锡与铅的添加多少，是根据所铸器物的需求的。需要尖锐的武器和需要精美纹饰的礼器，两种金属添加量是不一样的。尤其令人惊讶的是，学者经过考证，发现当时这里冶炼青铜的主要原料，即富铜矿和青铜配方里的锡矿与铅矿，并不在殷墟的王畿之内，竟然远在湖南、湖北或者更远的地方。这也证明了商王朝疆域的辽阔。在出土的大量器物中，有礼器、兵器、工具、饰品等。除了著名的司母戊鼎这种巨大的礼器之外，还有造型各异的许多生活用品。它们美观而实用，每一件都堪称不可多得的艺术珍品。一件件青铜器，凝结了当时多少工匠的心血。以至3000多年后的今天的冶金学家、工艺美术家都还为之击节三叹！

青铜冶炼需要有铜矿石、锡矿石和铅矿石。凭我们的想象，殷墟应该发现许多矿石的。然而，在殷墟的发掘中，在铸铜遗址上并没有发现大量的矿石。有学者推测，当时的工匠已经学会了在矿石的产地就地进行冶炼的粗加工，然后，把加工过的粗铜、粗锡、粗铅运到这里，再进行配比熔炼。当时的铜矿很可能采自湖南、湖北甚至江西一带。不过，锡的矿藏则主要在南方。有开采价值的锡矿在湖南、广东、广西、江西等地。2015年在殷墟遗址附近的刘家庄，考古学家意外发现了3.3吨窖藏铅锭！所以，学者们肯定地说：商代的铅、锡是从南方采炼所得。因此，也有学者推测，商代频繁的战争，是否也与争夺矿产资源有关呢？

在安阳市博物馆的殷墟展厅里，我们可以看到包括带釉陶器和白陶在内的商代陶器。实际上，在殷墟范围内发现的制陶遗址非常多。中国是陶瓷的故乡，商代就有的釉陶就是瓷器的前身。商代的白陶代表了当时制陶的最高水平。白陶要求烧制温度要达到千摄氏度以上，以至于它们的质地非常坚硬。白陶礼器与青铜器之间有许多相仿之处，也刻有饕餮纹、夔纹、云雷纹以及人体纹等。珍贵的白陶色泽洁白、制作细腻、纹饰华丽，具有极高的艺术价值。

殷墟白陶绝大多数出自王陵区大墓和宫殿宗庙区较大型墓及遗址内。1928—1937年，史语所在上述区域采集白陶663片（全形者不计）；1950年发掘的武官大墓内共出土白陶残片数十片，其中有卣、罍、尊、盘等残器10件。1978年侯家庄北M1出土白陶残片820片，其中可辨器形有簋、豆、斝、瓶、瓮、大口尊、罍等。该墓在20世纪30年代被盗。1984年在武官村北发掘一座据传出土司母戊鼎的"甲"字形大墓M260，出土白陶残片90余片。2000年洹北商城宫殿区F1、F2东北角发现1片云雷纹白陶片。还有一定数量的白陶已流失国外，日本学者梅原末治的著书中收集了不少殷墟白陶，其中最具代表性者为现藏于美国华盛顿弗利尔美术馆的白陶罍。

殷墟的骨器作坊遍及洹水两岸，当年作坊里留下的骨器证明，工匠们已经在使用刀子、锯子等工具。骨器里有大量妇女头戴的笄，其上镂刻有很细腻而生动的花纹。阳光丽日之下，商王国都城的贵族妇女们头戴争奇斗艳的各种装饰品，项颈上佩着表示财富的贝壳，信步徜徉在街巷之间，可谓尽显风流！

商代的石器与玉器亦可谓琳琅满目。一只小小的石纺轮，把我们带回到遥远的史前文化时代。一拨女人围坐在一起，手里捏着刚刚劈

（桑　蚕　丝　帛）

好的皮麻，灵巧的手指不时地拨动着纺轮，一条细细的麻线从她们愉快的歌声中流出。用这细细的麻线可以加工成渔网、衣服或是其他的生活用品。这种堪称是最原始的纺织工艺，直到今天依然存在。在充满乡情的静谧的山村里，从商代就已有的原始纺织不还在老太太手上旋转吗？不过，今天，她们或许只是把它作为生活的一种调剂罢了。

当然，出土小玉人的衣着尽管看不出当时的颜色，相信它一定是名贵的丝织品！甲骨文就有"桑""丝""蚕""帛"等字呢！

从令人震惊的著名的妇好墓中，仅精美的玉器就出土了755件之多。这些飞禽、走兽、神鸟、人像姿态各具，令人爱不释手。学者们已经认定，殷墟出土的玉器，其原料大都来源于新疆和田、河南南阳和辽宁岫岩！

那么，我们可不可以这样设想，早在3000多年前的商代，就已经有一条向西通往新疆和向南通往湖南、江西一带的"金石之路"了，通过这条金石之路，冶炼青铜需要的矿石甚至已经粗加工的铜等金属和加工玉器的原料，才得以源源不断地运送到东方王国的首都——大邑商。这可是要比开始于公元前2世纪的"丝绸之路"早1200多年哪！

◎ 最大的那坑甲骨，以及那位忠于职守的档案管理员

提到档案，读者大概都不会陌生。任何一家机关、学校、工矿都离不开档案。除了人事档案外，还有技术档案、个人档案等。档案以其对当时事物准确的记载，而极具史料与参考价值。这一点3000多年以前的商代人就已经懂得了。

在安阳殷墟的第13次发掘中，传来一个振奋人心的消息，在标号为HY127的灰坑中，发现了整整的一窖甲骨片，总量高达17096片！第13次殷墟发掘是从1936年3月18日开始的。考古队过去的发掘，都是由点到线，最后到面。这次，他们采用了最科学的"平翻"的办法，因而收获巨大，先后在小屯村的北边发现了一些商代的房屋建筑基址等。时间已到了6月，安阳的天气突然热了起来。虽是中原地带，但安阳的春、秋两季都很短。刚刚换上的春装已显得过时了。到6月12日，发掘已经进行了87天。考古队正准备结束这次发掘，等天气凉下来再接着干。就在打扫"战场"时，从未遭到破坏的完整的一坑甲骨被清理出来了！这个编号为HY127的甲骨坑坑口距地面1.7米，坑底距地面有6米深。满坑甲骨之上，还趴着一副蜷曲的人骨架，推测该是档案管理员吧，真是忠于职守呀！不言而喻，这个殷墟发掘以来发现的最大的一坑甲骨，是商朝王室一处有意窖藏的档案库。而趴在甲骨上的档案管理员，表现了他的敬业精神，竟然以自己的身躯证明了"誓与档案同在"的决心。

这坑甲骨创造了奇迹，被整体移到南京，在室内进行了八个月的发掘整理，收获甚丰！参加者石璋如先生曾经深情地回忆起这个传奇故事。参加室内发掘的胡厚宣先生曾经不乏幽默地讲述了当年的故事：

一听说如此惊世的国宝运到了南京，那些自以为是的政府要员，一个个附庸风雅地跑过来"参观"，大都还要故作专家状地说上几句，以表示自己的"非凡学识"。话说那天汪精卫也来到了研究院，那时，他的卖身投靠的汉奸嘴脸还没有彻底暴露。一说汪精卫来了，紧张工作的几位专家都不很高兴，为什么？影响工作呗！你想想，一个无聊的政客，不接待他吧，有些失礼；接待吧，又怕他胡乱地问些外行话。汪精卫走进工作间，学者们一个个地只顾低头工作，谁也没有搭话。他绕着那块"大土堆"转了三圈，嘿！他似乎看出门道儿了，脱口而出道："这个龟，好大呀！"低头发掘的学者们差一点笑出声来！一个个心里只琢磨：这老贼，在这儿还不懂装懂哩！见大家都不出声，汪精卫觉得没趣儿，又围着转了一圈，可能是手下人悄悄地提醒了他，直到临走的时候，他才自嘲地说："哎呀，原来这是好多龟板堆在一起的呀！"大家这时再也忍不住了，哄堂大笑起来……

著名的 HY127 坑是殷墟发掘以来最集中的一次重大收获。这坑甲骨不仅数量多，而且大都反映的是商王武丁时期的事。在研究时，学者们还注意到，和以往的刻字甲骨不同的是，这个坑里龟板占了绝大多数，牛骨仅有 8 片。单是缀合在一起的完整的龟甲就有 300 多板，最大的一块龟板竟有 40 厘米之巨！据胡厚宣先生推断，这些甲骨档案是有意的贮藏。而且，这坑甲骨里，还发现有些龟板上很明显的有书写过的痕迹。这些痕迹有黑色的，也有类似朱砂涂过的红色。甚至在一块龟板上，有红也有黑。看来，当初先民们往甲骨上面刻字的时候，有时也会先用毛笔写上去，然后再用玉刀或铜刀契刻的。学者们研究发现，这些甲骨不是安阳本地出产的，它们是从南方输入的，那块迄今为止最大的一块龟板来自马来半岛。

在第 13 次发掘中，考古工作者还发现了与过去不同的石刻。它们大部分是半兽半人、人身虎头、带象鼻的双面怪兽以及饕餮面具的神话式的动物。其中大部分是圆雕，也有些是浮雕。现在我们所熟知的日本式的跽坐，实际上在商代社会生活中已见端倪。那些服装样式十分清晰的石人像，姿势就跟现代日本人跽坐在家里的榻榻米上一样。这位显然是上层人物的石人，服饰华丽，长袍上有两只袖子，前开口，还有一条腰带。石人的膝盖下可以看出有裙子，真让人百看不厌。

现在，当我们走进安阳殷墟博物苑甲骨文展厅的时候，还可以有幸看到 HY127 灰坑的复原模型。虽然，这个模型只有原大的四分之一，但你围绕它转上一转，看看上面刻写的记文，仍然可以领略到亲睹国之瑰宝的那份神圣！

◎ 奴隶社会：骇人听闻的杀殉坑

我们知道，殷商王朝国都的规划建设是遵循着一定规律的。当初盘庚迁殷之时，整个城市就已经统一规划设计过，比如宫殿宗庙区、王陵区、手工业作坊区等。与小屯村宫殿宗庙区隔河相望王陵区，在洹北西北冈、侯家庄、武官村一带。当年这一带进行科学发掘时，先后发掘出十多座殷王大墓。

王陵区分东、西两个区。西区有 8 座大墓及少量小墓；东区有 5 座大墓和数以千计的小墓葬。这里的 13 座大墓是商王或王室贵族的墓葬，小墓则是大墓的陪葬或殉葬。这座建于殷商时代的王陵，是我国目前发现的最早的王陵。它比北京的明十三陵要早 2700 多年！

在殷王陵区出土过几个知名的大墓，现仅以武官村大墓为例。

1950 年春，武官村北地发掘出了著名的武官村大墓。这座大墓有两个墓道，呈"中"字形，墓室南北长 14 米，东西宽 12 米，深 7.2 米。此墓历史上亦多次被盗，椁木已损坏无余。椁的外边，还依稀可以看见当年雕花涂朱的精致的仪仗。除了各种青铜金石殉葬遗物外，殉人和殉牲也令人惊叹：与墓主人同穴者有人头 34 个，身首完全的人骨架 45 副，犬、猴、鹿等动物骨架 59 副。主持发掘工作的郭宝钧先生不无幽默地写道，此墓"墓顶上有拱卫，腰坑下面有埋伏，一边有侍从，一边有姬妾，前后有警卫，有犬马，中间土周于椁，椁周于棺，棺周于衣，衣周于身，珠玉珍宝，充塞其间，当日统治者为死者谋，可谓无微不至了"！

武官村大墓中还发现了一批重要的文物。青白色的大理石琢成的虎纹大石磬，虎纹乖巧可爱。还有一把碧玉刻刀，这把刻刀精美异常，全长 9.1 厘米，刀刃部分长 3.3 厘米，整个刻刀颜色碧绿，玉质晶莹，造型好似现代的钢笔，可以系佩。显然，它是仿照当时契刻的刀笔制造的。

我们已经知道的出土青铜器之冠的司母戊鼎也是在王陵区发现的。

驱车北行，在殷王陵区的东部，远远可见一座略带古风的大型保护房，这就是有名的殷陵馆。殷陵馆是一座类似西安半坡展览馆的大型原地保护房，其中展览着商代后期杀人祭祀祖先的祭祀坑遗址。遗址东西长 450 米，南北宽 250 米。在已经清理出的 191 个祭祀坑中，发现杀殉奴隶 1178 个，以及相当数量的象、马、猪、狗、鹰等飞禽走兽。

在王陵区的东侧，有一片大规模的祭祀坑，面积达几万平方米。武官村大墓东南的祭祀坑有 4 排 17 座，每座祭祀坑里都埋葬有 10 个被砍了头的奴隶。一边的乱葬坑里，还埋有 50 多具无头的尸骨。杀殉的人，多为青壮年，二三十岁居多，甚至包括妇女与儿童。不少死者是砍断肢体凌乱地扔进坑中的。有的上肢骨或下肢骨被砍，还有的似腰斩状。专家们分析说，这些大都是成年奴隶被处死后扔进坑中的。在这些祭祀坑中，少年儿童或者幼儿则都是被活埋的。有的活埋时拼命挣扎，还有的是事先被捆绑住的……

在殷商甲骨文中，有大量的这种祭祀。仅从甲骨卜辞分析，有记载的人祭，就将近15000人。其中，还不包括1000多条未记人数的甲骨卜辞。森森白骨向我们昭示：商王朝是一个等级森严的奴隶社会，除了王公贵族平民以外，奴隶只是一种会说话的工具而已。

◎ 是谁泼了殷纣王帝辛一身脏水

人言可畏呀！400年前的一本志怪小说《封神演义》，竟能够给3000年前的殷纣王帝辛泼一身脏水！在毛泽东的心目中，一部《二十四史》，就是一部帝王将相的历史。他没有把帝辛像一般人那样评价为"昏庸无道的暴君"，而称赞他是"很有本事、能文能武的人"。毛泽东说：把纣王、秦始皇、曹操看作坏人是错误的，其实，纣王是个很有本事、能文能武的人。他经营东南，把东夷和中原统一巩固起来，在历史上是有功的。纣王伐徐州之役，打了胜仗，但损失很大，俘虏太多，消化不了，周武王乘虚进攻，大批俘虏倒戈，结果商朝亡了国。不仅毛泽东，就连郭沫若等鸿儒巨擘也都替殷纣王"翻案"呢。

一个王朝的兴衰，作为统治者的国王，无疑是有着不可推卸的责任的。然而，整个王朝的发展走势，并不仅仅是某一个国王在位期间形成的。在商代存在的近600年中，国家经历了几次兴衰。单就盘庚迁殷之后，国力也起伏过好几次。当年盘庚迁殷带来的兴盛，仅仅维持了几十年而已。到了武丁时期，经过整饬的商王朝达到了空前的辉煌。武丁在位59年而亡，武丁之子祖甲即位。他是个淫乱之君，商朝再次走上了下坡路。

到了武乙当政，这位国王倒是一个无神论者。《殷本纪》里有个故事叫"革囊射天"。说是武乙不信神，他让人用木棍钉成架子，又糊上泥巴，做了两个木偶，说它们就是天神。然后，武乙操起武器与之搏斗，把木偶打了个稀巴烂。他又命工匠做了一个革囊，里面装上血，悬挂在天空中。为了表示不信神，武乙举起弓箭，仰天而射，结果，天上滴滴沥沥流下了血迹。武乙大喜，以为战胜了天神。读到这里，是不是感觉有点儿堂吉诃德的德行呢！

在上古社会里，武乙不信神，实属难能可贵。然而，武乙之不信神，比起后世皇帝中或喜做木工或精于建筑或醉心书法者，对于当时社会的发展来说，实在是谈不到有什么重要意义。从某种意义上说，"帝王将相宁有种乎"，他们只是社会上一个普通之人罢了。他们也有自己的志趣爱好，但未必懂得治理江山。爱德华八世不也是只爱美人，不爱江山吗？中外古今，概莫能外。武乙暴亡之后，人们不但没有记起他的"革囊射天"，反而说他是由于怠慢了天神而获罪的。

此后，殷商王朝"一蟹不如一蟹"，无可奈何地走上了下坡路，成为一个徒有虚名的空壳壳。这个空壳壳的主人，就是纣王帝辛。按照《史记》上的记载："帝纣资辨捷疾，闻见甚敏，材力过人，手格猛兽；知足以拒谏，言足以饰非。矜人臣以能，高天下以声，以为皆出己之下。"可见，殷纣王并不是一个平庸无能之辈。神魔小说《封神演义》中更把他说得一无是处：自恃才智，因而造成了他不听臣下意见，独断专行，好酒淫乐，偏听妲己之言。为了供自己无度的消费，他就增加赋税，加紧盘剥搜刮人民，以至于众叛亲离。造成这种局面，纣王不仅不思过改正，反而将错就错，滥用酷刑，滥杀无辜。王公大臣，谁敢进谏，他一律视为谋反。于是，纣王听信小人谗言，囚西伯于羑里，杀比干于朝歌，剩下的人一看，只好一个个装聋作哑，避而远之。

纣王从心里特别害怕周族人的领袖西伯昌，怕他们的力量强大了以后对自己不利，于是，他就把西伯昌囚禁在羑里这个地方。羑里在今安阳市区南 17 公里处，当时属于商王朝的京畿地区。囚禁在离自己不远不近的地方，纣王觉得放心一点了。

西伯昌本名姬昌，后人尊为周文王。他被囚禁在羑里达 7 年之久。羑里城堡森严，古柏参天，在凸出平地五六米的高台之上又修筑了高墙，并配以重兵把守。胸怀大略的西伯昌面对这一切，表面上一律漠然处之。他把传世的伏羲八卦重新排列，又结合天地人间事物变化的规律，演绎成了八八六十四卦，即著名的《易经》。这部集上古人类科技人文成就为一体的巨著，成为中国几千年来经邦济世的群经之首，被西方社会称为"东方神秘主义的经典"。

纣王不时地派人到羑里打听西伯昌的情况，若有什么动静，就准备就地正法。看守西伯昌的小官吏见他每天只是写写画画的，也就如实汇报了。纣王是个疑心很重的人，他并不认为西伯昌"谋反"之心已经泯灭，就想出了一个恶毒的计谋。他命人把西伯昌的儿子伯邑考给杀了，剁成肉泥，包成包子，做成肉汤给西伯昌吃。世人都说西伯昌是个圣人，他倒要看看西伯昌是不是真正的圣人。西伯昌强忍悲愤，以周族人的大业为重，装作不知道的样子。吃了包子，喝了肉汤，躲过看守人，他都吐到了羑里城北面的土地里，用土掩埋了起来，后世称之为"吐儿冢"。

周族人为了营救西伯昌，就搜罗美女和宝贝，打通关节晋献给殷纣王。殷纣王见西伯昌软弱无能的样子，就释放了他。西伯昌获释之后励精图治，周族人终于强大起来。到了西伯昌的儿子周武王的时候，天时、地利、人和俱备，牧野一战，殷纣王自焚鹿台。自此改朝换代，中国进入了三代中的周朝，这是后话。

《尚书》中有一篇著名的文章《酒诰》，就是周初严格禁酒的命令。《酒诰》把商王朝的灭亡归结到殷纣王的荒淫无度上，其中最重要的一点，就是对于酒的沉湎。商代人之好酒，单从酒具上即可略见一斑。在著名的妇好墓中，出土礼器的四分之三为酒器。即使在平民墓中，也大都有酒器出土，哪怕是陶制的爵、觚等。由于殷纣王带头酗酒，朝中百官一个个都善于牛饮，商代后期的饮酒之风已成弥漫之势，举国上下简直就是一只大酒缸！根据《史记》记载：殷纣王"好酒淫乐，嬖于妇人。爱妲己，妲己之言是从……大聚乐戏于沙丘，以酒为池，悬肉为林，使男女倮，相逐其间，为长夜之饮"。多么奢侈腐化的生活！如此淫乐，朝政岂有不废之理！

为了掩盖朝政的矛盾，转移老百姓的视线，殷纣王就穷兵黩武，大肆征战周围方国。东夷是位于今天山东、安徽、江苏一带的商朝东南方面较为强大的方国，当时称为人方。对东夷的战争，牵制了商国极大的兵力，实力损耗严重。一直静待时机的周武王一看机会到了，挥师朝歌之郊的牧野，欲与纣王一决胜负。刚刚征讨东夷回师的殷纣王正被一时的胜利冲昏了头脑，他们人困马乏，加之又带着征讨得来的累赘的战利品——大量的俘虏和物品，只好于仓促之中草草应战。

《史记·周本纪》上说："帝纣闻武王来，亦发兵七十万人拒武王……纣师虽众，皆无战之心，心欲武王亟入。"试想，刚刚抓来的俘虏早已疲惫不堪，哪有心情去为殷纣王征战！当时的牧野战场可谓壮观："牧野洋洋，檀车煌煌。"决战一开始，武王之师势如破竹，纣王之军前徒倒戈……大势已去的殷纣王逃往他与妲己饮酒作乐的鹿台之上，自焚而死。

呜呼！本是才华一身的帝王，反倒落下一个千古骂名！

写到这里，笔者倒是想起了另一个昔日话题，那就是所谓的为古人翻案。先哲曾云：忌用"最"字论古人。古今中外，帝王也是普通之人。既是普通之人，其必有喜怒哀乐，也自然有功过是非。再者，历史总是后人写的，见仁见智，各有所得。君不见《三国演义》与

《三国志》情节相佐何其多也！在我们的社会生活中，一棍子打死的"脸谱化"和凡事都得"盖棺论定"的印痕太深太深了……

写到这里作者有所感慨：中国的典籍浩如烟海，记载相左的也多如牛毛，真让我们后人莫衷一是。想想今天，那些个不严肃的作家的"戏说""神剧"，岂不又是在造假？

◎ 新中国成立以后两宗最大的甲骨文发现

新中国成立以后，在小屯以及它的周围地区，还不断地发现一些零星的甲骨文，源源不断地为学者们提供新的研究课题。1950 年，新中国成立以后殷墟的第一次大规模发掘中，首开纪录，在小屯村以外的四盘磨村发现了刻字甲骨。此外，不仅在大司空村等地发现了甲骨文，而且在远离安阳的郑州、洛阳等地也出土了甲骨文。著名学者王宇信先生认为，甲骨文是商代较为经常使用的一种文字，不只在殷墟，也不只在殷王室，而且外地的商贵族也可能在使用甲骨文。他认为，将来会有更多的商王朝方国遗址发现甲骨文。

说到新中国成立以后最大一宗甲骨文的发现，当推 1973 年的小屯南地甲骨。

安阳郊区历来有和煤掺和烧土的习俗。1972 年 12 月的一天，年近六旬的小屯村农民张五元到村南边的小沟里挖土。刚刚挖了几锹，就看到下面的土色逐渐变深，而且土里夹杂着一些小骨片，有的骨片背后还有被当地农民称为"火号"的钻凿痕。张老汉

过去曾经参加过殷墟的发掘，懂得一些考古的知识，马上意识到自己挖到的可能是殷墟甲骨，他立即停止挖掘，并将有"火号"的甲骨捡起来，小心翼翼地送到了设在小屯村西头的中国社会科学院考古工作站。

由于时值隆冬，发掘工作无法进行，就先把甲骨文出土地点掩埋住了。从 1973 年 3 月开始，刘一曼先生等在发现甲骨文的小屯南地进行了两次发掘，面积达 430 平方米。两次发掘共发现殷代灰坑 123 个，其中 28 个出土了甲骨，少的一坑出一两片，多者数百片甚至上千片，总数达到 5335 片。刘一曼先生主持发掘的 H24 坑出土甲骨文最多，共有 1365 片。

发掘甲骨坑是一件十分艰苦而又十分细致的工作。由于坑内的甲骨叠压得很紧密，要一层层地清理。每清理一层，先要使用小竹签剔去甲骨表面上的泥土，使每一片甲骨的轮廓完全显露出来。然后用小毛刷蘸上清水，将甲骨的表面清洗干净，他们称之为"洗脸"。脸洗干净了，就要照相"留念"，之后再绘图，最后再一片片地编号、取出。如此这般，H24 坑甲骨的清理工作，考古工作者冒着酷暑进行了将近一个月时间。

另一坑甲骨在一个厕所底下，由于粪水的长期浸泡，出土的甲骨表面失去了光泽，而且带有臭味儿。看着清理出来的甲骨，他们开玩笑说：这甲骨真是又臭又香啊！我们今天可以看到的厚厚的一册著作《小屯南地甲骨》，记载了殷墟考古工作者多少艰辛！

新中国的另一次大批量的甲骨文发现，是在 1991 年秋季。为了配合一条道路的修筑，考古所的专家们开赴小屯村以南的花园庄一带进行钻探。在清理一个编号为 H3 的灰坑时，发现了一个长 2 米、宽 1 米的长方形窖穴。10 月 21 日，当这个窖穴挖到近 3 米深的时候，幸运之神降临了！

原来这是一个完整的收藏有 1583 片甲骨的大型窖藏！那几天常刮大风，工地上飞沙走石的，筑路的各种机械轰轰作响，还有各界群众跑来围观的，简直无法正常工作。怎么办？

大家想到了 1936 年发现的 H127 坑的大搬迁。对，我们再来一回大搬迁！他们请工人做了一只长 2.2 米、宽 1.2 米的大套箱，把甲骨周围掏空，慢慢地套上去，然后整体"搬家"。10 月 27 日，套箱工作开始了。不到一个小时，就套进去了 40 厘米。这时候不知道什么东西"卡壳"了——套箱上不去也下不来。肯定是周围的土清理得不干净，于是，再清理、再套，终于把甲骨完全地套进大木箱里了。可是，这只是一个没有底的大套箱！工人们要跳到不大的坑里蹲着或者弯着腰，一铲一铲地掏空大甲骨土块的底部，才能插进用作箱底的木板。又用了一天半的时间，终于给箱子装上了底，盖好了盖子，一个 4 吨重的大木箱静静地躺在土坑里，只等起运了。

毕竟不是 30 年代了，人们不必依靠肩头搬运。1991 年 10 月 29 日，一辆起重机和一辆大平板载重车来到了工地。前后不到半小时，大木箱就运到了考古工作站。清理工作历时两个多月，1500 多片甲骨重见天日了！这是继著名的 H127 坑甲骨和小屯南地甲骨之后又一重大发现。这坑甲骨仅完整的龟板就有 755 片，内容涉及商代祭祀、田猎、天气、疾病等方面，专家们分析其时代属于商王武丁中兴时期。

中国社会科学院考古所研究员刘一曼从 1972 年起就在河南安阳从事考古发掘，与甲骨打了近 50 年的交道，日前她的专著《殷墟考古与甲骨学研究》出版刊行，还有此前她主编的卷帙浩繁的《中国书法全集》的开篇之作《甲骨文卷》。由刘一曼先生和杰出的中青年考古学家冯时参加编撰的《甲骨文卷》，选择了数百件有代表性的甲骨文作品入卷，并对每一件甲骨文的释文、文字含义和书法风格做出考释，在尊重前人的基础上，反映出了甲骨文研究的最新成果。

◎ 为了《合集》寻真，胡厚宣不怕得罪"老大哥"

在一次殷商文化的学术讨论会上，一位来自海外的著名学者在向大会致辞的时候，无限深情地说：甲骨文不仅是伟大的中华民族的国宝，而且是全人类的文明财富。的确，甲骨文字的发现与研究，吸引了世界上许多的专家学者。几乎每一次关于殷商文化的研讨会，都会有不少的海外学者参加。他们中的大多数人可以说是慕名而来的。在筹备 1987 年的中国殷商文化国际讨论会时，所有向海外学者发出的请柬上，胡厚宣先生都特别地亲笔签上了自己的名字。那次研讨会取得了极大的成功，7 个国家和地区的 127 名有影响的学者出席了会议，其中包括：美国哈佛大学人类系主任张光直教授，日本东京大学前校长池田末利教授、日本神户大学文学部长伊滕道治教授、日本甲骨学会会长松丸道雄教授，美国学者夏含夷、倪得韦、吉得韦，英国学者艾兰等。可以说，他们是满怀着对"甲骨研究第一人"胡厚宣先生的仰慕而来的。时年已经 90 岁高龄的周谷城先生看到甲骨学研究的如此盛况，即席命笔，欣然写道：

> 祖国文化，源远流长。殷商一段，早放光芒。
>
> 中外学者，今集安阳。取精用宏，以利万方。

自甲骨文字发现以来，这一中华民族的瑰宝已经流散到了 12 个国家和地区。不仅数量繁多，而且特别的分散凌乱。单在国内，也有几十个单位和私人收藏，遍及祖国的许多大学、博物馆和科研单位。任何一位研究者，都难以窥其全貌，这无疑给研究工作带来了巨大的困难。早期的甲骨学家董作宾先生就曾提出过整理甲骨之事。然而，这是一项巨大的系列工程，需要国家牵头，多个部门、多名人员合作才能完成。所以，1956 年在国家制定科学研究十二年规划时，胡厚宣先生高屋建瓴地提出了编纂《甲骨文合集》的想法。

胡厚宣先生从复旦调到北京，出任了先秦史研究室主任。1961 年 4 月，由郭沫若任主任委员，胡厚宣任编辑工作组组长的《甲骨文合集》编辑委员会正式开始工作。胡厚宣先生带领一拨刚刚走出校门的年轻人，一边加"小灶"给他们补课，一边开始收集资料。那几年，政治运动频繁，工作干干停停。后来，干脆做不下去了。所有资料就都被装进箱子运到了河南，又转到陕西。直到 1972 年才运回北京，1973 年恢复了编辑工作。

那时已经是"文化大革命"后期了，仍在遭受"四人帮"迫害的郭沫若同志，派人找到胡厚宣先生。郭老嘱咐胡厚宣先生两件事：一是把压在箱子底的著作找出来，准备出版；二是趁年轻，多为文化事业培养几个接班人。胡厚宣先生得到郭老的信息，内心十分感动。他连夜给郭老写了一封热情洋溢的回信。胡厚宣先生在回信中说："您嘱咐我的事，我一定照办。"胡厚宣先生在回信中详细地述说了自己的打算。郭老接到胡厚宣先生的回信，在回信上做了批示，并且转送给了国务院有关领导同志。就这样，由郭沫若任主编、胡厚宣任总编辑的《甲骨文合集》的编纂工作才走上了正轨。

胡厚宣先生重新主持这一工作之后，他迅速调集力量，开始了大规模的材料收集整理工作。首先是对全国各地协作单位收藏的甲骨做实地探访。胡老先后到了 30 多个城市，落实收藏情况。由于时间的变迁以及管理体制的变化，不少甲骨收藏单位发生了变动。收藏的大宗单位并不多，万片以上的才有 2 家；千片以上的有 9 家；百片以上的 22 家；百片以下的 62 家。这里面有 38 个博物馆、38 所高校、6 家文物商店、3个文管会、3个研究所、2所中学、2家图书馆、1个文物工作队、1个文物保管所、1个文物陈列室……怎么样？让人听起来都费劲！

每到一处，胡厚宣先生带着学生马上对甲骨进行筛选、墨拓，工作之精细一般人难以想见。流散到国外的资料不可能一下子弄明白，就利用出国访问和讲学的机会，或者托请从国外归来的专家加以收集。最后，他们在十几万片甲骨材料中精心选出了大约四分之一，计有四万多片。

1899年甲骨文字被发现认定，1903年第一部甲骨著录书《铁云藏龟》印行，到1978年《甲骨文合集》出版以前，著录甲骨文的书刊，有近200种，所著录的甲骨将近10万片。但是，这些书刊有的印数极少，难以寻觅；有的出版质量低劣，往往使研究者无法加以利用。《甲骨文合集》的出版，为国内外学术界提供了一部最完备的传世甲骨的著录总集。

远在抗日战争期间，殷墟发掘被迫停止，日本侵略者大肆地掠夺中华瑰宝，在华的外国人把大量的甲骨盗运到国外，民间私人盗掘又十分严重。此时的胡厚宣先生也特别地心焦。日本鬼子一投降，他就遍访京津各地，收集流散的甲骨，并且陆续出版了几本甲骨著录书籍。那时候他就希望有一天，能把所有的甲骨集中到一起，以供学者们研究。新中国成立以后，胡厚宣先生利用到各地讲学的机会，寻访了几十家甲骨收藏单位。可以说，中国国内所藏的甲骨，胡厚宣先生都一片片地亲手摩挲过。可是，国外所藏的甲骨呢？

1958年，根据中苏两国文化合作协定，胡厚宣先生应邀访问苏联，去莫斯科苏联科学院中国学研究所讲学。在莫斯科苏联国立东方文化博物馆的中国艺术陈列部里，胡厚宣先生看到了完整无缺的17块龟板。当时苏联最著名的中国研究学者，拿出了他们新近出版的一部10

卷本的巨著《世界通史》，此书中在《远古的中国》一章里载有《中国古代文字的龟甲》。此书专门在彩色插页上刊印上了这里收藏的这批整版的甲骨文字，似有炫耀之意。胡厚宣先生一看，这哪是什么甲骨精品哟，他们所藏的龟甲全部是现代的，文字是后刻的。他立刻以学者身份明确地对"老大哥"说："这都是伪片！"一时间，苏联的那些著名学者都怔到了那里，一个个都大吃一惊：这么"伟大"的一部著作中，怎么会收录假的东西呢！有关官员立即告知这部书的总编辑、著名的苏联科学院院士茹科夫先生，让他赶快设法纠正这个开了"国际玩笑"的重大错误！经胡厚宣先生指点，他们决定换上几片真正的甲骨片。

1958 年 8 月，胡厚宣先生又应邀访问了圣彼得堡，并且到苏联科学院东方学研究所讲演。在这里，他参观了国立爱米塔什博物馆，看到了该馆东方部所藏的甲骨文字。这里所藏的 199 块甲骨碎片，原为苏联研究院布那柯夫教授所收集，他还为此写出了《安阳龟甲兽骨》一书。遗憾的是，布那柯夫在苏联卫国战争期间不幸牺牲。这 199 片甲骨，虽然一直保存在国立爱米塔什博物馆里，但根本不为学者们所重视。有些人甚至以为，这些小片片全是假的！胡厚宣先生惊喜地发现，正是这些让苏联学者"羞于出手"的甲骨碎片，才是真正的甲骨精品。真正一个真假颠倒！胡厚宣先生如获至宝，不顾旅途劳顿，把这些甲骨一片一片地描摹下来，把珍贵的资料带回了国内。据此，胡厚宣先生写出了《苏联国立爱米塔什博物馆藏甲骨》一文，后又收入《苏德美日所见甲骨集》一书。

1981 年，胡厚宣先生访问日本。临归前，他一定要去奈良的天理参考馆一趟。原来，关于天理参考馆所藏的甲骨的数字，学术界一直众说纷纭，有说 1000 多片，有说 3000 多片，到底有多少，谁也搞不清楚。利用此次难得的机会，胡厚宣先生来到奈良天理参考馆，一片一片地清点了实物，掌握了第一手的材料。原来，这里的馆藏甲骨不仅没有 3000 多片，连 1000 片也没有，只有 819 片！其中有王国维旧藏甲骨 250 片。精致的木盒封面上题有"殷墟出土龟甲兽骨文字二百五十片"，背面还有"王国维收集品"字样。另外，罗振玉所藏的 36 盒甲骨也在其中。

1983 年 5 月，胡厚宣先生去美国加州大学伯克利分校讲学，对方为了表示对胡厚宣先生的敬重，特意安排了一些旅游观光项目。然而，心系甲骨的胡厚宣先生哪有工夫去"享受"那些在他看来是"受罪"的待遇！利用这次讲学机会，他看到了美国不少的私人收藏。6 月 14 日，胡厚宣先生来到美国东部的哈佛大学。哈佛大学人类系主任张光直教授陪同胡老浏览了这里所藏的甲骨，胡厚宣先生还选摹了其中的 22 片。在美期间，他抓住一切机会，先后到了纽约大都会博物馆、普林斯顿大学图书馆、艺术博物馆、哥伦比亚大学东亚图书馆等 9 个城市的高等学府，收集了国内见不到的珍贵资料。

1983 年 9 月，胡厚宣先生前往香港中文大学参加国际中国古文字学研讨会，得以见到德国西柏林民俗博物馆所藏甲骨的摹本。胡厚宣先生得到摹本，又认真地与《甲骨文合集》所收录的甲骨照片相对照，进行了对比，以利学者引用。这批甲骨是德国人卫礼贤和威尔茨于 21 世纪初从中国盗出的。

1987 年 11 月，胡厚宣先生应邀第二次东渡扶桑。此前的仅仅一个多月，胡老刚刚在安阳主持召开了举世瞩目的中国殷商文化国际讨论会。繁忙的会议一结束，已经 76 岁高龄的胡厚宣先生又风尘仆仆地赶到日本。在东京大学东洋文化研究所专门为他组织的演讲会上，在热烈的掌声中，他一连讲了 4 个小时。胡厚宣先生在日本学术界享有极高的威望，《读卖新闻》连续 4 天以巨大的版面刊发了胡老出席对话会的文章和照片。这次赴日，胡厚宣先生还专门收集了学界泰斗郭沫若在日本的有关资料。

自 1978 年起到 1982 年，13 巨册的《甲骨文合集》全部出齐。《甲骨文合集》一共收入甲骨精品 41956 片。它把 80 多年来出土的甲骨资料尽可能完全地提供给学术界，充分发掘我国历史上的文化珍品，以供进行多学科研究。

◎ 互联网：闯进来一位 3000 多岁的白胡子老爷爷

说到殷墟出土的刻字甲骨，我们总说 15 万多片，很难有一个准确的数字。其一是时间的久远；其二是收藏与著录较为混乱；其三是甲骨文出土以后会发生一些变化，比如整块的会变成零星的，小碎块的刻字甲骨又会被专家学者们慧眼识宝，尽可能地按照原样拼合到一起，甲骨学上叫作"缀合"。还有就是不断地新的发现与民间收藏。

尽管如此，1984 年著名的甲骨学家胡厚宣先生在《八十五年来甲骨文材料之再统计》一文中，还是计算出一个数字来，那就是 154604 片。胡厚宣先生说，如若以每一片甲骨上面有 20 个字计，甲骨文史料就多达 300 万字，多么巨大的一个数字！

那么，甲骨文到底有多少个单字呢？

北大历史系毕业就追随胡厚宣先生整理《甲骨文合集》的王宇信先生说："殷墟 15 万片甲骨上的 4500 多个单字，目前已识近 2000 字。但常用和无争论者仅 1000 多字。"学者们认为，所谓 4500 多个单字，仅仅是商王室占卜时所用的常用字，并非商代汉字的全部。以现代汉字为例，人们一般日常生活学习的常用汉字仅为三千个到五千个，然而，大型字书收字却可以多达数万个。

人类总是先有语言而后有文字的。最初的文字，大都是以象形文字开始，世界各国基本如此。这一点，我们从甲骨文中已可看出端倪。其后，文字的发展大体分为两类，即表音与表形。我们以英语为例，它是表音文字。在漫长的社会发展过程中，语音一旦发生变化，也就是说它的拼写结构发生变化，那么，它的语意肯定就会有所迥异。而汉语言文字则不同，它在象形文字的基础上，逐渐向表形表意为主的方向演化。汉语言文字的最大特点，就是字形基本不变。虽然中国国土如此之大，各地方言变化殊多；虽然汉字由于几千年来使用毛笔这一特定工具而致的书法的变化，但是特定汉字所表达的意义没有变，与拼音文字仅仅书写一些不具含义的字母相比，汉字书写时即表达某种情绪这一点也没有变。不仅如此，大一统的汉字几千年来延续不衰，亦成为中华民族同祖同宗同语同文大一统民族形成的基础之一。

我们知道，汉字是世界上四大古文字之一。古埃及人早在公元前3000年时就产生了象形文字。埃及象形文字复杂难解，只有当时的神庙祭司等才看得懂。古埃及使用水草纸书写，这是用一种名叫水草的植物的梗子做成的纸。著名历史学家威尔·杜兰先生评论古埃及文字时说：不知是愚蠢还是聪明，埃及人虽发明了字母，可是并未完全采用拼音文字。埃及文字，直到其文化式微阶段，仍然是一个大杂烩。这种大杂烩文字，直到今天，对于研究埃及学的人而言，还是一种相当难以克服的障碍。

创造了闻名世界的古代文化的古埃及如同一座颓废的大厦轰然倒塌了。公元前30年，埃及正式成为罗马的一个省！其后，埃及古老的文字连同它的昔日辉煌，一同湮没了。

今天的埃及人并不是法老的后代，埃及的古文化是由法、英、德等国的科学家研究发现的。18世纪末，入侵埃及的法国军队在挖掘战壕时，无意中发现了一块石碑，就以当地的地名叫它罗塞塔石。这是一块刻有古埃及象形文字的石碑。此后的数十年里，许多学者想以此揭开埃及象形文字的奥秘，都未获得成功。直到19世纪初，法国杰出的语言学家商博良经过刻苦钻研，终于释读了象形文字。对于今天的埃及人来说，古老的象形文字既没有血缘似的继承关系，又没有拿来主义的使用关系，完全是"两股道儿上跑的车"。

在著名的两河流域自生自灭的苏美尔人，曾经使用过一种刻在泥板上的文字——楔形文字。据称，公元前2300年左右，苏美尔人的文化就已经相当成熟了。这个在世界历史上稍纵即逝的民族留给后人以同样神秘的楔形文字。楔形文字是以铁笔刻在黏土制成的板状泥简上的文字。初制成之泥简由于湿润松软，铁笔可以在其上留下清晰的刻画。经过"书写"的泥简，以火或太阳烘干，其耐久性仅次于石，即可永久保存。这些文字笔画若楔，所以称为楔形文字。楔形文字所载内容极其浩繁，既有官文书、宗教记录、法庭判决，又有私文书、流水账本、文学作品。法国考古学家在TELLO地方发掘到3万多块泥简，他们经过整理分类，认为这里是一个规模宏大的图书馆。

苏美尔人创造的文明影响了美索不达米亚，然后又扩展到了埃及。埃及建国前使用的是象形文字，这种文字与苏美尔文字相比，几乎如出一辙。18世纪末到19世纪初，拿破仑远征埃及，才使湮没已久的埃及文化重放异彩。虽然1813年拿破仑学者就向法兰西学院提出了一篇名为"细说埃及"的论文，叙述这段迷失的文明。然而，此后的若干年，由于读不懂古埃及人的碑文，此项工作毫无进展。直到1822年及其以后的20多年中，古埃及的这些神秘象形文字才为法国考古学家所破译。

我们没有必要再去罗列古巴比伦文字长达若干世纪求解的经过，以及16世纪由于西班牙人的入侵而消亡的美洲玛雅文字了。总而言之，古埃及人的象形文字和美洲的玛雅文字也好，苏美尔人和古巴比伦人的泥板文字也罢，它们都是人类历史上的匆匆过客。闪光也好，蒙尘也罢，没有人理直气壮地说：我们就是这些文字的后裔！原因很简单，这些文字发明者的后裔抛弃了它们，使曾经辉煌的这些古文字在中世纪以前就湮没了，死亡了。而发现、发掘、研究这些文字的科学家们，又大都是后来的入侵者！换句话说，现今生活在这个世界上的人，没有谁是这些古文字的主人，现今活跃在世界上的各种文字，也没有一种是这些古文字的"继承者"。

好了，还是说说我们自己的文字吧。

甲骨文之所以让我们如此自豪，起码可以从这两个方面去说。其一，甲骨文字由于历代统治者的维护、使用，其一脉相承的精神价值，就在于它在中华民族几千年来的大一统中，发挥了巨大的凝聚作用；其二，甲骨文字以表形为主的存在方式，适应了中国的地域广袤，适应了各地的语音殊异，表现了它顽强的生命力。

瑞典汉学家林西莉女士在她的新著《汉字王国——讲述中国人和他们汉字的故事》一书中，讲述了她研究中国汉字的体会。在这位西方女士眼里，中国的方块汉字是那样的有趣："日"，象形太阳，又象征日子；"月"，象形月亮，又象征明亮。一个"日"加一个"月"，就是一个"明"，"明"字除了"明亮"的意思外，还含有"明白"的意义。林西莉女士观察了中国民间操办丧事的情形：人们系着白布，跟在死者年岁最大的儿子后面，一个个牵着衣襟，连成长长的一串。据此，她这样有趣地解释了甲骨文中的"孙"字："子"字旁代表走在最前面的男子，"丝"字旁（在繁体字中还可看到表示"丝"字的"系"）即象征连成一串的后裔。所以，"孙"就是子子孙孙连绵不断地延续。多么的奇妙！林西莉女士甚至呼吁：汉字是一种美丽的文字，我害怕它会失传。联合国应该把汉字列入人类文化遗产保护名单！2017年11月，联合国教科文组织网站发布消息，"甲骨文"顺利通过联合国教科文组织世界记忆工程国际咨询委员会的评审，成功入选

《世界记忆名录》。

直到今天，以甲骨文为发端的中国汉语言文字，已经堂而皇之地进入了联合国，成为联合国五种法定的工作语言之一。汉语言文字书写优美，信息量大，各种工作文本之中，汉语言文字的篇幅最精短而最严密。十多年来，由于科学家们的努力，汉字顺利地通过了电脑录入关，而且，语音、手写、键入三法俱全。如此年长的甲骨文的后裔直通互联网，进入了世界的同步发展之中。怪不得这几年，国外越来越多的年轻人要学习以前他们认为最最艰涩的中国汉字呢！

作为甲骨文的继承者，我们真幸运。

◎ 争论了 2000 多年，老迁的话靠谱吗

老迁的话靠谱吗？真是众说纷纭哪，2000 多年了还叫后人争论不休！

老迁是谁？司马迁呀！屈指算起来，司马迁老先生要是活到今天，就差不多 2120 岁了，白胡子该有多长呀！他的那部写在竹片子上的《史记》，不知道要用几部牛车才能拉得动。据说司马迁的童年是在家乡黄河边上的龙门山下度过的。十来岁时随父亲司马谈到了长安，他突然对古代文献有了兴趣。二十来岁时候感觉不过瘾，干脆就到处游历起来，南达江淮，北涉汶、泗，东赴齐鲁，亲身领略祖国壮阔的自然风貌，调查了解了许多历史掌故，后来才写出了几部牛车拉不动的《史记》。

老迁劳苦功高啊，他的"迁丝"们甚至追捧他的那些竹片子是"史家之绝唱，无韵之离骚"呢！可是有人就问了：别说三皇五帝，即便殷商时代距离老迁也都1200多年了，他的那些个记载靠谱吗？子非鱼，焉知鱼之乐？你知道人家老迁写书时候手头就没有资料依据？众说纷纭争论了2000多年，没完没了。直到1899年，一片甲骨惊天下，3000年一泄其秘的甲骨文字出土，震撼了整个国际学术界，也澄清了许许多多的历史公案。

正所谓：一片甲骨惊世界！

为什么呢？原来人类上古的历史基本都是糊涂一盆儿，很简单，那时候没有什么文字记载，靠的只是口耳相传。口耳相传有准儿吗？甲骨文是中国现今发现的最早的成熟文字，老迁见到过没有我不知道，我敢保证，司马迁去世之后150年出生的许慎老先生是没有见过甲骨文的！何以见得？因为《说文解字》里面个别字的诠释压根儿就是无厘头，根本说不清楚造字本意，纯属揣度，那是另话。

这就说到了我们前面提到的"夏商周断代工程"。

这几年，但凡可以沾上一点点"古"气儿的城市，都在引经据典，纪念自己的城市建成若干周年，轰轰烈烈的鼓噪为的是弄个名头。诸如，某某城市建城600周年了，某某城市建城850周年了，还有建城2500周年的，等等。有人曾经说：十年看深圳，百年看上海，千年看北京，两千年看西安，三千年就得看安阳了。

翻开前些年出版的大型辞书《辞海》《现代汉语词典》或者普通到中小学生人手一部的《新华字典》来，辞书后面附录的我国历史朝代对照表，夏、商、周三代的纪年，都是写的一个"约"字。而头一个准确的纪年，竟然是"西周共和元年"即公元前841年！我们中华民族不是有着5000多年的辉煌历史吗？我们竟然没有准确的历史纪年！

从司马迁以来，西周共和元年即公元前841年之前，就是一本糊涂账。说起来也不怨人家老迁，据说他当初就定了一条准则：不记糊涂账！得，模糊不清的上古资料我们再也见不到了。几千年来的历史糊里糊涂就这样过去了，以至于不少国人乃至外国人都怀疑中国上古史的存在，一口"咬定"中国历史就是从公元前841年开始的！英国人罗伯兹以"历史学家"的口吻说：中国只有公元前8世纪以后的纪年，没有更早的像埃及那样的纪年表；日本人有个叫作白鸟库吉的公然出书，书名就叫作《尧舜禹抹杀论》；200多年历史的美国人也跟着嚷嚷……中国文明史一下子被缩水了2000多年！

1996年国务院宣布："夏、商、周断代工程"正式启动。历时五年，他们动用了多种学科技术，终于在2000年11月9日正式公布了《夏商周年表》。根据这个年表，我们可以准确地说：盘庚迁殷发生在公元前1300年，而武王伐纣甚至精确到了公元前1046年元月二十日清晨——那么，晚商在北蒙（今安阳）建都达255年，与老迁的记载基本相同！当然我们还需要"文明探源"，解读我们5000年甚至8000年的历史呢！

司马迁您老人家赢了！"迁丝"们可以欢呼了：真棒！

◎ 华夏古文化，龙凤是一家

有些人以为，中国北方古文化崇尚龙，南方古文化崇尚凤。不是说，"上有九头鸟，下有湖北佬"吗？荆州古城的城徽还是太阳鸟凤凰呢！

中国传统文化历来讲究二元耦合理论。所谓二元，就是指相对的两个方面，比如，天与地、南与北、长江与黄河、龙与凤等等。龙与

凤是中华民族古老的图腾。作为一种文化标志，有人认为龙文化是中国古代黄河流域的中原文化——北方文化的结晶，而凤文化则是古代长江流域荆楚文化——南方文化的代表。

中华民族常常说自己是龙的传人。龙，这种世间本来没有的神物，是中国人自己创造的精神依托。远在部落时代，每个部落都有自己信仰的图腾。伏羲部落的图腾是蛇，这也可能是他们居住的地方蛇多的缘故。后来，这个部落逐渐壮大，到了黄帝的时候，他们先后统一了黄河、长江与珠江流域。为了更好地统治更大疆域里的部落，他们把图腾做了一些改动：图腾仍然以蛇为主体，吸取了牛、马等图腾头的成分，鹿图腾的两角，鱼图腾的鳞和须，兽类图腾的足，禽类图腾的爪……组合成了一个新的图腾，这就是龙图腾的前身。

龙图腾诞生以后，迅速为华夏民族所接受。人们把各种美好的事物都寄托在龙的身上。传说黄帝与蚩尤打仗时，就有"应龙"助战而战败蚩尤。大禹的父亲鲧治水不力而遭到杀戮时，化为"黄龙"，即为禹。禹的后代为夏，所以，夏族就以龙为图腾。到了春秋战国时，龙又成为龙、凤、麟、龟"四神"之首，不仅被视为神灵，而且开始象征王权。隋唐以后，龙灯、龙舟、龙舞盛行于民间，受到普遍的喜欢。龙的形象也在逐渐丰富之中，龙形的变化由商代的龙头方正、无发无须，到战国时代的身体修长、玉树临风；唐代的龙体态短胖、角有分叉；汉代的龙龙头更扁、肚子凸出；南宋画家笔下的龙图，龙角分叉多，头部更复杂；明代的龙，爪由三爪、四爪，又演化为五爪；清代所见则更多的是"二龙戏珠"了。

民间关于龙的传说众说纷纭。大家不仅喜爱龙，还让它生了九个各有"绝活儿"的儿子：大儿子好负重，巨大的石碑让它驮个千儿八百年的，可以说是纹丝不动；二儿子性好望，古代高高的建筑物屋角上的兽头就是它；三儿子平生爱鸣，钟上的兽纽就是它的形象；四儿子好险，大殿的屋角下都有它的身影；五儿子是个音乐爱好者，人们常常把它刻到二胡的琴头上作为装饰；六儿子性好水，那就让它立在桥柱旁边或者当作出水口；老七平生好杀，就让它待在刀把子上吧；老八喜好烟火，寺庙里的大香炉上总少不了它；最小的老九也不简单，形似螺蚌性好闭，于是乎量材使用，让它口中衔环，钉到了大门上。

中国人看中龙，于是，各种事物都要和龙拉上点关系。有人统计说，中国带"龙"字的地名即有700多处。这个数字显然是太保守了，龙江、龙山、龙泉、龙潭、龙洞、龙桥，几乎每个省份都有。衣有龙袍、龙冠，食有龙虾、龙眼，建筑有龙宫、龙亭，行有龙舟、龙车，动物有龙马、龙蚕，植物有龙葵、龙舌兰、龙须草、龙须菜、龙柏、龙爪槐，得意的女婿叫乘龙，功名成就叫登龙门，水车叫龙骨水车，吊车有龙门吊，连讲故事都被称为摆龙门阵……

甲骨文字中，龙字的写法就有几十种之多。

行了，该说说凤了。与龙一样，凤是我们最熟悉也是最难弄懂的一种神鸟。从某种意义上说，现实生活中的鸟给了我们许多启示，它不像龙那样属于纯粹的想象。雉鸡、孔雀等鸟类似乎都含有凤的身影。凤，即凤凰。《山海经·大荒西经》中记载说："有五彩鸟三名：一曰皇鸟，一曰鸾鸟，一曰凤鸟。"同样在《山海经》上有这样的记载："丹穴之山……有鸟焉。其状如鸡，五彩而文，名曰凤凰。"古代人想象中的凤凰是这样的：鸿前麟后，蛇颈鱼尾，鹳颡鸳思，龙文龟背，燕颔鸡喙，五色备举。

按照《尔雅》的记载，凤又叫作雏。龙乘云，凤乘风，故谓之鹓。鹓，偃也，众鸟偃服也。玄鸟即为燕。燕色玄，故称玄鸟。《诗经》里的《玄鸟》篇我们并不陌生："天命玄鸟，降而生商。"我们讲过这个美丽的故事：有娀氏之女简狄误食玄鸟之卵，以致怀孕生下商族人的祖先契。在伟大诗人屈原的作品中，对凤凰有着生动的刻画。《楚辞·思美人》云："高辛之灵盛兮，遭玄鸟而致诒。"《楚辞·离骚》又云："凤凰既受诒兮，恐高辛之先我。"郭沫若先生在《屈原赋今译》中说："玄鸟致诒即凤凰受诒。受，授者；诒，贻通，知古代传说之玄鸟实是凤凰也。"闻一多《离骚解诂》也认为："彼言玄鸟致诒，而此言凤凰受诒，是凤凰即玄鸟也。"因此，他认为，商族以玄鸟为图腾，亦即以凤凰为图腾。看来，凤凰是由玄鸟演化而成的。

有文献记载说，凤多生中原之南楚地也。《本草纲目》说："凤，南方之朱鸟也。"荆楚后裔大都相信，凤与他们的祖先有着某种亲缘关系。他们钟爱凤，就像钟爱自己的民族一样。在出土的古楚国文物中，凤的图案特别的多。古城江陵曾出土一件绣罗锦衣，上绣一幅生动的图画：一只凤勇敢地与二龙一虎搏斗。传说中吴越人的图腾是龙，而巴蜀人的图腾是虎。此图象征楚人力挫吴越与巴蜀，一统长江中下游地区的辉煌。

在甲骨文中，"凤"和"风"是通用的。它的形象就是一只有冠、长羽、卷尾的鸟形。从《诗经》上的有凤来仪、凤凰于飞，到孔子的凤鸟不至，以至后世的鸾鸟凤凰、吹箫引凤、凤穿牡丹、丹凤朝阳、百鸟朝凤，人们赋予了凤以光明、幸福、爱情和美好。

说到这里，我们想起了著名的妇好墓。在商代这位王后的墓葬中，我们惊异地发现了雕刻精美的神物——龙与凤。这对龙凤造型优美、对称，修长的体态稍微弯曲。龙凤似腾空而起，相戏相谐，余味无穷。

民间赋予了龙与凤许多的吉祥语：龙飞凤舞、龙凤呈祥……

龙文化，凤文化，龙凤文化实际上是相通的。被称为"东方神秘主义巨著"的《易经》，其基本原理即为一阴一阳的二元论。另外，《易经》的太极理论又是阴阳相互融合的。"易有两极，是生两仪，两仪生四象，四象生八卦。"由太极所生成的六十四卦符号系统和框架结构，成为中国天人合一的哲学思维模式，这个模式以包容、扩大为基本特征。这也说明了我们伟大中华民族优秀文化的包容性。

殷墟出土的文物中，不仅有很多精美的玉石雕刻"龙"，也有很多玉雕"凤"。看来上古时候龙凤就是不分家的。

◎ 那只美丽的燕子飞走之后

我国古代有很多美丽的神话与传说，比如愚公移山、大禹治水、女娲补天、夸父逐日、精卫填海等。中国又是一个诗的国度。成书于西周的《诗经》中有一首《玄鸟》，它为我们讲述了一个带有传奇色彩的美好故事。

很久以前，三皇五帝中有个帝王名叫帝喾，那天帝喾的次妃有娀氏带着两个女儿简狄和建疵到河边沐浴。风和日丽，艳阳高照，姐妹俩一下水，就尽情地嬉戏起来。这时候突然发现有两只燕子飞来，就落在不远的河边戏水，叽叽喳喳叫成一团。燕子看见两个姑娘，依然不慌不忙、大摇大摆地在沙滩上蹦着、跳着。简狄姐妹俩一心想跟美丽的燕子玩耍，可她们一走近，燕子就哗啦一下子飞走了……

母亲有娀氏看出了女儿们的心思，就递过一只盛衣服的小玉筐支了起来，扯条绳子……估计我们小时候大都玩过这类游戏。一会儿燕子又飞来了，对那只小玉筐产生了兴趣，便钻了进去。简狄不动声色地一扯绳子，就势把玉筐扣在了燕子头上。"哇! 捉住了，捉住了!"

妹妹建疵一下子跳了起来。这时候看看筐子里的那只燕子却在奋力挣扎着，哀鸣着，一心向往着自由驰骋的蓝天……小燕子黝黑黝黑的羽毛光光亮亮的，精巧的小脑袋棕里透红，尾巴上一抹洁净的白色，煞是可爱。另一只燕子呢，待在筐子外面久久不肯离去，天空中一群燕子原地盘旋翱翔……

简狄看着玉筐里的燕子，心里突然掠过一丝同情：它也是小生灵啊。抬头看看母亲，简狄似乎在问：怎么办呢？有娀氏理解女儿的心思，于是点点头表示赞许。简狄姐妹俩掀开小筐子，燕子展翅飞去了……它迅速地冲向蓝天，还回过头来叽叽叫着，像是庆祝自己的胜利，又像是感激简狄她们。

那两只燕子翱翔着、嬉戏着，恢复了原来的活力。它们在天上转了两圈，就一直朝北飞去。看着燕子飞去了，她们姐妹怅然若失地唱起了一首自己编的歌："燕燕于飞，燕燕于飞！"唱着唱着，简狄激动得竟然掉下了眼泪。

站在身旁的母亲低头去捡小玉筐，咦，里面竟然有一只洁白的燕卵！姐妹俩蓦地围了过来。妹妹建疵伸手接过带着温热的燕卵，拿在手里把玩着，甚是欢喜。简狄看着妹妹玩燕卵，心里痒痒的，一会儿她们姐俩就争抢起来……终于，简狄抢过燕卵撒腿就跑。一边跑，还一边把燕卵含到嘴巴里。母亲急忙喊着：小心！小心别打烂了！简狄只管跑啊跑啊，一不小心，绊了一跤，险些摔倒。一定神这才发现，嘴里含着的那只燕卵竟给吞到肚子里去了！

简狄吞下燕卵，心里一直闷闷不乐。母亲就安慰她说："没事儿的孩子，过几天就会好起来的。"过了一段日子，简狄感觉自己逐渐发福了，母亲也看出了女儿的变化。简狄肚子一天天大起来，十月怀胎，她竟生下了一个可爱的男孩子！惊喜之余，母亲就给新生男孩儿取名叫"契"。帝喾也高兴地给了契封地，再后来契就成了商族人的祖先。历代商族人一直把玄鸟，即那只黑色的燕子作为他们崇拜的图腾。

"图腾"是一个汉语词语，意思是记载神的灵魂的载体。是古代原始部落信仰某种自然或有血缘关系的亲属、祖先、保护神等，而用来做本氏族的徽号或象征。原始部落对大自然的崇拜是图腾产生的基础。运用图腾解释神话、古典记载及民俗民风，是人类历史上最早的一种文化现象。

不同民族和国家的族群有着不同的图腾崇拜，比如中国人的图腾一般为龙，俄罗斯则有熊图腾的崇拜。这是上古时期广为流传的关于商民族起源的美丽传说，是人类的初民对自身生命产生的一种朴素的解释。其实每个民族都有类似的说法。人类的初民不知道自己的生命从何而来，就像在西方基督教《圣经》里，玛利亚受孕于天神而生下耶稣一样。

◎ 商族人：你从哪儿来到哪儿去

传说归传说，商民族的始祖"契"的确是生活在原始社会末期的一位有作为的民族统帅。在中国浩如烟海的史料中，有很多他的事迹的记载。在《史记·殷本纪》中，就有着这样的记述：……契长而佐禹治水有功。帝舜乃命契曰："百姓不亲，五品不训，汝为司徒而敬敷五教，五教在宽。"于是封于商，赐姓子氏。

关于商民族的起源问题，学术界一直争论不休。有代表性的说法有：西方说、东方说、东北说、江浙说。所谓西方说，就是说商族人是起源于陕西渭水流域甚至西亚的。东方说认为，商族人起源于现今河南、山东一带。连甲骨学大家王国维也认为："自五帝以来，政治文物所自出之都邑，皆在东方。"东北说主张，商族的起源在我国东北地区。也有的人主张商族人起源于江浙一带。

不管学者们怎么认识，有一点是共同的，那就是早期商族人是一个迁徙不定的民族。近600年时间，商族人经历了前八后五共13次迁徙。最后一次迁徙，他们来到今天河南安阳的洹河之滨，从此，在这里定居，传了八代十二王，一直到武王灭纣，安阳小屯做了255年的国都。

从始祖"契"开始，到商汤立国，一共经历了14代。关于早期的8次迁徙，大概是司马迁写《史记》时没有顾得上考证，所以也就没有写清楚。到了后代，学者们更是争论不休。清代学者梁玉绳在他的《史记志疑》中提出了他考证的八迁的地点是：砥石、商、商丘、殷、邺、蕃、亳等。王国维在考证后认为，八迁的地点应该是：蕃、砥石、商、商丘、相土之东都、殷、亳等。看来，早期的商族迁徙的范围，大致没出去山东、山西、河南、河北一带。

商王朝传到汤做头领的时候，他率兵打败了夏的统治，成了商的第一代国王。商汤吸取了夏灭亡的教训，主张以民为本。关于商汤，流传着这样一个著名的故事：

商汤打败了夏以后，建立了商国。谁知，老天一连七年大旱，庄稼几乎绝收。虽然商汤推行了一些仁政的措施，但遇到了如此天灾，岂不是于事无补！为了安定民心，商汤带领群臣来到桑林之中。此时，祭坛已经准备好了。商汤跪到祭坛前，三拜九叩行了大礼，他诚恳地说：上天哪，是我商汤一人有罪，罪孽深重啊！万万不要降罪于老百姓，他们是无罪的呀！言毕，他让群臣架起柴火，自己站到中间，准备点火自焚赴死以祭天。这时，闻风而来的老百姓涌上前去，他们也都跪到祭坛前，请求上天饶恕自己的罪孽。老百姓们高喊着，不让商汤自焚。两难之下，商汤为了表示自己的虔诚，抽出宝刀割断了自己的头发，割破了自己的手指，作为"牺牲"，供奉在祭坛上，用以祈福于上帝。

原来，"牺牲"一词，最初的含义就是指祭祀用的猪、牛、羊、牲畜之类。老百姓们亲眼看到国王如此爱民，纷纷涌上前去，表示拥戴他的统治。正在此时，天突然阴沉下来，进而狂风大作，雷雨如注。老百姓们欢呼着，跳跃着，他们感谢国王为百姓求雨成功，感谢天神赐予黎民好收成。这就是著名的成汤祷雨的故事。

这个流传甚广的故事从一个侧面反映了汤"以宽治民"政策的成功。同样是在《诗经·商颂·玄鸟》篇里，还歌颂了汤当年战胜诸多部族与国家，最后灭夏的丰功伟绩："古帝命武汤，正域彼四方。"在《诗经·商颂·殷武》里说："昔有成汤，自彼氐羌，莫敢不来享，莫敢不来王，曰商是常。"可见，周围小的方国是臣服于商汤的。它们不仅甘愿称臣，还时常来供奉商汤。

传说商汤非常善于用人，他大胆起用奴隶出身的伊尹为相就是一个最好的例证。

传说伊尹为奴隶出身，原是有莘氏女的陪嫁厨师，负责鼎俎，以滋味取悦于汤，汤用为"小臣"，后任国政。伊尹送餐时候总会与国王请教一番，从菜肴调味，到国家治理。"治大国若烹小鲜"就出自伊尹之口。商汤得知他有着很好的教养，并且深谙文韬武略，就请他辅佐朝政。伊尹一直以山村野夫自贱，但见商汤诚心诚意地邀请自己，这才随他到了商的都城亳。

当时，夏桀的残暴统治已近尾声。一方面他奢侈腐化、偏听妹喜之言，另一方面对老百姓进行残酷的剥削和压迫。商汤在伊尹的辅佐下，取得了周围许多部落的支持，以共同对付夏桀。为了从内部分裂夏的力量，伊尹还冒着生命危险，打入夏王朝的宫廷里，进行策反活动。伊尹在夏桀的军队中安排了自己的线人，一有什么风吹草动的，就为他通风报信。鸣条一战，本来就被赶出首都斟寻的夏桀没有喘息的机会，在商汤的打击下落荒而逃，商汤乘胜追击，残败的夏桀再无战意，带领少数人马连夜逃窜，最后死于南巢之山。伊尹辅佐商汤打败夏桀，立下了不朽的功勋。

据说商汤在位 30 年，活了整整 100 岁。

商王朝就这样一代一代地传了下去。那时候，他们还是以游牧生活为主，一个地方待久了，草场资源也就贫乏了。加之宫廷内部争权夺利的斗争日趋激烈，刀耕火种的农业生产不足以维持国民生计，就只好搬家了。于是，国都也就一直迁来迁去的。

◎ "星火燎原" 与最早的水中之城 "大邑商"

"星火燎原" 这句成语大家都比较熟悉了，它是指一丁点的火星就可以引起延烧原野的大火。这句成语就产生于 3300 多年前盘庚迁殷一事。

我们知道，商族人早年是迁徙不定的。"前八后五" 就是概括的说法。翻开世界文明史，会发现许多民族早期大都如此。鸣条之战以后，商汤在亳建立了商朝，其后一直传了 9 代国王，他们都继承了汤开创的事业，国家繁荣昌盛，人民安居乐业。国都也一直没有动过。

从汤的五世孙仲丁开始，长期的富庶使统治者开始腐朽起来。他们不顾民众的休养生息，毫无顾忌地争夺财产。王室贵族更是变本加厉，一个个觊觎王位，甚至到了你死我活的地步。一时间民不聊生，朝廷衰微，贵族大臣乘机揽权捞财，加之严重的自然灾害，使国家濒于灭亡的边缘。几代商王为了回避矛盾，只好频频迁都，他们先后到过隞、相、邢、奄等地，问题暂时掩盖了，但不久就又爆发了出来。

商族人的最后一次迁徙，是在第19代商王盘庚的领导下进行的，历史上称为"盘庚迁殷"。盘庚是一位很有作为的国王，是汤的第9代孙。商代的王位继承，还没有形成后世严格的父死子继。盘庚就是从他的哥哥阳甲手中接过王位的。学者们研究认为：当时社会生产力低下，人的寿命也比较短，一旦国王去世，不能让他幼小的儿子接班，只得选择有能力的人来领导国家。所以，如果国王子嗣幼小，王位就传给了弟弟。盘庚做了商王，很快便制定了一套力挽全局的方略。他对手下的王公大臣恩威并用，又注重起用新的人才。同时，他派人到处查访，寻找新的王都。当时，洹水之滨的北蒙土地肥沃，气候宜人，而且依太行、临洹水，地势险要。盘庚就准备迁都到此。

我们今天可以想见当年车辚辚、马萧萧数十万军民西渡黄河远道迁徙的盛况。迁殷以前，商国的首都在山东的"奄"，即今日的曲阜。那是一个寒冷的冬季，国王盘庚下达了出发的命令。不要说老百姓，单是宫廷里的贵族们就有不少人反对。但是，既然决心已定，迁殷是不可动摇的。那么，盘庚为什么要迁殷呢？

关于盘庚迁殷，人们有很多说法：有说是迫于水患，有说是为了去奢行俭，有说是游牧农耕，有说是内部的政治斗争。至于到底是什么原因，那只有去问盘庚先生喽！不过，有一点是可以肯定的，那就是当时已经到了不迁不行的地步了。好端端一个国都，迁徙到几百公里之外的地方重建，困难可想而知。

一说迁都，不少贵族马上跳出来反对，害怕丢失自己的土地牛羊。盘庚决心已下，决不手软。他召集王公大臣严厉谴责他们贪图安逸不愿迁都的企图。针对当时一些贵族在下边蛊惑人心进行煽动，盘庚站立在一驾马车上，威严地发号施令：你们为什么要用浮言去蛊惑人心呢？如果人心都被你们的谣言鼓动起来，就会像火星点起的大火，在原野上燃烧起来，想接近它都没有办法，还能够扑灭吗？根据盘庚的这段话，后人便总结出了一句成语——星星之火，可以燎原。

实际上盘庚事先做了调查，知道了王公大臣和老百姓的想法。古老的《尚书》记载了他三次著名的演说。盘庚把贵戚近臣召集起来，并与他们一起走到老百姓中间，凛冽的寒风之中，盘庚对着他的臣民，实际上是对着王公大臣们说：你们要明白，我们是为民众的利益而迁都的。我也知道，如此大的行动非常之困难。大家谁不愿意安居乐业呢！这次迁都，并不是因为你们有罪过而故意处罚你们的。假如大家不能互相帮助而求得生存，按照先王的制度，必须恭敬地顺从上天的命令，因此，我们不能够永久居住在一个地方。从立国到现在，已经迁徙五次了。如果现在不继承先王的遗志，不了解上天的决意，那还说什么继承先王的事业呢？譬如那被伐倒的树木，干枯的地方可以冒出新芽。砍伐剩下的地方，也可以冒出新芽。上天本来要使我们的生命在新邑里绵延下去的，要我们在那里继续复兴先王的伟大事业，安定四方。

盘庚说过这话之后，看了看他手下大臣们，他们一个个都垂头不语，于是，他换了口气说：我已经派人前去探路了，咱们要去的地方，是一块土肥水美的沃土，到了那里以后，我们可以安居乐业地生活。我们可以有丰足的粮食，成群的牛羊，我们的敌人也会远离我们而去，大家就可以幸福地生活了！

盘庚让人造了一些船只，打算渡过黄河去。他集合了那些仍然不愿意迁都的人说：我这样呼吁你们到新邑去，希望在那里好好地创造你们的国家。你们自寻穷困，就是坐船待沉。不做长远打算，想办法除去灾害，虽然现在还能勉强过下去，以后便没有后路了！现在我告诉你们，迁徙的计划是不会改变了，你们应当同心同德按照我的决定行事。盘庚还无限感慨地号召他的臣民：我们的祖先成汤，曾经迁民于亳这样的山谷地带，使国家繁荣昌盛起来。去吧，去寻求幸福的生活吧！我将要把你们迁走，在新邑重建家园！

听了盘庚激动人心的动员，老百姓们都来了劲头，决心要与国王一道前往这个美好的地方。王公贵族里那些原来有意见的人，这会儿也不敢再言语了。迁都的一切工作都准备好了，也备好了西渡黄河的船只。盘庚坐上指挥车，大旗一挥，浩浩荡荡的大迁徙开始了！

其实，盘庚率领大家不远数百里，远迁到当时被称为北蒙的安阳，是有着深刻的背景的。原来，在盘庚继承王位以前，早年汤王立国时的繁荣景象早已不复存在。特别是从商王仲丁开始的 9 个国王的统治，一个不如一个，王公贵族之间，权力斗争愈演愈烈，根本没有心思治理国家。由于政治斗争的激烈，国王也像走马灯一样换得勤。每每新的国王刚刚上台，不同宗派的贵族就开始搅和。那时的国情，真像是一个戏剧大舞台：你方唱罢我登场！再者，原有的耕地也在逐渐退化。又有干旱、水灾等的侵袭。千头万绪的矛盾无法排解。所以，盘庚接替王位以后，就听从了一些有见地的大臣的意见，一个字：走！

盘庚率领几万军民，趁着严冬的寒冷，越过了冰封的黄河，向北蒙进发。一路上，虽然也有个别人在暗中捣乱，但是没能阻止队伍的步伐。直到春暖花开的时节，他们才来到目的地。

来到北蒙，盘庚高兴极了。这里比他预想的好得多了。一条洹河弯弯曲曲流过大地，两岸上春风杨柳婀娜多姿。放眼望去，西边就是天然屏障的太行山脉。这里不仅气候温和，而且雨量丰沛，非常适宜农业耕作。草丛之中，不时地蹿出野兔什么的，据事先来这里巡查的人说，他们还看见成群的大象了呢。

盘庚带领群臣与百姓一起参加了新国都的建设规划。他们选择了洹河一个河套地带作为王宫宗庙区，在这里建起了巍峨的土阶茅茨的宫殿。那时候还没有砖瓦，就在夯实的土台上矗立起一根根柱子，屋顶就地取材，用茅草覆盖，不仅重量轻而且可以定期更换。圆圆的木柱上绘满了精美的饕餮纹、龙纹，甚至蝉纹，威严又不失庄重。商代的宫殿、宗庙等建筑，已经有了中轴线的概念，一字排开，郑重神秘而沉稳，宫殿区的道路铺上了鹅卵石，还有排出污水的下水道呢！宫殿落成的那天，盘庚大宴黎民百姓，感谢百姓对他的支持。盘庚对大家说：从此以后，无论是王公贵族，还是黎民百姓，大家都要为国家着想，国家富强了，百姓也就富裕了。

商代开始的中轴线的概念，为后世的历代帝王所接受，他们自命天子，是以大建九重天庭，"坐北朝南，殿宇接天"，试图构建君之权"受命于天"的假象。而民间的住宅，一般都是半窨穴样式，冬暖夏凉，防雨防风。考古学家甚至发现那时候就有"两室一厅"的民居结构了。

为了激励王公大臣的积极性，盘庚有意让大臣们多多收集大家的意见。有人说，以前的王都都要有个城墙，这里也要建更高的城墙，以抵御外族的来侵。有人说，刚到一个地方，什么建设也没有搞，就先发动百姓们修筑城墙，黎民会没有意见吗？有人提议说，趁着洹河河套这个弯，三面临水，如同半岛，不如因地制宜，在没有水的一面挖上一道沟，不也照样可以起到保护作用吗？大家你一言，我一语的，国王盘庚择善而从，最后采纳了挖一道水沟的意见。很快，一道十几米宽的水沟挖好了，水沟的两端与洹水连通在一起，成了一条固若金汤的护城河。据考证，殷墟宫殿区西部与南部的壕沟长达三四里地。据传水城威尼斯建城于公元 450 年左右，大邑商早就是四面环水了！工匠们在宫殿区里大兴土木，一座座宫殿拔地而起。为了解决下雨的问题，工匠们还设计了地下排水管道。这些陶制的管道、三通什么的，直到今天还摆放在博物馆的展橱里，为我们昭示着 3300 多年前的文明。考古学家甚至还发现了杂物垃圾坑，在这片宫殿区里共发现相继建成的 80 多座商代宫殿遗址。据推测，当时，仅居住在国都的人就达十几万人。

与此同时，盘庚又带人选定了宗庙的方位，划定了手工作坊的地点和冶炼青铜的场地。一时间，北蒙几乎成了一个大工场。到处都是欣欣向荣的景象。在《诗经·商颂·殷武》篇里，说在成汤之时，就已经是"自彼氐羌，莫敢不来享，莫敢不来王"。到了武丁中兴之时，随着大规模的对外用兵，商王朝的疆域进一步扩展，以至达到"邦畿千里，维民所止，肇域彼四海"的盛况。不要说在东方，就是在世界上，商王朝也是泱泱大国了。它的影响所及，北到辽宁和内蒙古，西到陕西和甘肃，东到大海之滨。多么伟大的殷商帝国！

我们中国自古以来就是一个多民族的国家。商代时期，除了商族以外，周围还有许多小的方国、部落和族群。比如东北地区的古老民族肃慎。肃慎族远在夏代就已经形成，后来逐渐演变，到金时称为女真，到明清时就称为满族了。在商的东南部有东夷，西部和北部有土方、鬼方、羌等，西南部则有巴、蜀、越等民族。中华民族是一个统一的多民族的国家，几千年来紧密团结，互相学习、互相帮助、取长补短，才造就了我们伟大的祖国。商王朝在这里传了八代十二王，历经 255 年之久，一直到商灭亡。

就在殷商王朝的首都安阳这座东方大都市已经粗具规模的时候，这个地球上的那一面，当今意大利罗马所在地的台伯河口，才刚刚出现一些原始聚落。直到公元前 753 年，这里才建成了罗马城。算起来罗马要比大邑商建城晚将近 600 年！

说到这儿，有人会问：商一直有"殷"的叫法。"殷"是不是就是安阳的古地名呢？据研究，甲骨文里还没有发现用作地名的"殷"字。郭沫若先生考证后认为，武王克商之后，商国灭亡了，周族人很看不起商族人，就蔑称他们为"殷商"。于是，后世就逐渐以"殷"代商，甚至于代指商的国都所在地"北蒙"。通俗地说，安阳也称"殷"，不过当时称为"北蒙""大邑商"，后世才被叫作"殷"的。

◎ 殷商国王的座驾，相当于今天的"红旗"轿车

我们的社会已经跨入 21 世纪，现代化的标志随处可见。漫步街头，四通八达的公路上，川流不息的客车、货车和轿车一辆辆地首尾相连，成为当今都市的一道风景。冒昧地问一句：你见过 3000 多年前国王的座驾吗？马车在商代社会生活中的作用，就几乎相当于今天的"红旗"轿车了！

在 1936 年殷墟第 13 次发掘中，曾经有一个惊人的收获，那就是发现了商代的马车。虽然先前的发掘中也发现过拆开的马车，但是这次却不同。这年的 4 月 13 日，在小屯发掘区负责清理工作的高去寻先生发现，在一层夯土下面，有鲜红漆痕组成的明显的界线。清理完夯土以后，有一个 2.9 米×1.8 米的长方形大坑，这就是被称为 M20 的车马坑，这里发现了 5 驾四匹马拉的完整的马车。

时隔 80 多年，出土商代大马车已经不是什么新鲜的事儿了。近 40 驾殷商时代的大马车已经为我们描述了那个时代的风采。1972 年，安阳工作队在殷墟保护区的孝民屯南地发掘了一个车马坑。这个车马坑长 3.3 米，宽 3.05 米，深 3.8 米。坑里埋着一车两马。车厢后面还有一个横卧的殉葬的人，估计是这驾马车的驭手。显然，这驾马车是由木头制作的。3000 多年过去了，木头的部位已经腐朽，重新填进去的土壤构成了车马的雄姿。这驾饱经风霜的马车车轮有 18 根辐条，轮子的直径将近 1 米半，车轴通长达到 3.06 米，真是一驾了不起的大马车

呀！马车之上，可以清晰地看见有席子的印痕。马的遗骸上，还留有铜泡等装饰品。

2005 年在安阳殷墟西区安钢商代 7 座大型车马坑的发掘中，其中有 5 座车马南北一线序排列，规模宏大，发现如此规模的商代大墓及车马坑，对研究商代的用车制度、深入认识殷墟体布局具有重要意义。在出土的商代车马坑中，有的还带着不少武器：有远射程的弓箭，有近战用的戈，以及随身携带的武器青铜刀等。不难想见，这是驾战车。在硝烟弥漫的战场上，双方击鼓对阵，一声令下，战马如脱缰般地拉着战车勇往直前。已经到了可以杀伤敌人的距离了，弓箭手们万箭齐发，有些战士已经抢先跳下车来，挥戈向敌阵杀去……

尤其让人们振奋的，有的车马坑里的马匹还戴有漂亮的马饰，比如，制作精巧的铜泡、铜辖头套、铜铃、蚌环等。1987 年 11 月出土的 M52 车马坑中，马的络头竟然全部用海贝组成！这驾马车的车轴长度达到了 3.08 米，比当今的"红旗"轿车的车轴要长出 1 米多呢！

学者们认为，葬在王陵区的这些车马当是贡献给殷王室的祖先的。在军事史上，车战是采用较早的一种作战方式，武装骑兵比起战车来，还是小字辈的呢！在商汤灭夏的鸣条之战中，商汤使用了先进的战车，300 驾战车冲锋陷阵，因而取得了决定性的胜利。

除了作战的马车之外，那些装饰豪华的马车大概是王公贵族们狩猎用的。甲骨文中就有不少关于商王驾车狩猎的记载。不仅如此，透过商代马车制作的精巧工艺，我们不难想象，繁盛的商国都、富庶的京畿，以及辽阔的疆域之间，如果没有诸如马车这样快捷的交通工具，商王怎么能够实施卓有成效的统治？我们不妨勾画这么一个场景：国都通往一个战略要地的官道上，一驾马车急速跑过，乘车的将军执行国王的密令，将给企图入侵之敌以沉重的打击。马车过处，拖起一道淡淡的烟尘……

据研究，殷商国都的面积已达 30 余平方公里。宫殿区、王陵区、墓葬区、居民点、手工作坊区、铸铜基地等各个区域之间道路纵横，水沟交织。道路有的是用碎陶片和鹅卵石混合铺砌，路沿经过培土夯实。宫殿区内更是甬道相通，车道笔直，路面铺装整齐。商朝当时有六条主干道，分别通往徐淮地区、东北地区、山东地区、江汉地区、陕西地区及太行山脉以西的少数民族方国部落。这六条主干道与无数大小道路相连通，形成了一个由大邑商为中心，辐射商朝整个统治区域的庞大交通网络。殷都的道路以王城为中心向外辐射，车道宽达 6 米以上，大型车辆可以并行或会车。京畿通往北方的车马大道，自小屯起，经有易（今河北易县）至燕亳（今北京附近），可直达山西北部。当年妇好征伐土方，走的就是这条官道。往南，车马大道自小屯起，出朝歌至南亳（河南商丘），并可延伸到今安徽、湖北、湖南一带。《诗经·商颂·殷武》曰："挞彼殷武，奋伐荆楚，罙入其阻，裒荆之旅。"说明武丁时道路已深入荆楚险阻之地。往东可达山东半岛，往西越过太行天然屏障，直达黎国（今山西省黎城县）。东北、西北、东南、西南也都交通便捷。由此可见，商时的交通已经是四通八达。

截至 2020 年共出土了七八十辆马车。殷墟博物苑展出的 6 座商代车马坑和道路遗迹，是中国社会科学院考古研究所安阳工作站和安阳市文物工作队分别在安阳刘家庄北地、南地和孝民屯东地发掘的，商代道路遗迹是在滑翔学校南地发掘的。这几座车马坑，保存基本完整，具有较高学术研究和展示价值。每坑葬 1 车，其中 5 坑随车皆葬 2 匹马，4 坑各葬 1 人。经鉴定，殉人中多为成年男性，另有 1 名少年男性。研究证明，商代的马车造型美观，结构牢固，车体轻巧，运转迅速，重心平衡，乘坐舒适。商代车马坑不仅展示了上古畜力车制的文明程度，同时也反映了奴隶社会残酷的杀殉制度。它是国人最形象的历史教科书。

殷墟展厅内陈列的马车，从两个轮之间的距离，我们可以想象得到3000年前的道路是多么宽广。这块道路的截面是2000年冬天在殷墟北端发现的3000多年前的，道路宽约8.35米，中间黄色部分是车辙印，有四条，说明是双向车道。在车辙印两端还有1.8米宽的人行道。有快车道，慢车道，可以说是古代时候的高速公路。

有趣的是，甲骨文中"车"字有多种的写法，最早的"车"字是画了两个轱辘，中间还画了一个车厢。简直就是比照着那时的马车画下来的。后来通行了几千年的"车"字，只是车轱辘成了长方形，而且变成了一个而已。再后来，才简化为今天的"车"字。不过，我们还能从中依稀窥见当年战车的威风。

除了道路交通，商代时已有水上交通工具"舟"，不过当时的船舶制造技术还很初级，船舶多为平底船或者用成熟的竹子制成，运载能力有限，大部分是贵族拥有的游船，不具备远行能力。只有极少的兵船和商王使用的"王舟"才具备渡江、渡河和远行的能力。

◎ 武丁国王真的忍得住三年不说话吗

在商代，武丁是一位很有作为的国王。有个传说说他上任即位"三年不语"，这到底是怎么回事呢？难道是三年不说话？

武丁是汤的第十代孙，盘庚的侄子。他的父亲是盘庚的弟弟小乙。由于盘庚与小乙之间还有一个弟弟名叫小辛，所以，武丁的父亲压根儿就没想到自己会做国王，更没有想到还会把王位传给自己的儿子。所以，武丁小时候并没有受到王族的重视。小乙就把儿子送到了民间，有意让他去接触普通老百姓的生活。根据《尚书》的记载，武丁的父亲小乙当上国王以后，武丁成了太子。但他很少在王室之间活动，仍然时常走到民间，去了解社会。他在民间巡游，并不暴露自己的王子身份，而是与普通百姓一起生活、劳作。因而，他不仅学会了许多劳动的本领，还养成了勤劳勇敢艰苦朴素的生活习惯。那些年，武丁真正得知了人民的艰苦辛劳与苦痛，还结识了不少的平民朋友，最重要的就是后来成为宰相的版筑奴隶傅说了。

武丁即位以后，时常感到有一种无形的压力。自从盘庚把国都迁到今天的安阳，开始的时候，国家的确出现了兴旺的局面。然而，五六十年过去了，王公贵族们积习难改，又骄奢淫逸起来。他们大修宫殿，挥霍浪费，把几十年来积累的国力很快地消耗殆尽。那时候，西部、北部的方国看到商王国的富庶，也经常来内地骚扰，战争连年不断。一时间，一度兴旺的商王国又陷于困难重重之中。为了寻求解决矛盾的好办法，武丁可谓绞尽了脑汁。

武丁一即位，那些掌握实权的王公大臣就都试图左右他的治国方略。每每一上朝，不等武丁说话，他们就七嘴八舌地出主意、提建议。其实，他们出的都是些"馊主意"，按照他们的主意去做，国家就会越来越空虚，百姓就会越来越穷困，他们自己就会越来越富有。武丁听了这些主意，心里就不是滋味儿。采纳他们的意见，肯定国家不会治理好；不采纳他们的意见，又一时想不出来好的办法。况且，身边又没有一个志同道合的重臣。

武丁思虑再三，就只听不说。别管大臣们说什么，就是不言语。如此三年，于是，宫廷里就传出了武丁"三年不语"的说法。民间老百姓听到了，也都私下议论。按照当时的风俗，有"亮阴"之说。所谓"亮阴"，即直属亲长去世以后，要居丧三载。有人说，武丁只是居丧而已。至于到底咋回事儿，只有摇摇头罢了。不过，那些王公大臣看到武丁的样子，一个个心里直打鼓，都在暗中盘算着自己的前程。

武丁虽然整天不说话，装作什么也不管的样子，但是他心里却是捏着一把汗。治理国家，急需几个有雄才大略的好帮手，此时一个人的影子时常在他的眼前晃动——傅说。傅说是谁呢？这得从头说起。

武丁在民间巡游那些年，结交了许多朋友，其中有一位与武丁特别能合得来的，叫傅说。当时，傅说在西部一个叫作辅岩的建筑工地上当奴隶板筑工。那时盖房子，还没有现在用的砖瓦之类，所谓秦砖汉瓦嘛！工匠们把两块板子相对固定好，就往板子中间装土，然后，用夯把土打实了。这样一层层地打上去，就造成了房子的墙。再往上面加一个茅草顶子，就大功告成了。

武丁这天来到一个地方，听说这里有个人特别聪明，不仅说话风趣，而且时常议论国家大事，每每与事实吻合，身边朋友们都喜欢听他的，甚至说他"神机妙算"。武丁就地住下了，也到工地上去做工，他隐瞒了自己的身份。很快地，武丁就与傅说成了好朋友，简直可以说是一见如故！傅说一看这位青年英俊潇洒，也就与他无话不谈。他们时常议论起国家的大事。每每此时，傅说就慷慨激昂地抨击朝廷的腐败，斥责王公大臣们穷奢极欲，甚至怒骂国王有辱成汤后裔的名誉。每当他说到激动之处，大家也就停住了手中的活计，监工的头头就会马上过来训斥，举起鞭子对着傅说又是打又是骂的，有时甚至还不让他吃饭。原来，傅说的身份非常卑微，是当时社会地位最低的奴隶。武丁当时就想，国家多么需要这样的人才呀，要是有一天……

再说武丁每日从王宫回来，总是闷闷不乐的样子，这一切都让他的妻子妇好记到心里了。一天，妇好又陪着武丁去打猎，就向他提起了此事。那么，妇好是个什么样的人呢？商王武丁有好几位妻子，但他最信赖的就数妇好了。妇好出身望族，且能文能武，别说后宫，就是大臣们也都非常尊重她。妇好分析了当时的形势，一语中的地说："国王你心里想的什么我明白，不就是想起用你的那个朋友傅说吗？"武丁一听，心里一震，定睛望着王后，他接过话头说："说，说下去！"

妇好就举出了开国国王成汤起用伊尹的例子，坚决支持武丁起用傅说。

当年成汤立国之时，就任用了奴隶出身的伊尹做宰相。他们志同道合，共商消灭夏桀大计，终于在鸣条一战，把贪婪残暴的夏桀赶下了历史舞台。那时也有人反对成汤拜伊尹为相，理由只有一条，就因为他是奴隶。伊尹做了三朝宰相，辅佐了三代五位国王，为商王国的兴旺做出了巨大贡献。

认真掂量了妇好的计策，也觉得非此无有他法，就盘算着怎么实施了。

这天，武丁与往常一样到了王宫。点卯时刻，照例是钟磬齐鸣，青烟袅袅。贞人照例钻凿甲骨，宫女们依例舒展广袖。礼毕，群臣又一个个念叨已经念叨了一百遍的奏章。听着听着，武丁竟然睡着了，甚至还轻轻地打起了呼噜。以往上朝时武丁不言语，可也从来没有打呼噜睡过觉啊！大臣们一看此情此景，既不敢吵闹又不敢离开，一个个面面相觑的样子，一下大气不出。王宫里安静极了。

一个多时辰过去了，大臣们都困了，一个个东倒西歪的。突然，武丁伸出双臂大叫一声，佯装大梦初醒。紧接着，就听他哈哈大笑起来。笑声在宫殿里回荡，把宫殿外溜达的麋鹿都吓跑了。平时，武丁连话都不开口，这都三年了，这回破天荒地声震寰宇，王公大臣们都惊呆了。

武丁看着手下的百官，一个个地扫视了一遍，威严地发话说："先帝成汤给我托了一个梦，说我大商兴盛的时候到了！他要派一位贤臣来辅佐我，为我们大殷王朝做宰相！"说完，他走下台阶，一边走一边说："哈哈！这下国家有指望啦！对，对，我在梦里还跟那位宰相见了面，高鼻梁，大脸盘，来来来，让我好好看看，宰相在不在你们中间？"武丁走到一位老臣跟前，如同陌生人一样上下左右地打量他。这位老臣名叫巫贤，平时数他出的馊主意多。巫贤看着武丁围着自己看，心里不免忐忑。武丁看了一会儿，摇摇头说："不对，不对。再看下一位！"

就这样，武丁把满朝文武百官"审查"了一遍，也没有找出他的意中人来。武丁回到自己的宝座上发话了："巫贤，宣画师上来！"眨眼工夫，几位画师上殿来了。武丁开始给画师描述他梦中所见之人的模样，武丁讲一段，画师就在羊皮上画几笔。有时，武丁还让画师拿给自己看，告诉画师这里怎么不像、那里像极了之类。群臣看着画像渐渐地清晰了，就你看看我、我看看你地互相指点着。但是说句实话，他们之中哪个也不像！你想想，武丁这是按着傅说的样子画的呀！

画像一完成，武丁就命令分兵四路，朝着四个方向去寻找。北到贺兰，南达五指，东到大海之滨，结果是一个个空手而回。西边这一路直奔太行而去，他们翻山越岭地一路辛苦，来到了一个叫辅岩的地方。正巧，这里有一个地方小头头有司死掉了，今天要杀人祭祀。原来，商代大到王公贵族，小到地方的有司死了，埋葬的时候，都要杀许多奴隶殉葬。少的杀几个人，多的甚至要杀几百人呢！看看安阳殷墟的殉葬坑，就会体会到商代奴隶制度的残忍。

前去寻找的这路人马正好与有司送葬的队伍走了个正对面，只好先站在一边看看热闹。商代的送葬场面十分隆重。走在最前面的是仪仗队伍，除了各色旗幡之外，还有吹吹打打的乐队。单说这乐队就气派非凡：有抬着的编铙编磬，后面有人一路敲打着。有吹的埙、管、篪、箫等等叫不出名的乐器。还有一拨化了装的女巫，和着震人心扉的鼓声，一路表演着怪异的舞蹈。

热闹的场面刚过去，就传来撕心裂肺的女人哭喊声。紧跟着，几个蓬头垢面的人五花大绑地被羁押上来。原来，这就是今天要杀殉的奴隶！哭喊着的大都是他们的亲人。前去寻找的人马中有一位画师，突然他眼睛一亮：那个被绑着准备杀殉的奴隶不就是画像上的人吗！

他们几个马上拿出画像一对比，没错儿，就是他！

　　原来，傅说在一处开挖河道工地上干活，因为惹下了一个小头头，就又被狠狠地打了一顿。傅说平时总是给大家说点开心的话，早就被这个头头嫉恨在心里了，打了骂了，还嫌不过瘾。因为他出身卑贱，又没有自己的家。有别的人犯了罪什么的，就让傅说顶着名字干苦力。这回有司死了，干脆，就把他送给有司家里做了杀殉的奴隶。大家对着画像一看，这的确就是国王要找的人，可不能让他们给杀了！他们一拥而上，亮出身份，就把傅说给救下了。一听说是国王派来的人，下葬的队伍早就作鸟兽散了。

　　傅说这时候还没有明白过来是怎么回事呢，就被寻找他的士兵们给带走了。他们一路兼程，来到了王宫。武丁这几天也正心焦呢，他是怕傅说会有什么闪失，毕竟他们已经分手两年多了。突然，宫外有人报："傅说请到了！"武丁急忙走下台阶去迎接傅说，这边傅说还糊糊涂涂呢。武丁上前一步一把拉住傅说说："你、你还记得我吗？""怎么会忘呢，你不就是那个四海云游的行者嘛！"武丁开心地大笑起来，对着傅说大喊一声："傅说，你让我找得好苦啊！"说着，他拉着傅说的手臂，挨个儿地介绍给群臣。到这个时候，傅说才明白，当年那个与自己一起干活的青年，原来就是眼前的国王！怪不得呢，他那时候说话那么有学问！

　　此后，傅说就做了大商王国的宰相。虽然王公贵族也有不同想法，却也没有什么能拿到桌面上说的东西。傅说不负众望，上任伊始，就从整饬朝政开刀，凡那些倚老卖老的，一律给以俸禄，回家休息。凡是阳奉阴违搞阴谋的小人，一旦查出，一律开缺。为了养成勤俭节约的国风民风，他甚至规劝武丁祭祀先主时，少用牛羊牺牲。由于国王带头，皇亲国戚都不敢再行奢靡之风。傅说善于建筑，武丁任命他为国都大邑商营建总指挥，认真规划这里的建设。

另外，傅说协助武丁主动与周围方国修好关系。由于那些弱小部落生产力低下，每每到了冬春时节，迫于饥寒交加，他们就到商国富裕的地方去骚扰，抢些牛羊猪马的，回去顶兑一段日子。傅说积极为武丁出谋划策，坚决打击那些入侵的大的方国，凡战场上抓到的俘虏，一律不杀，教会他们种地，然后再放回去。

鬼方是当时北方一个较为强盛的方国。商国在武丁统治下一天天地强大起来，小的方国都来到这里供奉。鬼方自恃兵强马壮，就常常带兵入侵中原，边关的百姓吃尽了苦头。鬼方的入侵者性情凶悍，他们见男子就杀，见女子就送到头头帐下，其余老幼尽行杀戮。百姓无不深恶痛绝。傅说受命设计，认为对待鬼方宜用计谋，不宜硬拼。随即，他们调集精锐部队，一口气追杀到贺兰山下。到了晚上，他们在军帐高挂灯火，大肆庆功，酒香、肉香飘飘扬扬到了鬼方的营寨里。鬼方王一看，肺都给气炸了，竟然在自己门口向我挑战！鬼方将士也一个个都想反攻。他们自以为人地两熟，商国士兵初来乍到，就趁着夜色发起了进攻。当夜，商国士兵只有少数人留在营寨里，故意地大吃大喝大喊大叫。大部分将士都埋伏在鬼方部队回营必经之路上。鬼方王饿狼扑食般冲进商营，这才知道已经上当，原来这只是一座空城而已。未等抽兵出营，伏兵四起，转瞬之间，鬼方王已被擒获。万余鬼方士兵群龙无首，霎时间乱作一团。大军得胜，押解着鬼方首领以及众多俘虏班师回朝。

听说前方打了大胜仗，武丁亲到京畿迎接。武丁下令带鬼方首领上来。鬼方首领以为末日到了，见了武丁头也不敢抬，伏在地上一直磕头求饶。武丁对他说："你屡屡侵我边境，我大商国民惨遭杀戮，杀了你也不足以平民愤！"鬼方首领一听要杀死他，就又跪下哭哇喊的，连连道："只要不杀我，赦免了我的罪恶，鬼方今后愿意称臣朝贡！"武丁随即把鬼方的俘虏统统召集起来，对他们说："你们的首领不仁不义，屡犯边境，本当处死。然而，我大商国素为礼仪之邦，凡愿意交好的一视同仁。今天，当着你们几千将士的面，我们将放掉你们的首领！今后还想作对的，那就战场上见。"话毕，当场放了鬼方首领。鬼方首领只顾磕头谢罪，随即带领残兵返回。日后，鬼方再未来侵，一直与商国友好往来。

武丁治国英明，国家繁荣富强。据记载，武丁在位59年，去世时已经80多岁高龄。这一段历史，后世称为"武丁中兴"。那时，我国大一统的疆域已基本形成。京畿地区、诸侯地区和方国地区互相牵制、互相制约。其中，尤以方国与商王朝关系微妙。多年的征战，商王朝与周围方国相对稳定下来。

◎ 说说商代人吃什么、穿什么

我敢断言，如果真有古人复活穿越到今天，第一就会惊讶我们的衣着！

走在殷墟博物苑通往妇好墓享堂的路上，可见两边石刻的商代人物造型，这正是妇好墓里出土的小玉人的放大仿制品。一个个石刻人物造型生动有趣，呼之欲出。细心的游客会注意到，小玉人身上还穿着漂亮的服装呢！

青铜时代的殷商社会，中国还没有种植棉花。棉花大约是在南北朝时期传入中国，开始大多数都是在边疆种植，大量传入内地是在宋末元初时期。摆脱了以树皮草叶与兽皮遮盖的先民们，已经掌握了麻的纺织和桑蚕的喂养与丝织。甲骨文里就已经有了"丝""麻"

"桑""蚕"等字。人们的衣服也分出了上衣、下裳、首冠、足履几大部分。

初民时期，若有一块兽皮披在身上，那肯定是一件非常隆重的事儿。殷墟博物苑的小玉人身上，已经穿上了交领右衽式的上衣，下裳则为短裙式。至于丝绵，既轻巧又暖和，不过由于产量少且难加工，还轮不到一般的老百姓穿用。冬避风寒夏遮炎热的首冠，最初也只是一块兽皮而已。到了商代，平时有用骨器装饰的发型，战时又有青铜制作的将军盔，当年在殷墟侯家庄发掘时，就曾得到数十具铜盔。

走进安阳博物馆的殷墟展厅，面对那些青铜的或是蚌壳制成的工具，看着与今天叫法一样的什么"黍"呀"稷"的，目光扫过展柜中的青铜抑或陶制的蒸煮器，不免会突发奇想：商代人吃的饭也跟我们今天大致一样吗？

的确，饮食是人赖以生存的第一要素。自从远古开始，人类从狩猎逐渐向农业转变，完成了人类历史上第一次革命——农业革命。早先，先民的饮食主要依靠男子们去打猎。甲骨文字里还可以看到用网来捕鱼、用陷阱来捕鹿。偶尔，猎物有了剩余或者留下幼小的动物，在家的女人们就把它们饲养起来，留作储备。同时，女人们在住地周围收获了不少的草籽，也可以用来充饥。久而久之，人们懂得了春播秋收。女人们日益增产的粮食与男子越来越多地空手而归比较起来，收获显得更为稳定。于是，人们逐渐定居下来。

商王朝之所以一直迁徙不定，恐怕与他们过去的游牧生活分不开。一旦他们顺应了大自然，掌握了自然规律，就再也不愿意到处奔波了。到了殷商时代，农业生产就已经粗具规模了。

学者们研究了商代时的气候，他们认为，太行东麓的北蒙气候温和，西部山区松桦林发育，低山丘陵上分布着阔叶林，平原上则是温带草原植被。虽是强弩之末，但温暖气候适宜期还没有结束。树木主要有栎、榆、椴、桤木、胡桃、枫杨等。

殷墟遗址上还出土了一些与人们饮食有关的动物骨骼，比如，蚌、青鱼、鸡、田鼠、狗、犀、家猪、麋鹿、黄牛、水牛、绵羊等。学者们分析说，当时的家养动物已经占到了食用动物总数的93%。各种动物中又以猪的数量最多。由此可以证明，当时人类的绝大多数肉食是从家养动物中获取的。

中国把粮食总称为"五谷"。作为北方人的主食的"黍"与"稷"，统称为"黄米"。由于它们耐旱，产量又高，一直唱着饮食的主角。至于小麦，当时的产量不多，还不能成为一般人的经常食物。一旦粮食有了剩余，甚至已经煮熟了的粥饭忘了在陶罐里，天热发酵即有了异味。有人大胆尝了尝，不仅甜甜的，还比原来香了许多。这大概就是酿酒的起源。甲骨文里的"酒"字有两种写法：一种就是一个"酉"字；另一种加上了三点水旁。"酉"字一看就明白——既是声旁，又像一只盛酒的坛子。到了殷商时期，人们已经可以熟练地造酒了。他们把黍饭酿成的酒叫黄酒；用稻蒸饭酿成的酒叫醴酒，亦即我们今天的甜酒；用一种黑黍加工成的酒叫白酒……

殷人不仅酗酒，而且每酒必肉。早期的人类是依靠肉食生活的。后来，发达的农业侵占了牧场的地盘，狩猎就日见困难起来。吃肉，也就成了贵族的"专利"。史传商纣王造酒池肉林，让青年男女嬉戏其间，实是糜烂至极！

◎ 刻甲骨的那位老爷爷原来是科技部部长

不知怎的，这些年来沉渣泛起，算命预测疯狂到了无以复加的地步。每每有相熟者谈及此事时便开导我："自打殷商就有巫师，国王都信！有个周文王你知道吗？那个灵验……"无语。人类对于大自然乃至自身的探索都是渐进的，我倒不赞成把未知的事物一概斥为"迷信"。

我们知道，契刻在甲骨片上的卜辞是研究中国商代政治、经济、文化乃至军事的重要史料，其数量达15万片之巨，单字也厘定出公认的一千七八百个。想过没有，是谁契刻记载了甲骨文字？我们知道后代有了司马迁、班固等史家，殷商时期执掌这个大事的角色叫作"贞人"。贞人是商朝官职名称，工作职责就是占卜与刻辞，据称已经发现有"姓名"的贞人在百余人以上。

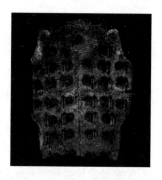

由于社会生产力的低下与科技处于萌芽状态，无论风雨雷电抑或斗转星移，时人统统大惑不解，以为有只无形的大手在操纵着这一切。商朝人尤其是王公贵族，日常生活中事无巨细莫不祈祷于上天，宫廷更是无日不占、无事不卜，占卜活动即由国王命令贞人来执行。

占卜之前，所用甲骨是要整治一番的。龟板一般用比较平整的腹甲，背甲一般也要劈为两半。牛肩胛骨自然也得去掉骨臼部分，这是为了使用方便。占卜之前，要在龟板的背面挖剜出来一些"钻凿"，即挖一些小圆坑和扁长的小槽槽。干吗用呢？占卜之前要用火炭在这些钻凿里面加热，原本这里已经很薄了，再一烧，龟板正面就出现裂纹了。这就是他们要观测的"兆"。根据"兆"的纹路，辨识凶吉，然后开始契刻，记录下来此次预测的结果。一般最前面的刻字大都是占卜日期和常见的贞人的名称，多署于"贞"字之前的。譬如我要占卜，开首即是"某某日伟贞"——当然，我还没有考取资格证书呢。

专家们经过梳理发现，甲骨学的内容涉及的学科有：考古学、历史学、文献学、语言文字学、文学、历法学、医学、天文学、地理学、物理学、数学、生物学、农学等。大到征伐、祭祖、观日、祭天、求雨、营建，小到狩猎、乐舞、疾病、宰杀，乃至妇人怀孕，都要刻制到甲骨上面，甚至还得不断地创造没有的新文字……正如今人所说"上管天，下管地，中间管空气"，试想，这事儿一个"迷信"的糊涂虫干得了吗？毋庸置疑，那是人类的孩童时期呀，商代贞人就是当时的"科技部部长"！

甲骨文研究大家董作宾先生曾经统计出贞人 33 名，并提出"贞人集团"的概念。陈梦家先生统计贞人有 120 名，香港饶宗颐先生出版的《殷代贞卜人物通考》，统计贞人达 142 位。

至于甲骨文"贞"字的写法，有学者认为与早年的"鱼卜"有关。古人占卜用蓍草者有（文王是也），用石子者有，用鱼骨者有……殷商多用龟板，兼用牛肩胛骨，甚至还有人头骨、虎骨！司马迁老先生在《龟策列传》说：龟寿千年，殷人以为最为灵验……

我暗自揣摩，这些个贞人绝非平头百姓、文盲之类可以胜任，更不可能是今日撂地摊儿骗银子之辈。是不是竞争上岗倒是没记载，极有可能如同当时的制作工匠一样皆为世家。

我不迷信，但我崇拜而且感激贞人。

第二编

殷墟发掘趣闻录

◎ 甲骨文发现是剃头匠李成的"功劳"吗

如今甲骨文身价百倍了，可是当初竟然有人对它们视而不见呢！

很多书上记载，是小屯村有个剃头匠叫作李成的"发现"了甲骨片，那就曲解了"发现"一词的含义了。一位大学者说过，其实早在李成之前很多很多年，就有很多的"李成"撞见了甲骨片并且与之失之交臂了。宋代以后，小屯村一带才有人居住，考古发现的不少古墓里，就有回填土中夹杂的甲骨片呢，只是当时他们都视而不见罢了。打个比方吧，你在路上溜达，随脚踢飞了一块小石子，后来有人鉴定出来说，那是一块宝石！不踢那一脚可能更完美呢！

甲骨片的"发现"，应该以发现其上契刻文字的科学价值为界定，这是囿于前人所不具备的时代背景与自身学养。中草药里原本就有一味名曰龙骨，龙骨其实就是上古爬虫类动物的化石。李时珍所著《本草纲目》中记载：龙骨味甘平，能生肌防腐。直到今天，中药店里仍然可以买到这味中药。

清代末年的中原大地，饿殍遍地，民不聊生。河南彰德府（今安阳）一带旱灾、虫灾肆虐。人们看着如火一般的日头，艰难地在田间耕作。虽说有一条流经这里的洹河，但是它怎奈干涸大地的吸吮？河道里早已有了龟裂的深沟。洹河南岸有一个名叫小屯的村子，本来就干旱的土地又让农民多了一道忧愁：地犁下去，土里夹杂了许多白色的片片。这些白片片看似骨头，掂在手里又很轻。多少年了，这东西也沤不腐烂掉。坐在田埂上，农民们发愁了，他们顺手捡起这些不中用的白片片，或扔到河里，或先堆到田边，下晌后再倒进田边废弃的枯井里。

村里有一个农民叫李成，农闲时节常常挑一副担子，走村串巷去给人剃头。李成剃头手艺不高，加上他又不修边幅蓬头垢面的，生意总是不好。天干地燥的，李成身上生了许多疥疮，又疼又痒，用手一抓，更是苦痛难当。无意中，他坐在田埂上捡起人们随手扔掉的白片片，用力一捏竟然碎掉了，成了白粉面！李成随手把那白面面按到自己身上生疮的地方，想用它来止止痒。白面面一撒到疮面上，很快就被脓血吸收了。说来也奇怪，没过多久他身上的疥疮竟然好了。

李成"发现"了这个秘密，就开始悄悄收集起了这些不起眼的白片片。单等城门一开就直奔中药店而去，他略带几分神秘地告诉掌柜的：这些白片片是药材，能治疗疥疮和外伤呢。药店掌柜的岂能轻易相信这个剃头匠的"胡言乱语"？扔给他几文钱，打发走人算了。李成一走，中药店掌柜对着药书端详，终于弄明白了那人的"疯话"，原来这就是龙骨！

李成得了小小的甜头，也就经常成筐地往中药店送龙骨。眼看堆积成小堆儿了，掌柜的不要了，因为卖不出去呀！再说龙骨上还刻有道道，是不纯吧？李成一眨巴眼，断财路了。得过这个便宜，李成也学会动脑筋了，既然有用，就去庙会试试？每每赶集过会，他就卖力地兜售自己发现的"刀伤药"：拿起镰刀往自己手上一割，血一下子汩汩地流出来，李成敷上点白面儿，一会儿血就止住了，简直酷毙了！

于是你一包我一包的"白面儿"被买走了。李成成了庙会红人，一边卖一边吆喝："刀枪跌打药！生肌止痒，一用包好！磕着碰着的，有红伤的往前站了！"

就这么着，药店那头铜药臼里粉碎着龙骨，庙会摊上，李成用锉刀加工着"刀伤药"……据说来自彰德府的不起眼的龙骨走京闯卫，名气还不小呢！叮当叮当捣成细粉，龙骨喝进了千千万万个糊涂病人的肚子里！

◎ 京估、东估：古董商的本性就是唯利是图

豫北安阳这个地方，远在宋代的时候就开始出土青铜器了。那时候，近代的考古学在中国还没有诞生。什么地方发现了青铜器、古瓷瓶什么的，都让来来往往的古董商给低价买走转手京师大都市去了。

古董商把这些收来的东西带到南北四京的地方，再高价转手卖给那些名门世家，文人墨客们便不时地拿出来把玩把玩，即所谓金石学也。这些金石大家一般偏重著录与考据，尤其是喜爱那些带字的青铜器，压根儿不研究这些宝贝与地层、年代、事件等之间的关系。

彰德府出古董，各地的古董商不时也光顾这里。除了北京来的"京估"，还有山东潍县等地的"东估"。这天，一位名叫范维卿的古董商来到彰德府，他住在车站附近的小客栈里，喝喝酒、打打牌什么的。来了古董商，自然有人送"货"上门。没几天他就收到不少宝贝，有锈迹斑驳的青铜器，有名贵的瓷瓶，等等，这个老范坐收渔利乐不可支。最让他得意的，是如愿以偿地收到了几只相州窑瓷碗，这种瓷始自隋代，是收藏的上品。这在京城可是能卖到好价钱的啊！

范维卿打开窗子，借着夜风，搂着小雏妓一边品着小酒儿，一边

有意无意地浏览着秋天的夜色，心想天渐渐凉了，得赶快打点打点，早点离开这地方吧！这时节突然有个衣着邋遢的中年汉子从窗外走过，怯生生地向屋里张望。

看见范维卿，这个中年汉子怯怯地问了句："您、您是范爷？""怎么着？你有东西？进来吧！"中年汉子进得屋来，也不敢坐。范维卿就问："有啥就拿出来亮亮！"中年男子嗫嚅着说："也不是什么玩意儿，人们都叫管它叫龙骨……"范维卿看看破篮子里的那堆骨头片子摇了摇头，真扫兴。那中年男子一看这阵势扭头就要出门，范维卿一想，龙骨？难不成是龙的骨头？那应该很古很古了吧！他问中年汉子："你要几个钱？"那汉子说："您随便给几文钱就行。"范维卿正在兴头上，伸手丢给他几个钱，权当买个高兴罢了。

范维卿出门上车打道回府的时候，差一点儿把这烂骨头片子给扔了。转念一想图个吉利吧，带上"龙的骨头"，说不定还能沾上点儿"龙"气呢！就这样，龙骨装进了古董商的褡裢里，这一装非同小可呀！据说，就是这位范维卿把"龙骨"送到了国学大师王懿荣府上，王懿荣怎么鉴定出来甲骨文的？彰德府出"龙骨"是怎么传出去的？这都是后话了。

◎ 王懿荣：慧眼识宝的甲骨文之父

清代末年的北京，清王朝已是风雨飘摇。坐落在东城雍和宫对面的国子监里，这所国家皇家大学早已失去了往日的尊严。八旗子弟们，浑浑噩噩地花天酒地，全不把学业当一回事。

1894年7月16日，翰林院日讲起居注官王懿荣受命来到国子监，担任这里的最高长官"祭酒"。王懿荣祖籍山东福山，出身于官宦世家。他的父亲曾受到皇帝的嘉奖，赏戴蓝翎，加员外郎衔。王懿荣一生坎坷艰难，他的妻子为此常感到愁苦凄惨，不幸早逝。王懿荣任祭酒后，曾经写过一首诗。诗曰：

> 碧桃花下清明节，底事家书惯不来。
> 昨梦乘风破浪去，满山灯火是烟台。

此诗表现了他不恋官位、热爱桑梓之情的真切。1895 年初，日本攻占朝鲜之后，又出兵我国东北。后来，日军又在山东荣成登陆直逼威海卫军港的北洋海军。刚刚出任国子监祭酒半年的王懿荣上奏皇帝，请求回山东老家操办团练，迎击日本侵略者。在山东莱阳，友人赠送给王懿荣一把当年抗倭英雄戚继光用过的宝刀。戚继光也是山东人，他带领的"戚家军"勇猛顽强，成为明代抗倭的主力军。戚继光用过的宝刀薄如纸光如水，上面刻有"万历十年，登州戚氏"的款识。王懿荣得了宝刀之后，曾写过一首《偶感》：

> 岂有雄心辄请缨，念家山破自魂惊。
> 归来整旅虾夷散，五更犹闻匣剑鸣。

他亲自到第一线调查地形，构筑堡垒，决心把日寇赶到东海里。

王懿荣学识渊博，对金石、版本、书画都有很深的造诣。他酷爱文物，为搜求散失在民间的古物几乎花尽了俸禄。有时手头紧张，甚至把妻子的嫁妆都拿去典卖了。他在一首自嘲诗中写道：

> 廿年冷臣意萧然，好古成魔力最坚。
> 隆福寺归夸客夜，海王村暖典衣天。

从来养志方为孝，自古倾家不在钱。

墨癖书淫是吾病，旁人休笑余癫癫。

1899 年的秋天，王懿荣得了一场疟疾，用了许多药，就是不见轻。京城里一位深谙药性的老中医给他开了一副药方，家人马上就去中药店取。药取回来，家人在伙房用砂锅细细地煎，王懿荣捏着药方在屋子里来回踱着步子。走着走着，他的步子停下来。原来，药方上一味中药吸引住了他的目光：龙骨？怎么还有一味药叫龙骨呢？他想去看个究竟，脚刚一迈出门槛，家人端着煎好的汤药迎面走进屋里了。王懿荣问："药渣呢？"家人一听这莫名其妙的问话就随口答道："倒了。"王懿荣认真地说："下次一定要留下！"家人糊里糊涂地答应下来。

王懿荣的病一阵好一阵坏的，过了几天，他又想起了龙骨的事，便不顾家人的劝阻，要去翻看药渣。自然，他是什么也没有见到，因为龙骨在药房里就已经被捣碎成齑粉了。终于，王懿荣让家人从药店买回了没有捣碎的龙骨。他翻看再三，摩挲良久。虽然没有看出什么名堂来，但他心上却打下了"龙骨"深深的印象。

话分两头说。王懿荣是皇家大学国子监的祭酒，又是北京城里有名的金石学家，加之他人品好，在京师学界颇有口碑。不少名流学士都愿意与他打交道。谁得了什么宝物，都想请他给鉴定鉴定，每每会学到不少的知识。来到北京的古董商大都知道王懿荣的名气，所以，有事没事的，也来请教一二。前面提到山东潍县的范维卿，偶尔也是王家的座上客。

这天，范维卿从河南彰德搜求了几样宝物，一到京城，就匆匆赶到王懿荣家。王懿荣这时候住在王府井大街锡拉胡同西头路北的一座大院里。范维卿是王懿荣的山东同乡，一见面就又拉起了家常。问过家乡灾情，又打听了河南近况，范维卿这才掏出来自己带来的宝物。三件青铜小鼎一字排开，王懿荣一眼就辨出了真伪。范维卿不好意思地说："老爷，我可不是故意蒙您的！"王懿荣微微一笑道："你跑古董这么多年啦，也该学点鉴定方面的本领了。来，你看——"王懿荣一边指点，一边让他仔细分辨。王夫人这时走了进来，小声给王懿荣说了点什么。王懿荣面有难色："有求夫人啦，先从你的嫁妆里给调剂点银两吧！"王懿荣把银两递给范维卿，范维卿执意不收。再三推辞，他总算收下了。

又寒暄了几句，范维卿准备告辞了。他嘴里嗫嚅着说："王老爷，我这次还带了点玩意儿，不知有用没有？"范维卿一边说着，一边从褡裢里掏出那些白片片。他说："这东西让您见笑了！老百姓叫它龙骨，我，我想，龙骨，大概就是龙的骨头，既然是龙的骨头，也该是很古很古的了吧！要是没有用，您就扔了吧！"

本来王懿荣因为吃中药就对龙骨有了点印象，这下，他又收到了大大小小的一包龙骨，心里高兴极了。入夜，他在灯下仔细琢磨这些龙骨，发现上面有许多刻画的小道道。他把大大小小的龙骨对到一起，竟然拼成了两三块龟板的样子！他小心地擦去龟板上的泥土，刻画的道道更加清晰了。他左右端详，苦思冥索，一会儿在屋子里来回踱着步子，一会儿又伏案查阅资料。莫非，莫非这是上古之人留下来的文字？他知道，相传，上古之人是十分崇尚鬼神的。闭目凝思，渐渐地，他的眼前幻化出一幅华夏先民祭神的场景。

荒蛮的山野，身着树皮与粗麻编织成的衣服，人们一步一叩地爬上山头。他们认为，只有站在高处，才能跟主宰世界的神离得近一点。一个长者威严地立在那儿，他指挥手下的人在垒一个祭台。几个奴隶一般的人笨拙地从山下运来几块稍显平整的石头。三块大石头靠在一起，又把一块更大的平板似的石头"吭唷吭唷"地放到那三块石头之上。长者走近祭台，使劲儿地用手推了推，看看祭台稳不稳。长者脸上露出了微笑。众人欢呼起来。长者一挥手，欢笑声停止了。人们纷纷从怀里掏出自己带来的供品。供品五花八门什么都有：一条羊腿、一块鹿肉、一包秫米或是精心制作的装饰品等。这时候，一只大铜鼎抬上来了，人们纷纷伏地，虔诚地拜叩。大鼎下面，火点着了，袅袅的烟火升腾起来，甚至几十里地以外都可以看见。一群年轻的男女嗷嗷地叫了几声，围着祭台和大鼎跳起舞来。跳舞的人为了让神能知道，就把土制的颜料抹在脸上。为首的一个，还戴上了面具。舞越跳越热烈，人们的情绪达到了顶峰。长者又一挥手，戛然而止，跳舞的人一动不动地停在那儿，仿佛成了雕塑一般。长者示意，一位巫师走到祭台前，口中开始念念有词。上古之时，巫师是十分受人尊敬的。大家认为，他可以在人，甚至于国王与上天之间建起一条通道，把天神的意图传达给人们。

今天这场祭祀是为了部落的兴旺。他们希望这里的女人生下更多的孩子，祈祷天神带来许多许多强壮的生产好手。巫师郑重地拿起一块龟板，从大鼎下燃烧的大火中取出一小块木炭。一个小巫把木炭放到一只铜盘里，跪着送到巫师跟前。巫师用一把青铜钳子夹住红红的木炭，对准龟板之上一个小坑烫去……龟板上冒出了一丝青烟。伏地长跪的人们中，有的偷偷地抬起眼来看看，马上又低下头去。巫师把龟板送给长者观看。长者翻过龟板来，细细地琢磨龟板上裂开的纹路。这可是种族繁衍的大事啊！

长者向巫师点点头，巫师张开双臂，高叫着舞向空中。人们从地上爬起来，也欢呼起来，舞蹈更急更快了。跳着跳着，青年男女跑向山脚的桑林之中，相互追逐，相互嬉戏。不一会儿，一对对男女分开了，有的跑到他们约会的老地方，有的又跑到了更远的偏僻处，也有的一去再也不回来了……桑林之间，只留下靡靡之音在空中萦绕。

　　外面鸡打鸣了，王懿荣才从这上古的一幕中解脱出来。他从迷茫中理出了头绪，这龟板兽骨肯定是三代遗物。他不顾连日的疲劳，拿起放大镜又一头扎进研究之中。突然，他从字里行间看出来一点眉目："雨"，这不就是"雨"字吗？多么形象的字啊！紧跟着，他又辨认出了"日、月、山、水"等字。天亮了，他高兴地冲出屋门，高声喊道："出来呀，大家快出来！我从骨头片子上找到字啦！"他一边喊，一边顺手接过家人端过来的洗脸水，用手巾在地上大大地写下了一个他从骨头片子上读出的"雨"字，兴奋地问："你们说，这是什么字？"大家正被他搞得一头雾水时，他又把脸盆里的水哗哗地朝天上撩出去……原来这是一个"雨"字呀！这个时候，大家才知道是怎么回事。

　　一连几天，王懿荣遍翻各种史料典籍，终于从《周礼·春官》《史记·龟策列传》中弄明白了上古之人是怎样占卜的。毫无疑问，这就是先祖们占卜用的龟板！此后，他又从骨头片子上找到了商代几位国王的名字，对照《史记》，得到了初步的印证。到此时，王懿荣的疑惑彻底解开了。王懿荣认定，这一定是早在篆籀之前的上古文字。他吩咐家人到北京各个大药房，专拣带字的龙骨买下。很快，王懿荣分辨出来哪些是龟板，哪些是牛的肩胛骨……同时，他从骨头片子上又认识了更多的字，读出了上古社会许多湮没已久的秘密。

　　秋高气爽的北京，王懿荣府上高朋满座。这些被王懿荣邀请上门的京师著名的学界名流，静静地等待着这位令人尊敬的国子监祭酒发布震惊天下的消息。一块块精心整理过的龟板、兽骨在他们手上传来传去，人们屏住呼吸，摩挲着3000多年前的"神"物。一个声音从北京传开来：中国最古老的文字被发现啦！

◎ 这位皇家大学校长是一位真正的爱国主义者

王懿荣最初认定甲骨文的消息不胫而走，在北京造成了一时的轰动。当时，也有些人不以为然，不认这壶酒钱。有些书呆子一口咬定：这根本不可能！仓颉造字，流传了几千年了，千年古训怎么会错？有人则说，那根本不是龟甲兽骨，是竹简、是化石……

不管别人怎么说，王懿荣一心认定，这就是三代文字。一时间，北京城里学人之间，几乎无人不谈甲骨。药店里，带字的龙骨十分走俏，连药店掌柜的也搞不明白：怎么都吃错药啦？

古董商一看，发财的时机到了，一不做、二不休，干脆来个瞒天过海，他们一方面加紧奔波于河南与北京之间；另一方面对甲骨文的出处缄口不言，或信口开河地胡乱说一通，有说在汤阴，有说在卫辉，以便垄断甲骨，牟取暴利。

对于王懿荣来说，他是一心想把龟甲兽骨文字彻底研究一番的。

既然已经和史料上许多记载相吻合，那么把龟甲兽骨上的内容吃透了，就可以解决历史上的一些久有争论的疑点。他清楚地记得，乾隆年间即有一位名叫崔述的学人，著了一部《考信录》什么的，认为上古三代统统子虚乌有。到后来，竟也有人附和。这些人哪，连老祖宗也不认了！

中日《马关条约》签订之后，满目疮痍的大清帝国一步步走向了衰亡，清政府的腐败无能已暴露无遗。帝国主义列强进一步加强了对中国的侵略。先是俄国把手伸向了东北，日本夺走了宝岛台湾，英、德、法等国也看中了中国这块肥肉，纷纷把铁蹄伸了过来。1896 年，山东掀起了义和拳运动，反对外国教会势力。到了 1899 年，义和拳改名为义和团。发展到了华北京津一带。1899 年 7 月 6 日，王懿荣第三次被任命为国子监祭酒。内忧外患使王懿荣的心情格外沉重。

转眼到了 1900 年春天，这个春天并没有给中国带来什么喜气。开春 4 月，英国、美国、德国、意大利带着坚船利炮开进了大沽口。虽然义和团也时有小胜，但终是未能阻止八国联军的铁蹄。6 月初，英、俄、法、美、意、日、德、奥八国联军攻破天津，大举向北京进发。此时的北京已是一片混乱。投亲靠友的跑了，商贾店家停了，就连大内的文武百官也人心惶惶。慈禧太后急得团团转，筹划着怎么逃过这场厄运。虽然有人建议跟八国联军决一死战，但她在心里盘算来盘算去：三十六计，还是走为上！她早已吩咐身边亲近收拾行装细软，准备西狩。"狩"是什么？是指打猎。暑伏大夏天的，去打哪门子猎呀！这老婆娘要逃跑了，还死要面子。

决定要跑也总得找个人抵挡一阵殿后呀。让谁做这个替罪羊呢？6 月 17 日，朝廷上谕：着派李端玉、王懿荣为京师团练大臣，办理京师团练事宜。会同五城御史，督率弁勇，严密稽查，加紧巡逻，城门出入，要按时开闭，以靖闾间。用现在的话说，就是让他们俩充当北京卫戍司令。李端玉当时抱病在床，千钧重担实际上落到了王懿荣一人肩上。

西太后惯用两面手法。6月21日，她下诏书宣布与八国联军开战。满朝文武大臣，却让一个书生去抗击八国联军的枪炮！接到上谕，王懿荣一切都明白了。如此一个破烂不堪的残局，是他能收拾得了的吗？他不禁仰天长叹："此天与我以死所也！"

身为京师团练大臣，王懿荣做好了所有的准备。他到处奔走，张罗武器粮草，往往三更半夜还未入睡。他是山东人，对义和团有一种本能的亲近。既然保卫北京，他把义和团的力量也统一起来了。接连几天，令人沮丧的坏消息接踵而至：8月13日通州失守。8月14日八国联军攻到了北京城下。已是半夜时分，八国联军攻城的炮声不断传来。有消息说，慈禧太后一干人马早已趁着夜色化装逃跑了。此时的王懿荣反倒平静了下来。他把自己的儿子叫到跟前，痛心疾首地给儿子交代后事："我是朝廷任命的京师团练大臣，我要与北京同存亡。有我在，就有北京在，我不能眼看着八国联军来糟蹋北京！儿啊，父亲一世读书，以清正廉洁著称。家中没有什么银两，只有为父多年积攒的一些金石古董。那一箱龟甲兽骨特别珍贵，那是我们老祖宗的遗产。我有心想研究它们更深的内涵，看来是不现实了。儿啊，家业可以丢，性命可以丢，这龟甲文字决不能丢！你要一片不少地保存好，千千万万不能落到八国联军手中啊！"说完这话，他挎起腰刀直奔城墙而去。

8月15日，枪炮声越来越近，老百姓六神无主地号哭着、胡乱地奔跑着。不多时，前方传来消息：东便门被俄国军队攻破了！东便门一破，八国联军长驱直入。王懿荣彻底失望了，他回到家中，对夫人说："吾可以死矣！"他大步走进书房，提笔饱蘸浓墨，在墙上写下一首绝命诗：

主忧臣辱，主辱臣死。

于止知其所止，此为近之。

然后王懿荣仰头吞金服毒，未立效，遂跑到自家后花园里，纵身投进了一口深井之中。他的夫人和儿媳，也随他投进了井中。就这样，伟大的爱国主义者、金石版本学家、甲骨文之父王懿荣，以他56岁的短暂生命，保卫了自己一个大写的人的尊严。慈禧太后在西安"狩猎"折腾了一年多才回京。一路上，她还一本正经地"遥控"着北京的"大事"。王懿荣殉难的消息传到西安，10月30日，朝廷赐王懿荣二品衔国子监祭酒，追赠侍郎衔。为此发了一道上谕：

二品国子监祭酒王懿荣敦品绩学，持躬清正，侍从南斋，迭承恩眷。平日夙怀忠义，恩济时艰。本年七月间，临难捐躯，从容就义。洵属大义凛然，加恩着追赠侍郎衔，照侍郎例赐恤。其妻谢氏及其长子妻张氏亦同时殉难，忠烈孝义萃于一门。允宜特别予以褒扬，以彰贞节……

后又赠王懿荣谥号"文敏公"。

人民不会忘记这位史坛巨星。在他的祖籍山东烟台福山区，王懿荣纪念馆每天都接待着一批又一批的参观者。纪念馆的展橱里，还收藏着北京锡拉胡同王懿荣当年殉难的那口井的井砖。

◎《老残游记》的那位作者原来还是甲骨学家

在中国甲骨学的初创时期，还有一位举足轻重的人物，那就是被称为"奇人"的刘铁云。在学术圈里，他的大名几乎无人不知。而读者对这个名字可能会感到陌生。不过，说出他以"洪都百炼生"的名字而创作的小说《老残游记》，你就会恍然大悟：他就是刘鹗。

《老残游记》是小说家刘鹗的代表作，被鲁迅先生评为晚清四大谴责小说之一，后被翻译成多国文字，在国内外影响巨大。小说以一位走方郎中老残的游历为主线，对社会矛盾进行深度开掘，尤其是他在书中敢于直斥清官误国、清官害民，指出有时清官的昏庸并不比贪官好多少。这一点对清廷官场的批判是切中时弊、独具慧眼的。

刘鹗文采了得！他在《老残游记》中对济南明湖居听黑妞、白妞演唱山东大鼓的情形进行了细致入微的精彩描写。

有人这样评价刘鹗在中国文明史上的地位：如果王懿荣是中国古文字学新学派的查理·达尔文，刘铁云就像托马斯·赫胥黎一样与他并列。他不仅继续努力收集甲骨，而且他又是第一个对这些完全不为人知的古文字进行印刷，并出版第一部甲骨文著录《铁云藏龟》的具有远见的人。

刘鹗 1857 年出生于江苏丹徒（今镇江）。那时候，读书人除了名以外，大都还有个字。刘鹗的字就是铁云。刘铁云从小跟从戎马倥偬的父亲居无定所，对民间老百姓的生活多有了解。他聪慧过人，姐姐教他识字，每每过目不忘。青年时代的刘铁云对仕途不感兴趣，而致力于对天文、数学、医学、音律、工程学等知识的学习。他对当时先进的科学技术特别敏感。19 世纪中叶以后的中国，国力衰微，帝国主义时时考虑的是如何瓜分中国。刘铁云对社会的认识逐渐加深，形成了自己独有的思想体系。他与当时一批先进的知识分子一样，从美好的愿望出发，主张"悲天悯人""以天下为己任"，设想以实业来拯救民族和国家。平时，刘铁云常和那些被当时上流社会看不起的"井里少年"打得火热，养成了"狂放不羁"的性格。

1876 年 19 岁的刘铁云参加乡试不第而归。于是，他放弃科举而专心致志博览群书。虽然也经过商、行过医，但都未能如愿，没有什么成就。1888 年，河南郑州黄河决口。河督吴大征率民众治理，但久不奏效。第二年，刘铁云自报家门，投奔到吴大征的麾下，决心以己之长，为民造福。在堵口的工地上，刘铁云扛着自制的测绘工具，一会儿登到高处，一会儿又跑到滔滔的溃口边上。吴大征专门派了两个要员紧随其后，生怕有什么闪失。为了弄清溃口的深浅和流量，刘铁云腰系绳索，跳进滚滚浊流之中，治河民工无不佩服。

由于刘铁云的参与，堵口工程大有进展，打破了一直徘徊不前的局面。这时，他又短衣裤褂，骑着马在堤段上巡游，指挥民工夯实堤土，确保安全。黄河决口终于合龙了，来不及舒一口气，他就又着手测绘河南、山东、直隶（今河北）三省黄河河图。刘铁云的治河才能逐渐传为口碑，后来，他被任命为山东黄河下游提调，给他以知府的待遇。

当时中国社会的落后与帝国主义侵华的坚船利炮形成了强烈的对比。刘铁云感到，要救国，必须搞实业，他主张借洋人之力修铁路、开矿山、办工厂等等。1896 年他上书直隶总督，请求修建天津至镇江的铁路。后来，他又被一家外国公司聘为中方经理，筹备开采山西矿产。他说，山西矿产得以开采，"民得养而国可富"，国家没有积蓄，让西人替我们开，30 年后全部归我们。他们得了一时之利，而我们则"利在百世矣"。这些美好的期望，当时只能成为泡影。

刘铁云对身为国子监祭酒的王懿荣十分崇拜，也不时到王懿荣家中求教。王懿荣也特别看中这位天资聪慧风风火火的后生。每每奉为座上宾客。刘铁云小王懿荣十几岁，第一次看到甲骨正是在王懿荣家。看到自己爱戴的师长识破了上古的文字，刘铁云又惊又喜。平时，王懿荣邀集名流学士小聚，自然也少不了请刘铁云。刘铁云在北京落脚，也大都住在王府。

1899 年春，八国联军攻占天津。清政府已经感觉到了北京的危险。一天，刘铁云匆匆来到王府。一进门，就直奔花厅而去。尚未进门，就听见王懿荣在慷慨陈词。于是，他收住了脚步。只听王懿荣说："国家到了这种地步，我们怎么能无动于衷呢？就说国子监这些监生（即学生）吧，一个个依旧饱食终日，无所用心。诸位请看，这是我从监生宿舍门上揭下的对联！"王懿荣一边展示对联，一边对着门口说："我的'洪都百炼生'，早听见你来了，就请进来吧！"刘铁云进得门来，与在座的各位一一打了招呼，尚未落座，就直着嗓门儿说："来，让我欣赏欣赏！"他顺手接过王懿荣递过来的对联，展开就读："'有闲就睡觉，无事玩女人。'呸！这是监生写的？简直猪狗一般！还说什么日后于国家的有用人才！"众人只是一个个摇头叹气。王懿荣显然有些激动，他高声说："身为祭酒，我拟对国子监严加整饬。可是，这些无所事事的监生也真的让我无可奈何呀！"众人惊讶之中，王懿荣道出了自己的苦衷：原来这所皇家大学之中，八旗子弟占了绝大多数，这些遗少一个个都是纨绔子弟，不学无术，每日浑浑噩噩……

刘铁云听了这些，抑不住地站起来："廉生兄（王懿荣的字），要依我的，你这个国子监祭酒也别干了。跟他们这群愚氓生什么气呢！干脆，辞了这个官，咱们大干一番实业吧！"王懿荣一向安于职守，忙接下话头说："不不不，铁云兄，皇上交给我国子监，我就要为国效力！""罢罢罢，总有一天，廉生兄你会知道我的良苦用心的。"

随后，在众人的要求下，王懿荣又拿出珍藏的甲骨来，让大家一饱眼福。刘铁云拿起一块稍大的龟板，摩挲再三，对王懿荣说："廉生兄，你潜心学问之中，慧眼识破了这 3000 多年前的古物，也为炎黄子孙立了头功哇！不过，我以为，你还得抽时间走出去，一是实地看看这龟甲兽骨到底出自何方；二是也广为宣传一下，或奏请皇上，为民族瑰宝不致流散计，拨些银两，设局保护，才是上策!"于是，大家又七嘴八舌地议论开来。有的听说甲骨出自汤阴，有的听说出自羑里，有的听说出自卫辉，有的听说……

是啊，王懿荣是书香门第，在京城做个四品官，然倾其所有，又能收藏多少甲骨呢? 八国联军进逼北京，谁能保证这些珍宝不落入外人之手呢! 刘铁云的提示，也正是王懿荣的忧虑之处。殷商甲骨文字出土并被识读，这对民族文化将产生多么大的影响啊! 况且，不要说日后研究整理，以研3000年之历史，以证浩繁古籍之真伪，单是日前收集保护，就是一个大难题呀! 说到后来，众人一片唏嘘，再也提不起精神来，一个个黯然神伤。

再说刘铁云这些日子在北京，也正在为开矿修铁路之事奔走各衙门之间。一个个不说，连一个给好脸看的都没遇到。脸子不好看也无所谓，还有的干脆不见，说有要事在身云云。一连几天，刘铁云跑得王朝马汉，没有一星半点的进展。这天，他又来到总理各国事务衙门，想再奏请修铁路之事。门口的衙役看见他来了，一个个互相推诿……刘铁云近前打听，又给了衙役一点银两，这才得知，里面先一天夜里的牌局还没散呢!

刘铁云垂头丧气地在街头徘徊，此时的北京已是怔营惶怖。如火如荼的义和团三五成群地在训练，甚至官府里的人，也认可了义和团，让他们到衙门中去教练。北京城真的没法子了!

好些日子没有到王府了，风和日丽的一个下午，一事无成的刘铁云来拜访王懿荣，不想又遇到了一件想不到的事。大内的公公刚刚离去，圣旨还摆在客厅的案几上。谁也没有想到，准备"西狩"逃跑的西太后，会让王懿荣这一介书生领衔京师团练大臣，率领兵勇民众去抵御八国联军的进攻! 刘铁云急得直骂娘："浑蛋，一群浑蛋! 满朝文武大臣，怎么能让一个国子监祭酒守城呢! 廉生兄，你想做学问，怎么样？可能吗？早几日我就对你讲，不如让学生陪你到河南走一遭，把龟甲兽骨的来源探个究竟，也算干了一件正经的事。啧啧啧，让你这舞文弄墨的手，去握住大刀对付洋枪洋炮……"王懿荣一言不发地呆坐在那儿，脸上一点表情也没有。此时，攻城的炮声又响起来了，屋子房梁上震下了细细的土。刘铁云在屋子里来回踱着步子，摩拳擦掌，一副欲与八国联军决一死战的样子。"廉生兄，我告辞了，万望多多保重！多多保重！"说完，也不等王懿荣搭话，他大步流星地出门去了。

7 月 16 日凌晨，俄国军队把东便门城墙炸开了一个口子，北京陷落了。紧接着，传来了王懿荣殉难的消息。刘铁云一听，脑子都炸了，他捶胸顿足，禁不住号啕大哭："廉生兄，你做了替罪羊啊！早听我一言，何致今日啊！"尤其令刘铁云痛心的是，王懿荣刚刚开创的甲骨文字的研究夭折了。这可是难以弥补的巨大损失呀！

城破了，皇帝和西太后跑了，北京城里成了一锅粥。进城的八国联军见人就杀，见物就抢。义和团兵勇和民众中的勇敢者，明里暗里地与这拨强盗周旋。八国联军把北京搅了个地覆天翻。从紫禁城到颐和园，从东城到西城，宝物尽掠，杀人如麻。就连大内防火用的鎏金大铜缸上的金膜，也让洋鬼子用刺刀给刮走了。一时间，京城之内百业俱毁，连一粒粮食也买不到了。甭说普通百姓，京师不少官宅之中，陈设依然，男子逃走，女子自尽，尸横遍野。有的大门紧闭，举家相对饿死。俄国军队占领粮仓以后，这些"二毛子"不吃黄米，就准备放一把火全部烧掉。当时刘铁云在上海寓所听到消息，不禁泪下涔涔。人才为国之元气，京师为人才渊薮，救京师之士商，即所以保国家之元气。他立马跑到北京，奔波四方，由慈善会设平粜、掩埋二局。一方面利用关系通融；另一方面筹集善款银两，甚至变卖家产，终于从虎口夺回了这些粮食，分给了京城饥馑的百姓。

正值盛夏，街头横陈的尸体无人收殓，臭气熏天，瘟疫流行。刘铁云带领众人把遗体统统拉到郊外，统一掩埋了。其中，还有大刀王五的遗体。八国联军攻破京师，大刀王五率众奋勇抗击。眼见得洋鬼子们无恶不作，他带领一拨弟兄凭着天时、地利、人和，一时间杀得洋鬼子魂魄俱丧，洋鬼子们恨得直咬牙。这天，联军士兵又无端地围住了一处民宅，意欲肆虐。碰巧大刀王五经过此地。王五一声怒吼，挥刀冲进了敌军之中，奋力与之厮杀，他一个人就劈死了几十个侵略者。洋鬼子们一起冲向他，开枪射击。王五身中数弹，仍然挥刀猛劈。洋枪响了，王五终因寡不敌众，被洋鬼子抓住了。这位刚直不阿的民族英雄，未能逃脱他们的杀戮，被射杀在北京街头。洋鬼子还放出风去，说王五是义和团的人，要暴尸刑场，看谁敢收尸。刘铁云不管他那一套，趁着夜色带人掩埋了这位侠士。

一转眼到了 1902 年。王懿荣殉难以后，家道中落。加之他在世时，家资大都买了善本古籍和古董，几无积蓄。为了生计，王懿荣的儿子王翰甫开始变卖家产。日复一日，年复一年，有多少家产能指望出卖呢？这天，刘铁云又来到王家嘘寒问暖，王翰甫又提起了这事儿。堂堂爱国志士、国子监祭酒的后人，竟然落到没有饭吃的地步！刘铁云帮着王翰甫整理了一下龟甲兽骨，详细地列了明细表。王翰甫说："铁云叔，愚侄不学无术，难能对龟甲文字研究有何成色。先父谢世前曾叮嘱孩儿，这宝贝一定要珍藏。如果遇到识得龟甲兽骨文字价值者，不妨悉数奉送。这是先父的心爱之物，铁云叔，要是您不弃，孩儿就把这宝物交给您啦……"没等翰甫说完，刘铁云已是泪流满面。他难为情地说："贤侄有所不知，叔叔我也银两短缺呀！"就这样，肩负着先师的重托，刘铁云收下了王懿荣留下的这批珍贵遗物，尽自己的力量，给了王家一些资助，以让他们渡过难关。

我们有幸看到刘铁云留下的几本珍贵的日记，从中可以看到，王懿荣殉难之后，刘铁云与王翰甫过往依然甚密，经常在一块儿研究学问。刘铁云也得以见到王懿荣生前的不少甲骨拓片。他在1902年10月6日的日记上写道："……晚间，刷甲文，释得数字，甚喜。""夜作《说龟》数则。"我们再来看看11月5日的日记："查龟板、牛骨，统共一千八百九十片。夜梦作诗钟子明先生为宗师，予得句云：'惟有如来能伏虎，可知老子本犹龙。'"

自从刘铁云得了甲骨，其心情自不待言。奔波了几年，也没个什么门道，回到上海寓所，他开始潜心研究甲骨文字，并着手广为收集。他先后几次到北京，遍访琉璃厂，也从一些古董商那儿购得不少珍品。日积月累，刘铁云竟得手甲骨5000多片。那时的上海已初露国际大都市的端倪，文化界不少人受新文化的影响，云集上海滩。他们既有中国传统文化的根基，又熟悉海外新兴的文化现象、审美意识和治学方法，海派已在形成之中。得知刘铁云收藏了大批甲骨，并致力于其上文字的研究，不少人登门拜访，以求先睹为快。这里面也包括大学问家罗振玉。刘罗两家住处相距很近，此时他们已有十几年的交情。

入夜，紧张工作了一天的刘铁云躺靠在沙发椅上，他的心思还埋在甲骨里。虽有数千片甲骨在手，如此日日翻动也不是个办法。他搜求的宝物中，龟甲多于兽骨，这些兽骨多为牛的肩胛骨。龟甲之中，色泽稍黄者石化较深，质地尚可。那些色泽发白者，十分脆弱，随时都可能破碎。刘铁云以前曾经摹写过青铜器上的铭文，以便携带与翻阅。他想，如果把甲骨上的文字也摹写下来，肯定不会十分准确。眼下，对其上之文字辨识者还不多，如果摹写再加谬误，岂不更是难为？只有一条路子，那就是墨拓了。

墨拓甲骨上的文字极其不易，先要用一种名叫白芨的中药熬成水，用白芨水把宣纸贴到甲骨上。再以精巧的小刷子小心翼翼地反复摩挲，以至把刻有字画的地方捶拓下去。等它尚未干透之际，再用大如铜钱的墨包印拓。如此这般，揭下来的宣纸上便完整地再现了刻在甲骨上的文字了，不过，这文字黑白是反的。一连几天，铁云一钻进书房，就整日整夜地泡在那儿。一张张精美的拓片诞生了。他又把拓片贴到一本自扎的草纸本子上，查阅研究方便多了，而且免去了毁坏之虞。只有特别的贵客上门，他才出示龟甲兽骨。一般访者，只是让他们浏览拓本就行。

1903年春天的上海，天气似乎总是阴霾一片。心急的人，有的已经换上了春装。刘铁云却无心去欣赏春色，还是沉浸在识别文字、查证史料的案头之中。一日，家人来报，有客人到了，问接不接待。原来，这些日子，由于没有理出一个头绪来，他竟闭门谢客，一般的客人，他都拒绝会见。刘铁云头也没抬地说："就说我不在！""不在？哈哈，不在我也进来了！"铁云抬头一看，原来是罗振玉到了。

提到罗振玉，不少人都知道他的"家底"。这位晚清遗老，曾经辅佐溥仪"经营"伪满洲国，是个正儿八经的汉奸。不过，罗振玉在学界很有名气，是位极精明的人。寒暄过后，二人落座。三言两语，话题自然就扯到了甲骨文字上。罗振玉早闻刘铁云得了龙骨，但始终未能窥得真品。罗振玉说："早闻京师王大人识得甲骨之事，又闻铁云兄承传得手，我可是真想看看哪！"

刘铁云正要转身去取珍藏的甲骨，又被罗振玉给止住了："慢，慢，铁云兄还是风风火火的老样子！看宝物机会多得很，你听我说……"听说这话，刘铁云知道罗振玉此行另有他意。于是，他让家人退下，又随手掩上了书房的门。一阵静谧之后，罗振玉轻轻叹息了一声："铁云兄，这天下真的不宜好人哪！"刘铁云没吱声，单等他的后话。

罗振玉此行的确是另有他意的。原来，他得到一个骇人听闻的消息，说有人在朝廷那儿告了刘铁云的御状，说他胆大包天竟敢私售太仓粮粟，为洋人办事，正在派人捉拿他呢！此话怎讲？嘿！刘铁云花费巨资从洋人手里买回他们要烧掉的粮食分给老百姓，竟然成了罪过！"西狩"回来的西太后不知错乱了哪根神经，竟把一腔怨气发泄到了刘铁云的头上。刘铁云此时心静如水，他摇了一下头，无奈地说："我早就知道会有这天，这群浑蛋是不会容我的。我有什么罪？问问北京的老百姓！"

刘铁云很快从迷茫中清醒过来，他握着罗振玉的手说："真是想不到，懿荣兄甲骨研究大业未竟，今天，我刘鹗有心钻研，也横遭陷害呀！老天爷，你的公平在哪里呀？"刘铁云静静地拿出已经整理好的拓片让罗振玉看。罗振玉仔细凝视良久，对刘铁云说："铁云兄，事到如今，依我看，你还是躲一躲的好。""躲一躲？躲到哪儿？不，我就在这儿等他们！"少顷，刘铁云又说："振玉弟，可是这甲骨文字……""有了。"罗振玉高声叫道，"我想起一个主意来，出书！你尽快把这些甲骨拓印出来，汇集出版，广为传播，这不就告慰懿荣先师在天之灵了吗？"

一句话启发了刘铁云，他顾不上想其他的事了，马上张罗出书的事。本来，他对甲骨文字还不是十分精通的，分类也拿不太准。现在看来，得加快步子了。说不定哪一天那个老太太发了神威，还不先拿我开刀？罗振玉在一边紧敲"边鼓"："铁云兄，出版的事儿我熟悉，我帮你张罗。你只管一心一意搞甲骨拓片就行。"刘铁云的书房里，通宵达旦的灯光伴着他的身影。他翻遍了5000多片甲骨，精选出1000多片刻字较多的珍品，并且精心拓印出来，整理出6册来。

终于，饱蘸刘铁云心血的甲骨文著录《铁云藏龟》以"抱残守缺斋"的名义石印出版了，此时是清光绪癸卯九月，也就是1903年10月。这就是中国甲骨学史上破天荒的第一部著作。

《铁云藏龟》的问世惊动了一潭死水般的中国学术界，如同给一个垂危的老人输上了充满活力的血液。刘铁云在《铁云藏龟》一书的自序里写道："龟板已亥岁出土在河南汤阴县属之古牖里城。传闻土人见地坟起，掘之，得骨片与泥相黏结成团，浸水中，或数月，或月余，始见离晰。然后置诸盆盎，以水荡涤之，约两三月，文字方得毕现……"他在自序中还记述了发现龟甲兽骨文字以及王懿荣收藏甲骨的过程，痛惜王懿荣为国殉难。刘铁云对中国古老文化情有独钟，对古文字的演变也颇有见地。他还论述了从古籀到隶书的发展，认定此前即为刀笔文字。作为甲骨文字的第一批先睹者之一，他颇感幸运："不意二千余年后，转得目睹殷人刀笔文字，非大幸欤？"

刘铁云在自序中还说，龟板文字极浅细，又脆薄易碎，拓墨极难。友人闻予获此异品，多向索拓本，苦无以应。然斯实三代真古文，亟当广谋其传，故竭半载之力，精拓千片，付诸石印，以公同好。罗振玉还为《铁云藏龟》写了序。

《铁云藏龟》作者自序可以说是中国研究甲骨文字的第一篇成书的学术论文，被胡适先生评价为研究甲骨文字的"开路先锋"。刘铁云的另外两本书《铁云藏陶》和《铁云泥封》也相继出版，成为后人研究上古文字的重要资料。多才多艺的奇人刘铁云又以其对晚清社会现实的鞭笞，创作了著名的章回小说《老残游记》，该小说也于同年在《绣像小说》上发表。他还出版了一些科技方面的著作。

说来也是，刘铁云怎么也不会想到，他竟然在无意中得罪了窃国大盗袁世凯！袁世凯一直怀恨在心，时时寻机对他加以报复。刘铁云早年曾在山东治理黄河，与当时的山东巡抚张曜过往甚密。袁世凯那时也在张曜手下。虽然他是张曜的故交子弟，但野心勃勃的他却不安分，认为自己不受重用。袁世凯一心想谋求一个什么官位干干，以求一展才华。长期不得志的袁世凯觉得刘铁云在张曜跟前来去随便，就设了个饭局请刘铁云小酌。耳热酒酣之时，袁世凯道出了心中的秘密。

刘铁云一听，随口说道："当官有什么意思？还不如干点实业呢！"袁世凯近乎哀求地说："铁云兄，还是求您在张巡抚面前美言几句吧！日后，我怎么会忘记您的恩德呢！"刘铁云很仗义："不必说这些，该说的我一定说，你放心好了。"

一日，刘铁云又到张曜处，相约到河工一巡。散步之间，刘铁云提到了袁世凯。张曜问刘铁云："你觉得这个人怎么样？"这一问反倒让刘铁云一时无言。张曜说："人，倒还是能干，有点才气。但是他的性情总是让人琢磨不准。加之羽毛尚未丰满，知识资历都还欠缺，还是过一段再提拔吧，过早重用等于害了他呀！"

刘铁云心里有了底，见了袁世凯，就如实地把话给传了过去。袁世凯开始一听，还挺感激的。但回到住处一想，他心里顿生狐疑：哦，莫不是刘铁云在张曜那儿念叨我的坏话了吧？不，肯定是！这个刘铁云，咱们走着看，我袁某饶不了你！就这么着，刘铁云好心落了个驴肝肺，他日后照例满腔热情地与袁世凯来往，殊不知，袁世凯早已对他怀恨在心了。

原先，西太后就说过要治罪于刘铁云，不过，紧一阵松一阵的，多少大事缠着手脚，也没当真去办。后来，袁世凯的野心终于得逞，得了西太后的赏识而进了军机处，掌握了大权。此刻，他要给刘铁云点颜色看看了！

1908年春节刚过的大年初五，刘铁云从苏州回到上海。一位日本朋友匆匆来访。他带来一份《中外日报》，上有一则消息，说是"上头"要找刘铁云的"碴儿"。初七，正月的上海阴云密布。午后2时，他的朋友狄楚青慌慌张张找上门来说："刚刚接到京中密电，与《中外日报》所说言合，其锋不可当，宜避之。"他前脚刚走，就又有人来报：郑永昌来电，一明一暗。明电曰："上海某处，苏州某处访明刘某，示以第二电。"暗电云："国有命拿君，速避往日本。"来人劝他或到日本客寓稍住，有警再往日本。刘铁云淡淡一笑："没事儿，看你们一个个急的样子！"第二天，他在日记上写道："夜眠甚安，为多日所无。"

初十日，狄楚青来函：已得最确消息，枢廷密电东三省总督云："某某庚子年经都察院具奏，面奉谕旨严拿，在逃未获。兹闻在东运动，饬查云云。"

十二日，刘铁云早上读报，见到一则上谕："开缺山西巡抚胡□□，前在巡抚任内昏谬妄为，贻误地方，着即行革职。其随同办事之江苏候补道贾□□已革职，知府刘鹗胆大贪劣，狼狈为奸。贾□□着革职永不叙用，刘鹗着一并永不叙用，以示薄惩，钦此。"适逢儿子过来问安，大绅说："依上谕所说，父亲是否没事儿了？"刘铁云并不开心，他仍然一脸忧郁地说："天恩高厚，喜出望外。然意外之风波，尚须防也！"

十五日，情况大变。原来，为了麻痹读者和相关人士，除了在报纸上发表谕旨外，同时还发了一道拘捕刘铁云的密令。当夜，一场少见的大雪飘飘洒洒，银装素裹。天气甚寒。

十七日，天气依然阴沉沉的。从南京传来消息说，袁世凯已密电两江总督端方，下令捉拿刘铁云。事到如今，一切都明白了。刘铁云心里倒是踏实了许多。

正月二十日，有朋自苏州来，说起此事，刘铁云即席作诗一首，诗云：

> 避风十日荒湾泊，又出荒湾涉怒涛。
>
> 敢与波臣争上下，一枝萍梗任风飘。

又是几个月过去了，刘铁云来往于苏州、镇江、南京之间，并无大碍。

六月十九日，一封密电来到南京。密电称："庚子之乱，刘铁云勾结外人，盗卖仓米。又勾结外人，营私罔利，迄未悛改。该革员既在江宁，希即密饬查拿，着发往新疆，永远监禁。所有产业，查明充公。"

再说端方接到来自军机处的密电，弄了个丈二和尚摸不着头脑：袁世凯不是一直对刘铁云感恩戴德的吗？怎么会？……他马上召见自己的下属王孝禹，第一个让他看了电报。其实，端方和王孝禹都有营救刘铁云之意，不过，这话可不能明说。王孝禹试探着问端方："此事……如何是好？"端方莞尔一笑："此事在君，我何能为力？"实际上，是在暗示王孝禹，让他设法密告刘铁云。

王孝禹一拨就亮，随即转身请辞。不料，却被端方留住，说要宴请宾客，请他作陪，即令请巡警何某到厅。这一来，王孝禹不知端方实意，只有坐卧不安了。席间，巡警何某请辞，说要回去先做准备。这何某就是秘密派来的捕手。端方正色道："此时预备，若有漏泄，谁任其咎！"何某不说话了。端方又说："你在这儿吃了夜饭动手也不晚！"然后，端方又对王孝禹说："要是没有什么公事的话，你也可以吃过夜饭再走！"其言一听就明白，王孝禹急忙告辞说："我还有点小事，料理完就回来。"端方微微点头以示同意。

王孝禹离开端方府，匆匆赶回寓所，草草写就一书，告之刘铁云立马逃离。谁知到了刘铁云在南京的居所，由于风声日紧，看门人陈贵坚持不准进。王孝禹不敢留信，也不敢留话儿，更不敢久留，只得悻悻而去。回到寓所，天已大黑，王孝禹放心不下，又恐在外时间长了引起怀疑，遂又安排家人再去刘铁云居所通报，自己回端方府了。王孝禹回到端方府上，心里盘算着，家人已把消息传给了刘铁云，他此时大概正准备离开南京吧。就这样，端方、王孝禹与巡警何某一直神聊到半夜。此时，王孝禹才对何某说："现在可以准备了，不过，一定要过了午夜子时再去，若是去早了，恐怕他外出还没有回来呢！"事已至此，王孝禹也就放心地回寓所了。

当天凌晨2时，何某来到端方府上，告之已经抓到了刘铁云。端方大惊。翌日晨，王孝禹来到端方府上，端方对他只是点头微叹。此时王孝禹还蒙在鼓里呢！他万万没有想到，昨天晚上，安排去通风报信的家人同样也被刘铁云门人所阻止！等他明白过来，重新想方设法营救时，已是无力回天了。

抓住刘铁云的消息传到北京，袁世凯好不舒心！压了几年的心头之恨，这会儿可以抒发个淋漓尽致了。他以私售仓粟和里通外国的"罪名"，流放刘铁云到新疆，永远监禁。1908年农历六月初二由南京启行。刘铁云热爱生活，即便在流放途中，他也对周围的一切充满爱意。那年中秋节，他于平凉写给老友卞德铭一封信，信中还盛赞道："新疆米为天下之冠，鸡猪果蔬，无一不佳。人以其远，皆不肯去。"

过了平凉，八月二十七日到达兰州。简单置备了一点衣物之后，九月初七起身兰州，一路天气闷热。当他听说家中房地皆已"充公"时，坦然地说："人生得失，原不足计！"他在另一封信中说："吾拟温习医理，到新疆后，尚有数月吃用。此数月间，谋一啖饭法，当不难也。铁云自知天命已尽，拟把自己多年积累的医疗验方回忆写作一本书《人命安和集》。"

九月下旬，刘铁云到达甘肃武威。他写给儿子大绅一封家书："父九月十九日到凉州府，古之武威郡也。启程途中，南望雪岭，直西不绝，以达昆仑，真壮观也！"兰州以西，即进入河西走廊，一路上但见老树昏鸦，不仅没有吃饭的地方，连餐饮都得自备。出了玉门关，平沙千里无人烟。不光刘铁云，连押解他的衙役也得自备饮水。在一个名叫秤钩驿的地方，刘铁云写下了他平生最后一首诗：

乱峰丛杂一孤村，地僻秋高易断魂。

流水溽溽咸且苦，夕阳惨惨淡而昏。

邮亭屋古狼窥壁，山市人稀鬼叩门。

到此几疑生气尽，放臣心绪更何言。

刘铁云的《人命安和集》还没有完稿，就在极度的窘迫之中于溥仪宣统元年（1909）七月初八贫病交加地辞世于迪化（今乌鲁木齐），当年他才52岁。一代奇人刘铁云开创了中国甲骨文字研究成书的新阶段。《铁云藏龟》可谓是甲骨学研究的第一个里程碑。

◎ 王襄：从晚清举人到甲骨学家

几乎与王懿荣同时，天津也有一位学者开始辨识了甲骨文字。

19世纪末年，天津有位世居的王姓人家。1876年12月31日，王襄出身于这个书香门第。1905年王襄考入农工商部高等实业学堂，选修矿科，毕业后还到河南弄了个候补知府。不久遇到百日辛亥革命爆发，他也只好返回天津了。

那年八国联军围住了天津，刚在北京着实地发了一大笔甲骨财的古董商来到王襄家，说是在河南搜求到一种"龙骨"，上面的刻画是古代的文字，问他想不想要？王襄一听，很是感兴趣。当时，正好天津近代四大书法家之一的孟广慧也在座。听说是有古文字，自然也很想看看。他们随便问了一句，这东西出自哪儿？古董商支支吾吾地，半天才谎称是汤阴啦、卫辉啦……

看到龙骨，王襄用手拂去泥土，隐隐约约看见了类似文字的刻画。孟广慧看到这刀笔遒健的古文字，还以为是流散的古简。一问价钱，两人都傻了眼：论字数，一个字四两银子！王襄他们毕竟是穷书生呀，只得拣了几块小一点的龟甲，与古董商拉来扯去地搞起价钱来。此后历经艰难困苦，他们手头的藏品始终没有散失。1900 年 5 月，八国联军进攻天津的炮声震耳欲聋，王襄家的房子顷刻之间化为乌有。老天有眼，王襄扒开瓦砾，找到了藏在自家床下的用被子包着的那箱甲骨……

听说王襄收藏的甲骨并未散失，一家书店的老板特地赶到天津向他祝贺。老板说："现在的东西越来越不值钱了，你留着它干什么，还不如早点换成活钱，免得放着死东西，活人穷受罪！"老板还说是洋人想买，能出个好价钱云云。王襄一听就急了，差一点跟他翻了脸，他一拍桌子站起来说："住嘴吧，日本小鬼子把刀架到我的脖子上我都没有卖！这是中国的国宝，是我的心血！外国人一片也别想从我这儿得到！"就这样，这位老板跟他纠缠了一个多月，到底还是没有到手。

再后来王襄到外地做官，车开之前王襄亲自指挥工人往车上搬运行李，有几个木头箱子特别引人注意。机灵的火车押运员立即"明白"了，认定其中必有蹊跷。火车一开，两个押运员一不做，二不休，操起铁撬就别箱子。吱吱呀呀，箱子打开了，原以为是几箱金银元宝呢，结果竟然都是烂骨头片子，好不让人晦气！

1923 年，王襄根据自己掌握的甲骨资料，写出了《簠室殷契征文》一书，此书收入了他自藏的 960 多片甲骨文的拓本，公布了一批有价值的甲骨材料，每条卜辞还都加了考释，并对甲骨文实行了分期断代，对后来的研究者有一定的帮助。中华人民共和国刚刚成立的那几年，王襄生活过得也的确很艰苦。这时，又有人从国外给他来信，问他是否有意把甲骨售与美国某大学，王襄都一口拒绝了。

1953 年王襄 78 岁，还完成了《殷代贞史特征录》一书，成为他晚年的代表作。

◎ 郭沫若：甲骨方家第一"堂"

学界把甲骨学早期贡献最大的四位方家称为"甲骨四堂"，他们四人的字、号都有个"堂"字，分别是：郭沫若（字鼎堂）、董作宾（字彦堂）、罗振玉（号雪堂）和王国维（号观堂）。唐兰先生曾评价他们的殷墟卜辞研究的成就："自雪堂导夫先路，观堂继以考史，彦堂区其时代，鼎堂发其辞例，固已极一时之盛。"

郭沫若 1892 年 1 月 16 日生于四川乐山县沙湾镇。他的乳名叫文豹，学名开贞，号尚武；又名沫若，号鼎堂。他三四岁即能背诵唐诗宋词，后入私塾，十四五岁已通晓四书五经等中国传统文化经典。1913 年，21 岁的郭沫若考入天津陆军军医学校。1914 年赴日本继续学医。后就读于九州帝国大学医科。一心学医的郭沫若后来走上了文学的道路。1921 年 6 月，他与成仿吾、郁达夫在东京发起了创造社。帝国大学毕业时，他已决定放弃医学而从事文学。1926 年 3 月，他担任了广东大学文学院院长。其后，他的人生道路发生了根本的变化。由于毛泽东、周恩来的建议，郭沫若毅然投笔从戎，参加了北伐，担任国民革命军总政治部宣传科科长、秘书长、副主任、代理主任等。当年 7 月底从广州出发。攻占武昌后，郭沫若担任了革命委员会主席团成员，兼任宣传委员会主席和总政治部主任。1927 年 8 月 5 日，他随军南下，由周恩来、李一氓介绍加入中国共产党。

部队被打散了，10 月下旬，郭沫若由香港到达上海。此时的他又得了斑疹伤寒，以致双耳失聪加剧。为了保证他的安全，组织决定，派他到国外从事文化学术活动。到苏联的船票已经买好了，他却一病不起，结果，船也误了。郭沫若一时在国内无法存身，只得全家乘海轮东渡日本。1928 年 2 月 23 日晚，李一氓送来消息，说国民党明天清晨要抓人。情况危急，怎么办？郭沫若在日本时曾经结交了一个日本朋友内山完造，此时，内山完造接走了郭沫若一家人，把他们藏进了一家日本人开的旅馆里。第二天，郭沫若化装成出国考察的政府官员，登上了东去的渡船。

因为他在日本学习过，对这里的环境还是比较熟悉的。这次，他举家住到了东京附近的市川。在这里，他又开始了他的古代史研究。6 月底，他写作的《周易时代的社会生活》一书成稿，开始在《东方杂志》发表。他在研究中国古代历史时，经常感觉缺乏可靠的资料，他于是常去图书馆查阅。不知怎么地，日本警察发现了他的真实身份，把他抓进了监狱，他的住宅也遭到了搜查。

三天以后，郭沫若被放了出来，但是，他家的周围，多了一层"保护"，时常有宪兵来回走动。郭沫若被抓的几天里，脑子并没有闲着。他记得自己以前在日本读书时，在学校图书馆的目录里看到过一本书，书名叫《殷墟书契考释》。好，一出监狱马上去找这本书！一连几天，他奔波于几所高校之间，却没有找到此书。他又转遍了东京的书店，也没有结果。就在他几乎失望之时，一家书店的老板提供了一个信息：东洋文库好像有这种书。终于，他拿到了王国维写作的《殷墟书契考释》。

如获至宝的郭沫若一头钻进书里，开始了他的甲骨文研究。郭沫若毕竟历史知识丰厚，加之又掌握了历史唯物主义的研究方法，出手不凡，很快就进入了中国古代社会的殿堂。只一两天的工夫，郭沫若就基本破译了甲骨文字的秘密。月余时间，他不仅读完了这里馆藏的全部甲骨文字以及金文的书籍，还读完了王国维的《观堂集林》。郭沫若说，到这个时候，我"对于中国古代的认识算得到了一个比较可以自信的把握了"。

此时，他已经不满足于只是看看拓片了。当时的日本，无论官方还是民间，已有不少的甲骨文收藏。这天，上野博物馆的大厅里走来了一位戴眼镜的中国学者，他递上证件，说想看看馆藏的甲骨文。接待他的年轻人把证件翻来覆去地看了几遍，还给他说："不行！"以后的几天里，图书馆里多了一位义务清洁员。每天，图书馆一开门，他总是已经在门外等候了。年轻的管理员把他的情况汇报给了上司，大门终于敞开了！郭沫若如饥似渴地浏览着这里的馆藏甲骨，一遍又一遍地临摹、比较。

不长日子，郭沫若几乎访遍了日本所有的甲骨收藏者，掌握了大量的实物资料。流入国外的甲骨，以日本为最多。除了京都大学、东京大学等大学以外，私人收藏也不少。三井源右卫门就收藏了300片之多。亲眼看到国宝流失异邦，连中国人都不给看，郭沫若从心里着急。他是一位民族自尊心极强的人，他决心在甲骨文研究上面做出一番事业来，以对得起列祖列宗。

1929年8月1日，他的《甲骨文字研究》正式完成。在谈到该书的写作目的时他这样说："余之研究卜辞，志在探讨中国社会之起源，本非拘泥于文字史地之学。""是通过一些未识的甲骨文字的阐述，来了解殷代的生产方式，生产关系和意识形态。"翌年5月，此书由上海大东书局出版。在这以前，他出版的《中国古代社会研究》一书中，就已经收录了他的《卜辞中之古代社会》一文。从此，一发而不可收，郭沫若的甲骨文研究走上了巅峰时代。伴随着他的《沫若小说戏剧集》的出版，几经周折，他的另一部著作《卜辞通纂》也问世了。

想起《甲骨文字研究》一书的出版，郭沫若感慨万千。他用了将近一年工夫写成的这部书，曾有人建议在燕京大学的《集刊》上发表，然后再出单行本。不幸的是燕京大学研究院给拒绝了。后来，他向商务印书馆联系，未能成功。此时，李一氓到处奔走，由上海大东书局出版，并且在报纸上大发广告，征求预约。郭沫若后来回忆说："这可替我发泄了不少的精神上的郁积。那大幅的广告好像替我在作吼：本国的市侩和日本帝国主义者的文化前卫们，你们请看，你们所不要的东西，依然是有人要的！"

郭沫若的《殷商青铜器铭文研究》一书脱稿后，他把原稿交给了东洋文库的石田干之助，希望东洋文库出版。石田留下了稿子，让郭沫若等消息。一个月后，石田回话说："这稿子太难懂了，恐怕在日本是出不了的！"当上海大东书局把《殷商青铜器铭文研究》和《甲骨文字研究》两书各寄20本给在日本的郭沫若时，他激动得流下了眼泪。那天，他出门取书刚回到家，他的日本妻子安娜已经特地准备好了红豆饭，表示祝贺。郭沫若高兴极了，甚至还饮了几杯葡萄酒。他在榻榻米上来回踱着步子，和着节拍唱起了京戏。当天晚上，他把书每部留下两本，其余的用一个大包袱包着，跟14岁的大儿子和夫一道，扛到离家很远的电车站，以七折卖给了一家专售中国古书的文求堂。

郭沫若从事甲骨文研究主要是在日本十年流亡时期，以及新中国成立前后。闻一多在评价郭沫若对甲骨文、金文研究的贡献时曾经说："郭沫若，如果他说了十句，只有三句说对了，那七句错了的可以激发起大家进一步研究辩证。那说对了的三句，就使同时代和以后的人省了很多冤枉。"

此后，郭沫若相继完成了《古代铭刻汇考》《论古代社会》等著作。新中国成立以后，他向政府提出建议，在文化部设立了文物局，又在科学院设立了考古研究所。郭沫若的甲骨文研究虽然起步较晚，但是起点高，方法新，因而一出手就高屋建瓴地超过了前人。郭沫若并没有参加过殷墟考古发掘。新中国成立以后，他一如既往地关心甲骨学研究的发展。

1959年8月，郭沫若终于来到了向往已久的甲骨文出土地——安阳殷墟，他冒雨踏访小屯、王裕口等村，他对陪同的人说，将来要在这里兴建世界东方博物馆！在安阳期间，他即兴挥毫，写下了关于殷墟的两组诗（据《考古学报》1960年第1期）：

访安阳殷墟

偶来洹水忆帝辛，统一神州肇此人。

百克东夷身致殒，千秋公案与谁论。

观圆形殉葬坑

洹水安阳名不虚，三千年前是帝都。

雨中踏寻王裕口，殉葬惊看有众奴。

殉者为男均少壮，少者年仅十三余。

全躯二十骸髅五，纵横狼藉如羊猪。

宝贝三堆难计数，十贝为朋不模糊。

铜卣铜鼎铜戈兵，有丝成线粟已枯。

此当尚在殷辛前，观此胜于读古书。
勿谓殷辛太暴虐，奴隶解放实前驱。

东夷渐居淮岱土，殷辛克之祸始除。
百克无后非战罪，前途倒戈乃众俘。

武王克殷实侥幸，万恶朝宗集纣躯。
中原文化殷创始，殷人鹊巢周鸠居。

但缘东夷已克服，殷人南下集江湖。
南方因之渐开化，国焉有宋荆与舒。

亘历西周四百载，南北并进殊其途。
然而文化本同源，同伦同轨复同书。

再历春秋迄战国，秦楚争霸力相如。
楚人腐化秦奋励，始成一统之版图。

秦始皇帝收其功，其功宏伟古无侔。
谁如溯流探其源，实由殷辛开其初。

殷辛之功迈周武，殷辛之罪有莫须。
殷辛之名当恢复，殷辛之冤当解除。

固当厚今而薄古，亦莫反白而为污。
非徒好辩实有以，古为今用没虚无。

方今人民已作主，权衡公正无偏诬。

谁如有功于民族，推翻旧案莫踟蹰。

在安阳期间，郭沫若先生还视察了时为安阳博物馆的袁世凯墓——袁林，并留诗一首：

登袁世凯墓
麦收已过我方来，遍野棉苗花待开。

窃国大奸今扫地，为寻风景上三台。

1976 年就妇好墓的讨论，郭沫若三次抱病给持不同意见的青年写信。其中一封信上说："大作《试论妇好》草草读了一遍……关于妇好的卜辞收集得不少，很好。可能有人有些不同意见，但通过百家争鸣，大有益处。"

在他的主持下，我国甲骨学家积 20 年之功，编辑出版了第一部甲骨文巨著。由郭沫若主编、胡厚宣任总编辑的《甲骨文合集》自 1978 年起，到 1982 年 13 巨册全部出版了。可能大家还不知道，1975 年，郭沫若就为《甲骨文合集》题写了封面。他不顾身体的虚弱，一连写了好几份，让大家选择。可惜的是，为郭老所终生挂念的《甲骨文合集》刚刚排出样书，郭老就与世长辞了！

◎ 董作宾：载入史册的第一锹

董作宾，字彦堂，1895 年出生于河南南阳。他 6 岁入私塾，16 岁高级小学肄业。虽家境贫寒，也曾辍学经商，但他一直坚持自学。

1915 年他从县立师范讲习所肄业留校任教。1922 年考入北京大学研究所国学门，师从王国维大师。后来，他先后在福建协和大学、广州中山大学任教，1928 年中央研究院历史语言研究所筹备处成立后，他被聘为通讯员。同年受命到安阳进行殷墟调查。

1899 年王懿荣发现甲骨文以后，立即在国内外引起了轰动。满清政府疲于应付内外交困的窘况，根本无暇也没有能力顾及国之瑰宝。小屯一带私挖猖獗，不少外国人也染指其中。时间已经过去将近 30 年了，安阳小屯的地下还有甲骨文吗？这片殷墟遗址还有科学发掘的必要吗？

董作宾来到安阳，直奔彰德十一中学拜访校长张尚德。他们相谈甚欢并约好次日去小屯踏访。董作宾又来到东钟楼巷的遵古斋，求教于店掌柜王嘉瑞。在这里不仅了解到了有关小屯出土甲骨文的情况，也认识了被董作宾称为"真正的天才"的河北人蓝葆光，他以契刻甲骨文伪片而闻名彰德。董作宾看过蓝葆光的"大作"，由于他根本不懂甲骨文例，所刻卜辞简直是牛头不对马嘴。

到了小屯，董作宾听村人七嘴八舌地讲了二三十年来"挖宝"的情况，又独自沿着洹河西去，走了一会儿，看见地上的白点子，低下头去抠了出来，原来是一块刻字甲骨呢！一路上，他竟得到大大小小十几片甲骨，当然，都是些碎片片，上面字不多。在小屯村，董作宾还被告知，除了古董商的大肆收集，外国人也对甲骨文特别地垂青。为了发财，村民们大都投入其中。村上有个叫朱坤的地主，就组织了一个庞大的挖宝队，他让雇来的青年农民住在地里临时搭建的帐篷里，垒上炉子，支起大锅，正儿八经地干了起来。一见此景，邻家也不示弱，也雇人干起来。三弄两弄的，两家发生了冲突。主人一招呼，双方拉起架子，竟要决一死战。后来，还闹到了官府。县官下令：谁也不得再挖宝贝，这才偃旗息鼓。

董作宾回到广州，汇报了在安阳的考察情况，立即得到蔡元培院长的重视。没有几天，董作宾带着500元大洋的发掘费再次来到安阳，地方还派来保安护佑，中国文物考古史上首次独立进行的、对殷墟的科学发掘拉开了序幕。

让我们记住这一天：1928年10月13日！

从1928年至1937年，由此开始的殷墟科学发掘一直进行了15次之多，永远地载入了中国考古学的史册。董作宾参加了前7次和第9次发掘。董作宾是我国甲骨学和考古学的主要奠基者之一，他知识渊博，广泛涉猎古文字学、考古学、历史学、地理学、文学艺术等，为后世留下了大量的学术著作，奠定了我国田野考古学的基础，培养了一大批考古学专家。

董作宾到了台湾以后，受聘为台湾大学文学院教授，后担任"历史语言研究所"所长。离开了祖国大陆，离开了殷墟，困守孤岛，晚年的董作宾对甲骨学的发展趋势十分悲观。他在1956年所写的《甲骨学前途之展望》中说："展望世界，甲骨学的前途，甚是暗淡。甲骨学的沉闷，也就是中国史研究之消极停滞，茫无端绪了……"

◎ 罗振玉：毁誉参半说学问

一提起罗振玉，大家都知道他是一个顽固的清朝遗老，晚年甚至堕落到辅佐溥仪为伪满洲国效劳的地步。但在中国的学术史乃至甲骨学的发展史上，他却是一位赫赫有名的人物。

罗振玉，号雪堂，浙江上虞人。他做过清末的学部参事、京师大学堂农科监督等官，对中国古文化的研究颇得精髓，尤其长于金石考古。罗振玉年轻的时候在刘铁云家当过家庭教师，以至于后来他把长女罗孝则嫁给了刘铁云的儿子刘大绅。刘大绅是刘铁云的四儿子，刘铁云得了甲骨以后，还派大绅到河南一带去搜求过。听说刘铁云得手甲骨，罗振玉一直没有机会去看看。他跟刘铁云是儿女亲家，平时有一些走动。不过，罗振玉总是对刘铁云风风火火的脾气看不惯，总以晚清遗老自居，不赞成铁云的叛逆，也不赞成铁云的实业救国。

罗振玉第一次在刘铁云家看到甲骨文字的墨拓本时惊叹道："汉以来小学家若张、杜、杨、许诸儒所不得见也。今山川效灵，三千年而一泄其秘，且适我之生，所以谋流传而悠远之，我之责也。"感慨自己的无比幸运。在罗振玉的极力怂恿下，刘铁云的《铁云藏龟》才得以石印出版。也就是从这个时候开始，罗振玉认识了甲骨文字，1906 年，他任学部参事官，不仅广为收集古物，也着手调查甲骨的真正出土地。

当初古董商为了获取更大的利润，对甲骨出土地秘而不宣，以期封锁消息，囤积居奇。他们或言甲骨出自河南汤阴，或说出自卫辉等地，以致最初的学者信以为真，甚至盲目寻找而未果。直到 1908 年，罗振玉设计灌醉了上门的古董商，才打听到甲骨文的真正出土地在"洹滨之小屯"。翌年，罗振玉先派人到河南安阳搜求甲骨，1915 年，他又亲自到安阳作实地考察。

1916 年 2 月 25 日，罗振玉登上"春日丸"离开日本。28 日船到上海吴淞口，辗转月余，3 月 30 日赶到了他朝思暮想的安阳。站在小屯村北的洹河之滨，脚踏这块神圣的土地，罗振玉感慨良多。他终于还了自己积年已久的夙愿，亲自来到河南安阳的小屯村。

罗振玉对甲骨学有着重大的贡献：是他最早探知了甲骨文的出土地，并考证其地为"武乙之都"；他将甲骨文中的人名与《史记·殷本纪》中商王名相比较，发现其大部分相同；他在考释文字的基础上注意了对整条甲骨文卜辞的通读；在考释文字上，他提出"由许书以上溯古金文，由古金文以上窥卜辞"的方法，对一词的考释，必求其形声义的符合。这些都给后来考释古文字者以启迪。由于罗振玉在学术上取得的一系列重要成果，他被学界称为"甲骨四堂"之一。

罗振玉 1940 年 5 月 14 日死于旅顺，享年 75 岁。就在他辞世前的 1938 年，他自知天命将尽，自己写下了一副挽联，联云：

毕世寝馈书丛，得观洹水遗文，西陲坠简，鸿都石刻，柱下秘藏，抱残守缺差不幸；

半生沉沦桑海，溯自辛亥乘桴，乙丑扈跸，壬申于役，丁丑乞身，补天浴日竟何成。

◎ 王国维：拖着小辫子的国学大师

"甲骨四堂"中的另一位方家就是被后人称为"国学大师"的王国维。由于罗振玉和王国维在甲骨学上的卓越贡献，也有人把甲骨学称为"罗王之学"。

王国维是我国近代最著名的学者之一。在他短短的 50 年的人生历程中，为我们留下了 60 多部学术著作。郭沫若在评价王国维时说："他留给我们的是他知识的产物，那好像一座崔巍的楼阁，在几千年的旧学的城垒上，灿然放出了一段异样的光辉。"

王国维 1877 年出生于浙江海宁。1898 年 2 月他离开家乡来到上海，在《时务报》谋求了一份工作，虽然到了大上海，但他依旧是在海宁的那身打扮：头戴一顶瓜皮小帽，身着青马褂、蓝长衫，布鞋布袜，身后拖着一条小辫子。在上海期间，王国维结识了罗振玉。其后 8 年，二人形影不离。

1911 年辛亥革命爆发，盛极一时的清王朝灭亡了。罗振玉以大清遗老自居，决心东渡日本而去。临行之前，他想起了以前合作的老伙伴王国维。他劝王国维与他同行。罗振玉在京都田东村建了一处乡村别墅式的新屋，1914 年王国维与罗振玉共同出版了《流沙坠简》一书。也是这一年，罗振玉的《殷墟书契考释》出版了。

1916 年 1 月，王国维在日本寓居 4 年之后回到了上海，一头扎进了英籍犹太人的哈同花园，成了哈同、罗珈琳的门客，当上了广仓明智学院的教授。1917 年，王国维登上了甲骨学研究的高峰。他所写的《殷卜辞中所见先公先王考》被誉为甲骨文发现 19 年来第一篇具有重大学术价值的科学论文。让我们听听郭沫若是怎么评价王国维的："卜辞的研究，要感谢王国维。是他，首先由卜辞中把殷代的先公先王剔发了出来……王国维的业绩，是新史学的开山。"王国维的论文刚发表，罗振玉就致函说，自己虽接触甲骨文较早，但在考释方面却"未敢自任"。

2000 多年前的司马迁写《史记》的时候，有什么根据吗？可信的程度怎么样？不少人大打折扣。有的学界人士说，《史记》只能说是无韵之《离骚》，并非史家之绝唱！王国维从甲骨文发现了商代诸王的排列，写出了《殷先公先王考》一书，纠正了《史记》中记载的个别错误，证明了司马迁的《史记》的确是一部信史。

1922 年，王国维的"小辫子"受到了重用。末代皇帝爱新觉罗·溥仪"降旨"给他，让他出任"南书房行走"，官位五品。他自然是感恩戴德，受宠若惊。1927 年，国民革命军北伐，京师动摇，人人自危，草木皆兵。诸事不顺，难以释怀，王国维苦于没人可说，整日独自徘徊。这年的 6 月 2 日，王国维从别人那儿借了 5 元钱，说有事外出。他一人步出清华园校门，登上了一辆人力车，径直向颐和园奔去……得知王国维出门未归的消息，清华大学一下子恐慌起来。学生们到处查找，得知是去颐和园了，十多个学生一路打问，终于远远看见昆明湖中的淤泥里，静卧着王国维的遗体……一代国学大师就这样无声无息地走了，到底是为了什么？留下了近代中国文化史上的一大谜团！

◎ 中国第一位人类学博士李济先生

中国第一位人类学博士李济先生是湖北省钟祥人（1896—1979），1907 年他随父亲到北京读书。辛亥革命前夕，14 岁的李济考入留美预备学校清华学堂，1918 年毕业后即被派往美国留学，在麻省克拉克大学攻读心理学和社会学专业，1919 年获心理学学士学位，1920 年获社会学硕士学位。1920 年，李济入哈佛大学攻读人类学专业，1923 年获哲学博士学位。归国后即任南开大学教授、文科主任，时年 27 岁。1925 年任清华学校国学研究院人类学讲师，与著名的四大导师梁启超、王国维、陈寅恪、赵元任同执教鞭。

1928 年，国民政府在南京成立了中央研究院，由蔡元培先生担任院长，经人举荐，李济入盟中央研究院历史语言研究所，着手主持安阳殷墟的发掘工作。此后的 51 年时间，李济一直没有离开他自己钟爱的考古事业。李济受过西方教育，对近代考古学方法有所领悟，所以，他一接手殷墟发掘就出手不凡。1928 年到 1937 年全面期间，安阳殷墟一共进行了 15 次科学发掘，其中李济先生直接领导的就有 5 次。20 世纪的二三十年代，中国一直内战不断，河南安阳一带更是兵匪横行，治安混乱。"九一八"事变之后，从事发掘的考古工作者们，一个个摩拳擦掌，恨不能赶赴前线去痛杀敌人。李济冷静地说："我们时常扪心自问，我们这种工作，在现在所处的环境中是否是一种浪费？我们并不懊悔我们职业选择的荒唐，但那放下铲子扛枪赴前线去打仗的冲动是完不了的，并且是很强烈的。"他想起了英国的埃及学家裴居离爵士。当年，在欧洲战争期间，裴居离爵士也正在考古工作的现场。他也曾想拿起枪，去参加保卫祖国的战斗。然而，裴居离爵士的志愿始终没有具体化。李济说，现在我们既然还没有机会表达我们的这种志愿，那么，就只有继续我们原来的工作了。就在此时，蔡元培院长心情沉重地为之题字"风雨如晦、鸡鸣不已"，让人送到了安阳考古发掘的现场，他们将这幅题字挂到墙上，互相勉励。

从1928年到1937年全面抗日战争爆发前夕，安阳殷墟的科学发掘历时10年，获得巨大的成功。它所获得的成就，表现出了李济等老一辈考古学家深邃的学识智慧、坚忍不拔的毅力、杰出的组织才能和宏伟的气魄。李济先生在参加殷墟工作之始，就跟所内同人约定：一切出土物全部属于国家财产，考古组同人自己绝不收藏古物。

李济一生学术上的主要成就是：以殷墟发掘资料为中心，进行专题和综合研究，建立了殷商文化在历史上的地位。亦初创了中国考古学嗣后70年间研究古代陶器、青铜器、石玉器方法的基础（美国哈佛大学人类系主任张光直语），其中他花费精力最大的是对殷墟陶器和青铜器的系统研究。著有《殷墟器物甲编：陶器》，在与他人合著的《古器物研究专刊》中，对殷墟发掘所获170件青铜容器进行了全面的探讨。其他论著，中文有《西阴村史前遗存》《李济考古学论文集》等，英文有《中国民族的起源》《中国文明的起源》和《安阳》等。1949年，李济先生离开了大陆，一直到他1979年逝世，还依旧关心着安阳殷墟发掘的考古事业。李济先生一生著作 120 多部，可谓著作等身。

◎ 傅斯年：尽职卅载的历史语言研究所所长

　　傅斯年（1896—1950），字孟真，山东聊城人。早在北京大学读书期间，他就积极参加"五四"新文化运动，创办《新潮》杂志，宣扬"民主""科学"等西方新思想、新学理，名震一时。1920 年初，他启程赴英国、德国留学，初攻实验心理学，后治哲学，兼读历史、数学、物理学、语言学、人类学、比较考古学等科。1921 年底回国，受聘担任中山大学教授，兼文学学长及国文、历史两系主任，后受命筹建中央研究院历史语言研究所，任所长一职长达 30 余年，直到去世为止。

　　中央研究院历史语言研究所主持了中国考古史上多次重大发掘，如安阳殷墟、城子崖等。抗日战争期间，该所继续在西南、西北等地从事考古活动，并在整理、研究考古发掘物方面有巨大的成就，为建立科学的考古学筚路蓝缕。傅斯年倡导的"近年的历史学就是史料学"，即是建立在考古学迅速发展的基础之上的。此外，他广延人才、

培植新秀，为考古学的薪火相传呕心沥血，体现了一代学者对考古学的关心与重视。本文主要探讨傅斯年在考古实践，即他任历史语言研究所所长期间对考古学的发展所做的推进作用，以及他在考古学理论和方法上的特殊贡献，借以说明中国考古学的发展并不是一帆风顺的，而是历尽曲折，经

过众多学者长期不懈、共同奋斗的结果。

早在李济就任考古组主任之前，傅斯年便派董作宾赴安阳进行初步调查，并做了第一次试掘，取得了丰硕的收获。初战告捷，令人鼓舞。傅斯年之所以选择安阳殷墟，是基于"安阳之殷墟，于三十年前出现所谓龟甲之字者。此种材料至海宁王国维先生手中，成极重大之发明。但古学知识，又不仅在于文字。无文字之器物，亦是研究要件。地下情形之知识，乃为近代考古学所最要求者。若仅为取得文字而从事发掘，所得者一，所损者千……此次初步试探，指示吾人向何处工作，及地下所含无限知识，实不在文字也"（傅斯年语）。从中可以看出傅斯年对考古学的理解很彻底、很全面。因此，李济到任后，便立即主持了第二次发掘。比起第一次来说，这次发掘更符合近代考古学的标准，除系统地记录和登记发掘出的每件遗物的准确出土地点、时间、周围堆积物情况和层次之外，还要求每个参加发掘的工作人员坚持写下个人观察到的及田野工作中发生的情况的日记，因而第二次发掘的成果更为显著。此后，在傅斯年的全盘统筹之下，考古组排除种种困难。这些困难既有经济上的资金不足，又有政治上与地方政府的矛盾。傅斯年总是想方设法加以克服，保证了殷墟发掘工作的顺利进行。

傅斯年在历史学研究方面，主张"上穷碧落下黄泉，动手动脚找东西"，重视考古材料在历史研究中的作用，摆脱故纸堆的束缚，同时注意将语言学等其他学科的观点方法运用到历史研究中，取得较高的学术成就，在现代历史学上具有很高的地位。他的主要著作有：《东北史纲》（第一卷）、《性命古训辩证》、《古代中国与民族》（稿本）、《古代文学史》（稿本）；发表论文百余篇，主要有：《夷夏东西说》《论孔子学说所以适应于秦汉以来的社会的缘故》《评秦汉统一之由来和战国人对于世界之想象》等。有《傅孟真先生集》6册。

◎ 永垂史册的殷墟科学发掘

殷墟科学发掘已经 92 个年头了。

2018 年 10 月 13 日，被誉为中国考古学"摇篮"的殷墟迎来其科学发掘 90 周年华诞，"殷墟科学发掘 90 周年纪念大会暨殷墟发展与考古论坛"当天在殷墟所在地河南省安阳市举行，来自海内外的考古学专家学者 200 多人共襄盛会，纪念殷墟考古先贤贡献，总结殷墟发掘 90 年来考古成果，研讨未来殷墟考古传承与发展。纪念大会向为殷墟考古做出过突出贡献的考古工作者代表颁发殷墟考古发掘"功勋人物"纪念章和纪念证书。为殷墟考古做出过突出贡献的考古工作者代表——中国社科院考古所研究员郑振香、杨锡璋、刘一曼、徐广德、刘忠伏和原安阳市文物工作队队长孟宪武，颁发了殷墟考古发掘"功勋人物"纪念章和纪念证书。

1928 年 10 月 13 日，民国时期的中央研究院历史语言研究所组织对殷墟进行了第一次科学考古发掘，这是殷墟科学考古发掘的肇始，中国考古学也由此开启了一个新的时代。作为中国持续发掘时间最长的遗址，殷墟经过 90 年的科学发掘，逐步揭示出商晚期都邑的整体布局和时代风貌，并成为华夏文明进入历史时期的重要标志。考古学家认为，殷墟 90 年的科学发掘史，就是中国考古学的成长史。

20 世纪初的中国史坛，疑古之风盛行一时。不要说中华 5000 年的文明史，就是已有记载的上古社会的夏商周也有人站出来否定。这就不难理解，为什么前中央研究院一成立，第一件事就是殷墟发掘了。史语所派董作宾先到安阳走一趟，基本上摸清了小屯的情况。虽然经历了近 30 年的盗掘，殷墟的甲骨文不但没有挖完，可能还有一些大的墓葬等仍待发掘。加之宋时起安阳一带就有青铜器流传于民间，以致吸引了不少的古董商。当初，甲骨文的发现与认定，不就有古董商的参与吗？

其实，在21世纪初叶，科学的田野考古工作已经在西方展开。他们的田野考古已经经历了一个世纪的发展过程。地质学、古生物学、考古学的田野工作者散布于世界各地。西方列强看中了中国这块肥肉，纷纷向中国伸出了魔爪。辛亥革命以后，中国人民开始觉醒了，近代的考古学已为他们所接受。

1916年，中国出现了第一个近代意义上的"地质调查所"，农商部奉政府之命在北京组织了这个机构，它的带头人就是在英国受过教育的著名地质学家丁文江，他们曾经进行了北京周口店猿人化石的发掘与研究。

1928年5月，"五四"运动的领导人之一、时任广州中山大学文学院教务长的傅斯年出任前中央研究院历史语言研究所代理所长。傅斯年对中国古籍造诣颇深，他曾经到英国、德国学习。入主史语所后，他立即想起了当时中国流行的一个口号，那就是：上穷碧落下黄泉，动手动脚找东西。

1928年10月，前中央研究院历史语言研究所在广州成立。建所伊始，就派董作宾到安阳进行了一番调查研究。董作宾当时30岁刚出头，是五四运动天然的追随者。派他到河南安阳进行调查，一个他是河南人，再者他头脑灵活。听了董作宾从安阳返回汇报，傅斯年立即决定，马上着手安阳殷墟的科学发掘。为了保证发掘工作的顺利进行，蔡元培致函当时驻军河南的冯玉祥总司令，请他派安阳的驻军对发掘现场加以保护。受命担任所做的第一次殷墟发掘的组织者，就是先期来安考察的董作宾。

1928年10月7日，董作宾来到安阳。他立即赶往设在鼓楼以南东大街的县政府。谈了情况，县长陈信表示赞同，马上以县政府名义发布布告，并从县民团里派了十几个人，驻进小屯村加以保护。那时的安阳，社会极不安宁。不仅土匪猖獗，还不时听到绑架案。县民团派来的官兵，日夜警戒，不敢怠慢。

1928 年 10 月 13 日，这一天对于安阳、对于中国考古界、对于中国考古学史来说，都是一个值得大书特书的日子。由中国人自己主持的近代考古挖开了第一锹。这次发掘一共进行了 17 天，到 10 月 30 日正式结束。他们选择了三个发掘地点：两个在小屯村东北洹河西岸的农田里，还有一处在村中。第一次发掘获得甲骨 800 多片，其中 500 多片是龟板。还有一批陶器、骨器、石器、玉器、铜器，以及 1000 多片没有字的骨头。他们以无可争辩的事实向世界证明：中国人崛起的时代已经来到了！同时，首次殷墟发掘还证明了一点：殷墟，这一上古人类繁衍生息的地下宝库只是刚刚揭开它神秘面纱的一个小角儿，它预示着将有一系列价值连城的国之瑰宝获得新生。殷墟发掘的成功，极大地鼓舞了年轻的中国考古工作者，他们决心为之奉献毕生的精力。

仅仅隔了一个月，李济加盟前中央研究院历史语言研究所，出任考古组组长。由李济主持发掘，他理所当然地邀请已经熟悉情况的董作宾一同再次来安阳，董作宾欣然前往。实际上，当李济第一次看到董作宾所写的报告时，他就已经断定，小屯明显是商代的最后一个首都。

李济 1896 年 6 月 2 日生于湖北钟祥县。早年毕业于清华学堂，后来官费到美国攻读社会学、心理学、经济学等，1920 年进入著名的哈佛大学研究院攻读人类学，获博士学位。李济回国后先后到南开大学、清华大学教授人类学和考古学。从 1928 年进入研究院史语所，其后的 51 年里，他就与殷墟的发掘和研究结下了不解之缘。他曾经主持了殷墟第 2、第 3、第 4、第 6、第 7 次发掘。

多年来，李济反复对青年考古工作者和他的学生讲述老一辈科学家所乐道的一个找网球的故事：一个网球掉到一大片茂密的草地里去了，又不知球是从哪个方向进去的，你怎么去找？不同观点的人采取不同的方法。其中唯一正确的方法是，把草地划分成许多行，从一边开始，由这一头走向那一头，逐行地按部就班地去找。这是最科学、最简便的找法。

李济是 1928 年 11 月到任史语所的。12 月 1 日，他马不停蹄地赶到开封。在那儿，他见到了主持第 1 次殷墟发掘的董作宾，商定第 2 次发掘的计划。1929 年 3 月，李济把办事处设在了袁世凯曾经隐居的洹上村。3 月 7 日，第 2 次发掘再次开锣。

1929 年 10 月 7 日，李济率考古团再次来到安阳殷墟开始第 3 次发掘，他们已经摸索了一套行之有效的方法。10 月 21 日，风云突变。河南省博物馆馆长何日章匆匆自开封赶来，说是奉了上头的使命，要进行殷墟发掘。原来，中央研究院历史语言研究所考古团为了进一步研究，曾将部分出土的古物运出了河南。10 月 8 日，《河南教育报》刊发了一篇题为《安阳龟骨文字将自动发掘，中央研究院不遵协定潜运出境，何日章呈请自掘已有眉目》的消息。消息说：原先商定好所发掘的古物暂存安阳中学。"近据安阳中学校长报告，谓彼等竟将掘出器物潜运出省，并中研所特派员仍拟于本期十月赴安继续开掘。……"何日章来势汹汹，大有阻止发掘进行的意思。小屯发掘工地上，气氛剑拔弩张，一触即发。何日章的手下人告诉董作宾说："你们赶快收摊儿回家，这是河南的地盘儿，你们外省人怎么能到这儿来挖宝呢？"董作宾义正词严地说："我们是中央研究院派来的。任何人不得乱来！""中央研究院？谁代表中央研究院？""中央研究院蔡元培院长已经给冯玉祥将军写了信，让部队保护我们呢！""那我不知道，我只知道小屯在我们河南境内。我还知道河南督军韩复榘有令，要挖宝，我们自己来！"

董作宾一行挡也挡不住，眼看就要兵刃相见。这一下可是惊动了安阳县县长。这县长一看情况不妙，一句话也不敢说。只得站在双方之间，左说右劝，不敢偏袒。史语所董作宾一行仗着有中央研究院做后盾，加之对殷墟考古负责的精神，自然是一步也不相让。何日章依仗自己是地头蛇，又有韩复榘的手令，也是越说越上劲。当时，董作宾住在十一中学里，何日章也带人住进了十一中学。争执的双方相持不下，只好各自给上司发了电报，争取支持。

第二天，李济与董作宾匆匆赶回北京，紧急报告历史语言研究所所长傅斯年。中央研究院院长蔡元培呈请国民政府，并奉主席的命令，打电报给河南省政府，请他们继续保护中央研究院的发掘工作。并让何日章无条件地停止发掘，以免造成破坏。后来，双方终于在达成了几条协议之后，平息了矛盾。11 月 15 日，发掘工作才走向正轨。

说到安阳殷墟发掘，还有一个必须提及的人物，那就是梁启超之次子梁思永。梁思永 1904 年出生于广东新会。梁思永青年时期就发奋努力学习，1923 年，他毕业于清华大学留美预科班。1930 年，从美国哈佛大学研究院考古学专业毕业，加入了中央研究院史语所考古组。他曾经主持过殷墟第 10、第 11、第 12、第 14 次发掘。

就在 1928 年 10 月，前中央研究院开始殷墟发掘以后，小屯以及周围的盗掘者，仍然蠢蠢欲动，偷偷摸摸地在自家院里甚至屋里"挖宝"。他们之中一些人，勾结地痞、流氓和大烟鬼、官绅，竟大鸣大放地干起来。掌管洹水两岸大权的北区区长，竟然成了盗掘古物的"领袖"人物。古董商投其所好，买通了他，就可以坐地分赃。可见当时的外部环境是多么的恶劣。

1933 年，侯家庄有人挖出了大量的青铜器，据说有几件青铜器体积很大，而且一出土，就被古董商秘密买走了。虽然这个暴发户守口如瓶，但还是走漏了消息。不仅附近三里五村妇孺皆知，就连安阳城里也传得沸沸扬扬。此时，第 10 次殷墟发掘正在筹备中。当梁思永听到青铜时代的墓葬被盗的事以后，深知墓葬就在侯家庄附近，决定采取果断措施，集中力量，在这一带寻找大墓。

刚刚走出北京大学校门的胡厚宣先生和他几位年轻的同伴，协助梁思永进行了这次发掘。果然，他们成功地找到了墓地的位置——侯家庄西北的一处土岗，当地人叫它西北冈。在西北冈进行的三次发掘中，一共揭开了1267个墓葬，其中1232个为商代墓葬。1000多个商代墓葬中，有10个墓地下建筑规模宏大。在侯家庄的发掘中，出土了一批现实主义与浪漫主义相融合的石刻。这些石刻中有人、龟、蛙、虎头、鹰头以及两面兽等。这些精致的石刻不仅造型奇特，而且线条流畅。与之相比，中国后世的那些石刻会显得黯然失色。最有意义的是，在这些3000多年前的商代的石刻中，我们分明可以看到，就连当今现代派所崇拜的毕加索风格，也似乎能从中体味出来。

从1928年到1937年全面抗日战争爆发前夕，安阳殷墟一共进行了15次科学发掘，历时10年，获得巨大的成功。它所获得的成就，表现出了我国老一辈考古学家深邃的学识智慧、坚韧不拔的毅力、杰出的组织才能和宏伟的气魄。如果细分一下的话，殷墟发掘还可以分成三个阶段：1928年至1934年为第一阶段，进行了9次发掘；1934年至1935年为第二阶段，进行了3次发掘；1936年至1937年，进行了3次发掘。15次发掘，总的面积达到了46000平方米。发掘了宫殿区、王陵区，以及后岗等11个地点。

当时的中国真可谓是千疮百孔。1931年9月18日，日寇侵占了我国东北。这并不是它的最终目的，他们还觊觎着我国的广袤领土。史语所的学者们，个个都是热血青年，一想到日本侵略者的罪孽，就都摩拳擦掌，恨不能赶赴东北，与之决一死战。

1931年11月7日，在日寇侵华的阴霾之中，第5次殷墟发掘又开始了。这次发掘之后，国难更加沉重。8月13日，日本的军舰以重炮向上海闸北猛轰，海军陆战队也趁势从江湾进攻。鬼子的军队也由1万人左右，猛增到20余万人。300多门大炮、200多辆战车，以及飞机、军舰，形成了对上海的全面攻势。11月12日，上海陷落。日军进入上海市区，杀人放火，无恶不作。连著名的东方文化图书馆也难以幸免，成了他们摧残的目标。无时不在关心着殷墟发掘的蔡元培院长心情十分沉重。他提笔写下了"风雨如晦、鸡鸣不已"的字幅，让人送到了安阳考古发掘的现场，挂到了他们住室的墙上。每当又传来什么不好的消息，他们就看看蔡院长的这幅题字，互相勉励。

第6次发掘出土的陶器非常多，不仅有大量的陶片，接近完整的陶罐也不少，拼对到一起的就有差不多百十件。前前后后往史语所运了300多箱。

1934年的春天，安阳殷墟开始了第9次发掘。由于当地土匪与古董商的勾结，私人盗掘越来越严重。私人盗掘，其实就是延续了2000多年的"挖宝"。他们偷偷摸摸地挖开一个坑，只管找甲骨片和青铜器。至于什么夯土、瓦片之类与考古有关的线索，盗掘者根本不管他三七二十一，统统破坏掉了。有时候，瞎猫碰到了死老鼠，盗掘者也会发现大宗的甲骨。所以，这次发掘一开始，就再次向当地的老百姓宣布：政府严格制止私挖甲骨……侯家庄有一个老户人家叫侯新文的，看到别人在自家地里刨出了铜器和玉器，换回了白花花的大洋，他也想试试运气。当时小屯有这样一句话，遍地是黄金，单等有福人。侯新文邀集了几个人，就在自家的亩把地里刨起来。几个人挖了一整天，那块地里左一个坑，右一个坑的，眼看着好端端的耕地成了蛤蟆窝，侯新文心里别提有多着急。他一着急，请来的帮工也一个个地败了兴，不一会儿，就作鸟兽散了。侯新文无精打采地从一个大坑里爬出来，朦朦胧胧地，他突然看见暮色苍茫中好像有一堆甲骨！爬近一看，只是一些碎片而已。一天的工夫，就发现了这么一点点，他立即脱下自己的衣服，小心翼翼地把它们捡了回来。入夜，在昏暗的油灯下，他一片片地清理着所得的甲骨碎片。甲骨上的字很小，油灯又暗，他生怕漏掉一片有字的甲骨。侯新文以前听别人说过，凡是有"火号"的骨头，就会有字。他就着意地从甲骨背面找那些"火号"。所谓"火号"，就是当时占卜时在甲骨背面钻下的小坑坑。一片片清，一片片洗，他果然找到了几块刻字的甲骨。

1928年殷墟发掘开始以后，真正刻字的甲骨在古董店里几乎断档了。古董店里稍微像样的甲骨片，大都是蓝葆光私下刻的。侯新文偷偷到了古董店，找到肆主王嘉瑞，想讨个好价钱。谁知他是狮子大张口，简直要出了天价！要归要，给归给。王嘉瑞执意不给，终究没能达成一致。

3月29日，有知情者把这一情况告诉了主持发掘的董作宾先生。董作宾得知消息，怕一下拿不准，就假扮一个古董商，到了侯新文的家里。侯新文一看是古董商上门来了，这下可以卖个好价钱了。董作宾假作不识货的样子，说是先取一块样子辨辨真伪。碰巧的是，正好徐旭生先生路过安阳，他们认真一辨识，断定这是商代晚期的文字。特别的是，这些甲骨又是从洹河以北发现的，这里已经远离了小屯村，显得尤为有价值。

4月2日，是一个晴朗的好天气。一大早，后冈那边的工作人员和保安队都来到小屯集合。这时候，请来了保长和侯新文。说明情况之后，侯新文看看已没有回旋的余地，也只好交出了他盗掘所得的甲骨。经清点，这些甲骨一共有31块，其中有字的26块。由于侯新文的积极配合，当即由考古组付给了他一些现钱，以示表彰。当天下午，考古组的工作人员又找到了侯新文挖的那个大坑。在清理大坑时，又发现了6块粘在一起的龟腹甲和一块龟背甲。

1936年3月18日开始的第13次发掘，是由郭宝钧先生主持的。

这次发掘发现了著名的 HY127 灰坑。现在，在安阳殷墟所在地建成的殷墟博物苑内，还保留着 HY127 灰坑的遗址。

一直到 1937 年 6 月 19 日，第 15 次殷墟发掘结束。一方面安阳马上就要进入雨季了；另一方面 18 天以后，日军便发动了震惊世界的卢沟桥事变。殷墟发掘被迫停止。

殷墟的 15 次发掘，共出土殷商甲骨 24918 片，青铜器数以万计，以及大量的祭祀、劳动、生活用品和工具。先后有 40 多位著名的学者参加了发掘工作，他们一边发掘，一边研究，成为我国甲骨学研究的又一代奠基者。10 年辛勤工作，他们理直气壮地向世界宣布：安阳殷墟，就是商代的最后一个稳定的都城，八代十二王在此建都，直至商代灭亡。

甲骨文的发现、殷墟的发掘与研究，把我国的信史提前到 3000 多年。近 90 年的殷墟考古发掘，发现了大量的各类居址、墓葬，以及有关生产、生活的遗迹，出土了数以万计的丰富多彩的文物，使我们对殷代政治、经济、文化、社会生活、自然环境等方面有了具体的了解，对研究殷代社会史及中国古代史有着重要的意义。

◎ 中国现代考古学家梁思永先生

中国现代考古学家梁思永（1904—1954），为梁启超的次子。原籍广东省新会县。光绪三十五十月七日（11 月 13 日）生于日本横滨，1954 年 4 月 2 日卒于北京。

梁思永 1923 年毕业于清华学校留美预备班，随后去美国哈佛大学研究院攻读考古学和人类学，1930 年获硕士学位。归国后在中央研究院历史语言研究所考古组工作，对中国田野考古走上科学的轨道起了积极的推进作用。先后主持和参加的重要发掘有：新石器时代的昂昂溪遗址、城子崖遗址和两城镇遗址、安阳殷墟和侯家庄商王陵区，以及后冈遗址等，从20 世纪 40 年代初期起，因肺结核症加剧长期卧床休养。中华人民共和国成立后被任命为中国科学院考古研究所副所长，在病床上主持日常工作，为该所的建立和考古事业的发展做出了贡献。

梁思永在学术上的重要成就是，通过后冈遗址的发掘，第一次从地层学上判定仰韶文化、龙山文化和商文化的相对年代关系，解决了中国考古学上的这一关键性问题。他在侯家庄商王陵区主持了中国考古学史上少有的大规模发掘，发掘 10 座大型陵墓和上千座"人牲"祭祀坑，揭示出商代奴隶社会阶级压迫的残酷状况，为中国古代社会的研究提供了重要的科学资料。1930 年用英文发表的《山西西阴村史前遗址的新石器时代的陶器》一文，是中国国内对仰韶文化认真进行比较研究的第一篇论著。他最早对龙山文化作综合性论述，通过对龙山文化的面貌和特征的初步概括，预见到该文化将能划分为不同的区域类型，并探讨了龙山文化和商文化的密切关系。他主持编写的《城子崖》（1934），是中国第一部田野考古报告。他的单篇论文汇编为《梁思永考古论文集》（1959）。未完稿的侯家庄王陵区发掘报告，由高去寻辑补为《侯家庄》一书多册，在台湾地区陆续出版。

梁思永是中国第一个受过西方近代考古学正式训练的学者，是中国近代考古学和近代考古教育开拓者之一，近代田野考古学的奠基人之一。梁思永通过一生的田野实践和辛勤劳动，为中国近代考古学的发展壮大及考古人才的培养做出了积极的贡献。特别是新中国成立以来，他还为新中国考古事业的建立和考古学学科规划付出了艰辛的努力，这在中国考古学史上是功不可没的。梁思永的许多学术活动，赢得了国内外考古学界的大力赞誉。他具有中国特色的考古学，突出了中国考古学在世界考古学史上的地位，使中国的考古学事业进入了一个崭新的历史时期。

◎ 百岁石璋如先生：一个时代的结束

2004 年 3 月 18 日，当年参加殷墟科学发掘的最后一位考古大家石璋如先生驾鹤西去，标志着一个时代的辉煌谢幕。

石璋如 1900 年 10 月出生于河南省偃师县，是当年史语所在河南安阳殷墟发掘中寿命最长的鸿儒之士，1978 年荣获"中央研究院"院士。

当年史语所殷墟发掘团在第 3 次发掘期间遭阻挠，所长傅斯年亲自与当地政府交涉，在河南大学下榻，并且利用晚上的时间进行演讲，石先生也亲逢盛会。为谋求中央学术和地方政府合作，河南省政府教育厅遴选学生参与发掘团，作为河南大学文史系三年级学生的石璋如及刘耀（尹达）就被派往安阳参加殷墟的第 4 次发掘，从此与考古工作结下不解之缘。

考古田野工作有时很快乐，但挖掘也是一件危险的事。在对小屯进行第 8 次挖掘时，石先生在探坑中画层位图，突然坑壁塌了，把他的双脚压得肿胀麻木。又有一回，石先生在西北冈深坑下发现异样，于是便下去观察，刚上来坑壁就塌了，两名工人立即被埋入土中。

对出土文物的处理，也考验着发掘者的智能。侯家庄出土的大龟七版，被包在坚硬如石的泥块中。石先生一伙人挑灯苦思，商讨出以毛巾热敷在泥块上，待它软化后再慢慢把泥块拨除的方法，最后终于把甲骨取出。

举世闻名的 YH127 甲骨坑的发现也是充满了戏剧性。1936 年 6 月中旬，地处豫北的安阳这时候的天气已经开始炎热起来，当时正在进行的第13次发掘就要结束了。一般考古工作，烈日炎炎且多雨的夏季和隆冬是要停止的。

6月12日下午天气炎热，在清理一个编号为H127灰坑的时候发现了甲骨文。开始，并没有引起特别的重视，以为只是一个小小的灰坑而已。结果一动手发掘，仅仅一个多小时的时间，就出土了3760块龟板，这下子，考古工作者精神大振！落日时分，他们决定次日再次发掘这个灰坑，本次发掘也就可以大功告成了。

谁知道，他们还是估计不足。第二天一整天，几位考古学者才刚刚清理出表面上的一部分甲骨文来。如此进度，恐怕不是十天半月可以完成的。天气热不说，雨季随时都可能到来，社会面上又不安宁，看来，一定得想个办法了。

为了争取时间，又怕暴露在地上的甲骨被晒坏，两难之际，不知道是谁提出一个貌似荒唐的提案，那就是做个大木箱，把整个甲骨坑带土装进去，运到室内再继续清理。方法是笨点，但是实在没有更好的法子了。

于是，他们一拨人连续奋战四个昼夜，把这块巨大的珍贵宝物周围挖透。然后制作了一只没底儿的巨型大木箱子套在宝物周围，又从下面封上了箱底。如此这般一个用厚木板制作的重达三吨多重的大木箱封好了。问题又出来了，在没有起运设备又没有像样的道路的当年，搬运如此重物可谓难矣！况且，还要运到好几里地以外的火车站托运

到南京呢！

一筹莫展之时，参与发掘的当地民工想到了当地出殡用的棚杠队。安阳一带有钱人家过去出殡很隆重，都是数十人抬着挂满龙凤的棚杠，吹吹打打招摇过市的，据说袁世凯出殡的时候也就是这么抬过来的。于是，考古队在附近村上找来了六七十位精棒的小伙子，先是挖个斜坡，前面用绳索拖，下面用木棍垫，把大木箱从坑里拉出了地面。又找来硬朗的木杠，请来有经验的技师相互绑搭在一起，就如同当年袁世凯出殡一般……都准备好了，一声号令，一起站立，关键一刻——杠子断了！最后，还是木箱下面放上原木，70来个人前拉后推地弄了三天，才到了火车站。怎知火车才走到徐州，车厢就被这沉重的装满甲骨土石的特大"包裹"给压坏了，最后费尽心血才成功把木箱运到南京。

直到 7 月 12 日，大木箱才运到了南京历史语言研究所。此后一连八个月时间，著名甲骨学大师胡厚宣先生带领工人进行仔细地剥离，终于清理出甲骨片 17096 片！这批甲骨文基本都是龟板，有的龟板上面还有毛笔书写的痕迹，专家推论，其中许多特大的龟甲，估计来源于南方甚至马来西亚一带！看来这坑甲骨是当时有意的窖藏，因为，还有一具人骨就在旁边呢，我们权且说他是中国最早的档案管理员吧！一直忠于职守3000多年。

石先生等考古前辈对文物的保护工作，有时甚至还得冒上生命危险。靠挖宝发财的地方人士怕考古发掘使他们断了财路，盗墓者更是猖獗。虽然史语所的发掘有与政府签约，并获得军队的保护，但盗墓者仍不死心，常常放枪恐吓在田野坑边守护的工作人员，尤其是当有重大发现时。盗墓者放枪，石先生等人便躲在土堆后面，等待军队出来救援，绝不离开，要不就让盗墓者有机可乘了。

1945年台湾光复后，发掘殷墟的考古学者如李济、石璋如、董作宾等人随着史语所迁台。1961 年后，石璋如先生渐渐退出台湾考古舞台，专注整理、研究由大陆带来台的安阳殷墟出土的资料。他最大的成就，是依据殷墟地面上及地面下的建筑遗存及墓葬的研究，复原了地上的建筑物，并将复杂的考古现象加以关联，以探求殷代的营造仪式、兵马战车的组织及宗法礼制等，重建当时的制度。

据说在石璋如先生弥留之际，他对学术仍充满雄心，病中的梦话常是安阳、小屯等地名，或是与考古伙伴在田野工作的情形……实在感人至深！

◎ 甲骨学研究里程碑人物——"甲骨四老"

2004 年 8 月在安阳举办的殷商文明国际研讨会闭幕式上，中国殷商文化学会会长王宇信先生正式提出了"甲骨四老"的说法，得到了学界的普遍认同，这是继"甲骨四堂"之后，中国甲骨学史上又一批里程碑式的人物——他们分别为：陈梦家、唐兰、于省吾、胡厚宣。

陈梦家（1911—1966），我国著名的古文字学家、考古学家、诗人。浙江省上虞县人。他早年师从徐志摩、闻一多，是新月派的重要成员之一。1931 年 20 岁的陈梦家编辑了一本《新月诗集》，书中也收有他自己的诗。陈梦家曾于南京中央大学、北平燕京大学学习法律、古文字学等，后留校任教，主讲古文字学、《尚书》通论等课程。1944年赴美国芝加哥大学讲授中国古文字，并搜集了流散在美国、加拿大、英国、法国、瑞士、荷兰等欧美国家的中国青铜器。

1947 年在游历了英国、法国、丹麦、荷兰、瑞典等国后，陈梦家先生于同年秋季到清华大学任教。1952 年任中国科学院考古研究所研究员、《考古学报》编委、《考古通讯》副主编等。著有诗集《梦家诗集》《不开花的春》《铁马集》《在前线》《梦家诗存》,及《论著》等多种。

他在语言文字学领域的贡献主要集中在他对甲骨文、殷周铜器铭文、汉简和古代文献的综合研究方面。他对甲骨文的研究一开始比较注重文字的分析和寻求卜辞中的礼俗。后从青铜器断代研究中得到启示,从断代入手全面研究卜辞。他在甲骨文研究方面的代表作为《殷墟卜辞总述》,该书是甲骨学史上少见的较早的大型综合性研究著作。全书70多万字,共分20章。从语言文字学角度看,其中的"文字""文法"两章最为重要。在"文字"一章中,他概述了以前诸甲骨学家对甲骨文的考释方法,同时他还对汉字的起源及构造提出了自己独特的看法,并密切联系汉语特点开查汉字的构造。在"文法"一章中,他提出卜辞是研究中国语法史的最早材料,可以从中开始寻求汉语语法发展的规律。该书对研究古代史地、语言文字和考古学都具有重要的参考价值,在国内外产生较大影响。他在铜器研究方面的代表作是《西周铜器断代》,其中详细记述了不同时代的各类铜器98件,每件都记录了全篇铭文的释文,并加以详尽的诠释,有的甚至是逐字逐句讨论。所以其中包括许多考释文字、词语,探求语法规则及语义的资料,这对研究上古汉语及汉语史很有参考价值。他对汉简研究的成果主要集中于《武威汉简》和《汉简缀述》两本书中。此外他还有专著:《老子今释》《海外中国铜器图录考释第一集》《尚书通论》《美帝国主义劫掠的我国殷周铜器集录》等。

陈梦家对于甲骨文的分期断代、甲骨文字的考释多有贡献,他的《殷墟卜辞综述》一书对甲骨学60年的成就进行了总结。

唐兰(1901—1979),字立庵,浙江秀水(嘉兴)人。业余曲家、古文字学家、史学家。1920年入无锡国学专修馆,曾教周学熙家馆。

1931 年后在北平师范大学、辅仁大学和中国大学任教。1932 年受聘为北平故宫博物院金石鉴定专门委员。雅好昆曲，工大官生，喜清唱《惊变》《惨睹》等剧目。1935 年至 1937 年是俞平伯所组清华大学谷音社成员，参加曲集，亦参加北平城内各曲社活动。1939 年在昆明任西南联合大学中文系副教授，1940 年任教授。参加昆明三高等学校昆曲研究会等业余昆曲活动。抗日战争胜利后任北京大学教授，是曲家许丽香所组藕香曲社成员。1949 年出版专著《中国文字学》。20 世纪 50 年代后任北京故宫博物院陈列部主任、副院长，中国科学院历史研究所研究员、学术委员。

唐兰是著名的古文字学家、青铜器专家、先秦史学家。他对中国古文字学、商周青铜器研究近 50 年，并注意对古文字理论的研究。唐兰曾经提出以偏旁分析为中心考释甲骨文字，生前考释出来的文字极多，为学者所推重。他提出考释文字的四种方法：对照法、推勘法、偏旁分析法和历史考证法。顾颉刚在《当代中国史学》一书称："甲骨的文字考释，以唐兰的贡献为最。"唐兰先生一生著述甚丰，主要著作有《古文字学导论》、《中国文字学》、《殷墟文字记》、《天壤阁甲骨文存并考释》、《西周青铜器铭文史征》（上卷初稿）等。编有《北京大学所藏甲骨卜辞》。唐兰治学严谨，涉猎广泛，多有建树，著作等身，专著、论文达 200 多种，在国内外学术界有着广泛的影响。

于省吾（1896—1984），字思泊，号双剑誃主人、泽螺居士、夙兴叟，辽宁省海城县人，古文字学家。1919 年毕业于沈阳国立高等师范。后曾历任奉天萃升书院院监，辅仁大学讲师、教授，北京大学教授，燕京大学名誉教授，故宫博物院专门委员，东北人民大学（今吉林大学）历史系教授、古文字研究室主任兼校学术委员会委员，中国古文字研究会理事，中国考古学会名誉理事，中国语言学会顾问兼学术委员，中国训诂学会顾问，国务院古籍整理出版规划小组顾问等。

于省吾先生在语言文字领域的研究，主要集中在古文字尤其是甲骨文、金文的研究与考释和古代典籍的考证两方面。他对古文字考释，一向以考文释义精审周密而著称。他坚信古文字是客观的存在，它们的形、音、义是可识、可读、可寻的，只要方法得当，经过深入钻研及实事求是的科学分析，多数古文字还是可以被正确认识的。在这种信念的指引下，通过对古文字的考释、研究，他撰写了《双剑誃殷契骈枝》《双剑誃殷契骈枝续编》《双剑誃殷契骈枝三编》《双剑誃吉金文选》《双剑誃吉金图录》《双剑誃古器物图录》《商周金文录遗》等著作。

《甲骨文字释林》一书，是于省吾先生在古文字研究方面的代表作，达到了当代古文字研究的高峰。该书共考释前人未识或虽释而不知其造字本义的甲骨文约 300 字，占全部已识甲骨文字的四分之一还多。从而使该书成为罗振玉、王国维以来考释甲骨文字最重要的著作。他对古文字的研究不是孤立进行的，而是结合许多有关学科的知识来进行的，从而合理地解决了"玄鸟生商""《尚书·召诰》中一段 500字的话到底是谁说的"等久悬未决的问题。他利用古文字的研究成果为我国古代史的研究做出了很大的贡献。在对先秦等古代文献典籍的考证方面，他著有《双剑誃尚书新证》《双剑誃诗经新证》《双剑誃易经新证》《双剑誃诸子新证》《论语新证》《泽螺居诗义解结》《泽螺号居楚辞新证》《急就篇新证》《泽螺居诗经新证》等多部（篇）论著，并因而被《中国训诂学史》作者胡朴安推许为"新证派"的代表人物。另有考释单字论文多篇。

胡厚宣（1911—1995），幼名福林，1911 年 12 月 20 日出生于河北省望都县大王庄一个生活清苦的教师之家。自 6 岁入保定第二模范小学，小学毕业后以优异成绩考入保定培德中学，中学四年的八个学期中科科考试名列第一，学校因此破例拨下专项资金供他大学的学费。1928年他考入北京大学预科，两年后顺利升入史学系。

胡厚宣先生1934年从北大毕业后，傅斯年以拔尖主义把他延揽入中研院史语所考古组安阳殷墟发掘团。胡厚宣初到安阳，由于环境生疏，由刘耀（尹达）和祁延霈迎接。依序他排名第七，所以称为老七。到安次日他就到工作站，隔天就随大家到田野实际参加由梁思永主持的殷墟第10次发掘。虽是初次参加，但胡先生很快进入状态，待能辨认土色、土质后，即行单独工作。很快他对辨认遗迹、处理现象及测量绘图等工作，已能运用自如。刘耀负责1001号墓，祁延霈负责1002号墓，石璋如负责1003号墓，胡厚宣负责1004号墓。后来因经费问题，遂把1003号墓及1004号墓两墓停掘，至来年第11次发掘开始后，胡厚宣才继续发掘他的1004号墓。1935年5月9日，一直未出重要器物的1004号墓，突然出现了两件大方鼎，即牛鼎和鹿鼎，这也是中国时代最早的青铜大鼎第一次出土。傅斯年于21日偕人前来参观时，恰好出土了一大堆铜矛，10个一捆，计36捆。这些发现引起了各方的注意，不断有专家前来参观。

1004号墓发掘结束后，他随即参加整理殷墟历次发掘的甲骨文，并为《殷墟文字甲编》做过全部释文，从事室内整理甲骨工作。1936年，胡厚宣先生在南京中研院整理发掘著名的HY127甲骨窖藏，从此不再下田野。虽然他在1940年离开了史语所，无法参与整理工作，但发掘和记录的贡献是值得肯定的。60年后（1994）胡厚宣到台湾进行学术交流，他在参观史语所历史文物陈列馆时，站在他亲手发掘的牛鼎及鹿鼎前，回忆当年安阳侯家庄西北冈发掘时紧张的一幕，良久才对大家说："当时又喜又愁的心情，现在回想起来觉得好像又恢复到二十多岁的青春。"

1940 年，胡厚宣先生应顾颉刚之聘转籍齐鲁大学，先后出任国学研究所研究员兼中文系、历史社会系两系主任。七年后，他改任复旦大学教授，兼历史系中国古代史教研室主任。在这段时间，除了教书外，他前后发表了 16 篇文章，出版了 8 部书，还出版了荣膺教育部全国学术审议会科学发明奖的《甲骨学商史论丛》。他研究甲骨，力图材料齐全并结合商史与商代遗迹、遗物进行研究，对商代卜龟来源、记事刻辞、四方风名、农业生产、宗法制度等有关甲骨学和商史上的一些问题都做过专题研究。

胡宣厚先生 1956 年奉调转入中国科学院历史研究所，为郭沫若主编的《甲骨文合集》的编纂工作倾注了全部心血。从 1961 年开始，胡宣厚先生正式搜集资料，20 多个寒暑期间，他跑遍了中国的各个城市，征集了 90 多个单位和数十位私人收藏的甲骨数据，同时也出访了国外多处甲骨藏家，经过一系列有系统的研究整理，到 1983 年，才终于编印出共收甲骨 41956 板、分 13 册巨册、体系完备的皇皇巨著《甲骨文合集》。与此编辑的同时，他还相继发表、出版了一系列影响深远的学术论著。终其一生，他总共发表、出版学术论著 170 余种，可真是著作等身的学术巨匠。

1993 年胡厚宣先生生日之时，他满怀深情地写下了《人生漫漫为"甲骨"》一文。胡老的一生离不开甲骨，离不开安阳。他曾经在一次演讲会上说，安阳是他"出科"的地方。他常常回忆起他们那拨英姿勃发的青年人，在小屯搞发掘时的种种趣闻逸事。如果说从 20 世纪 30年代起胡厚宣先生就与安阳结下了不解之缘的话，那么改革开放之后，胡厚宣先生更以其高瞻远瞩的气魄与胆识，为安阳的发展写上了浓墨重彩的新的一页。

20 世纪 80 年代的安阳，虽然已经迎来了时代的春风，然而，毕竟与沿海开放城市相比发展的差距还很大。1989 年是甲骨文发现 90 周年，又是中华人民共和国成立 40 周年。安阳人民又一次迎来了参加殷墟甲骨文发现 90 周年国际讨论会的中外学者。金秋时节，胡厚宣先生漫步在殷墟的土地上，流连在古老的洹河边，正在向年轻的学人讲述着国之瑰宝甲骨文在世界文化史上的地位。胡老再次高屋建瓴地说，安阳是甲骨文的故乡，甲骨学的发展与安阳息息相关，安阳要认识到自身地位的重要。

1994 年 10 月，甲骨文发现 95 周年的盛会吸引了国内外近百位专家，这也是胡老最后一次来到他魂牵梦萦的安阳。会议方面精心为之安排了一场"胡厚宣先生参加殷墟发掘六十周年纪念会"，胡老激情澎湃，忆及当年发掘情形以及在老城西冠带巷寄居状况，如同历历在目。

胡厚宣先生自 20 世纪 40 年代起即饮誉海内外历史考古学界，他不断创造出超越前人的辉煌成绩，也给后人留下良多珍贵的文化财富。1995 年胡厚宣先生长逝，学术之功却永世长存。

◎ 胡厚宣先生说自己是从安阳"出科"的

在 1995 年 12 月 25 日的《安阳日报》上，刊发了一篇编辑特别约请的长篇文章，这就是中国社会科学院历史研究所副研究员胡振宇先生撰写的《父亲胡厚宣与古都安阳》。就在这年的 4 月 16 日，中国殷商文化学会会长、世界著名的甲骨学家胡厚宣先生离开了他辛勤耕耘了 60 多年的甲骨商史之苑，与世长辞了。国内外甲骨学界、殷商文化学术界，特别是古都安阳人民都十分怀念他。

的确，胡厚宣先生的一生，几乎可以说就是一部中国甲骨学的研究发展史。在胡老作古前的 1994 年 10 月，他最后一次来到安阳，参加甲骨文发现 95 周年纪念活动。这次会议有一个特别的议程，就是专门召开了"庆祝胡厚宣教授参加殷墟发掘60周年座谈会"。在那次座谈会上，胡厚宣先生沉浸在与会者巨大的厚爱与仰慕之中。他努力地抑制着自己内心的激动，回首漫漫60年的如烟往事，忆及当年在安阳殷墟发掘时的时时事事，不禁涕泗连襟。

记得1993年胡老生日之时，他满怀深情地写下了《人生漫漫为"甲骨"》一文。胡老的一生离不开甲骨，离不开安阳。1934年，刚刚从北京大学毕业的胡厚宣先生第一次来到安阳这块神秘的土地上。当年10月3日，殷墟第10次发掘开始了。那次发掘主要是侯家庄西北冈的殷代王陵。原来，来安阳搞发掘的前中央研究院历史语言研究所考古组的同人们有一个办公的地点，设在老城里的西冠带巷26号。侯家庄远离市区，来往不便，就搬到了村里住。胡厚宣先生由于学业功底扎实，一来到发掘现场，马上就投入了工作之中。

翌年3月，胡厚宣先生又参加了第11次殷墟发掘。在这次发掘中，他主要负责1004号墓的发掘。1004号墓中发现了两件花纹精美的牛鼎和鹿鼎，生动可爱的牛、鹿形象逼真，栩栩如生。在这个引起轰动的大墓中，还发现了成捆的武器、音频准确的编磬。这些玉磬三个一组，上面镂刻着细细的纹饰。商代的乐器已经足以构成配套严谨的系列，不仅有金、石、木、革，而且乐器的各个音阶相辅相成，可以想见，当年宫廷乐舞的盛况。1004号墓被拍成了电影，法国汉学家伯希和还专门来安阳参观。

每每忆及当时的事，胡老就感慨万千。胡厚宣先生曾经在一次演讲会上说，安阳是他"出科"的地方。他常常回忆起他们那拨英姿勃发的青年人，在小屯搞发掘时的种种趣闻逸事。抗日战争结束之后，胡厚宣先生就想到安阳来，他要亲眼看看在日本帝国主义的铁蹄下，殷墟到底成了什么样子。然而，那时遭受破坏的交通尚未恢复，他的这一愿望没有实现。

百废待兴的新中国一开始就把殷墟发掘提到了议事日程之上。1950年，国家公布了一系列政策法令，防止文物外流，防止盗掘和"挖宝式"的挖掘。这年4月12日，中国科学院就派发掘团再次来到安阳。之后，又于1958年组建了稳定的考古发掘机构，中国科学院安阳工作队成为常驻小屯的科研单位。1961年，国务院首批公布的全国重点文物保护单位中，殷墟榜上有名。

胡厚宣先生于1956年奉调到京以后，还时常想念着安阳殷墟。到京后不久，他就带着学生来到久违了的安阳。弹指20多年，胡厚宣先生满怀极大的热情扑进小屯村。这是他付出了青春年华的地方啊，这里的一草一木都记录着他当年的业绩。村前村后熟悉的小街巷里，胡厚宣先生碰到那么多的老熟人。在与当年的厨师的交谈中，他俩你一言我一语，甚至，胡厚宣先生又忆起了当年自己熟悉的安阳方言，忆起了吃惯了的安阳饭菜。他们共同回忆着那些难忘的日子，仍然感到跟当初在一起时一模一样。

如果说从20世纪30年代起胡厚宣先生就与安阳结下了不解之缘的话，那么，改革开放之后，胡厚宣先生更以其高瞻远瞩的气魄与胆识，为安阳的发展画上了浓墨重彩的新的一页。80年代的安阳，虽然已经迎来了时代的春风，然而，毕竟与沿海开放城市发展的差距还很大。

1984年，这是安阳历史上应该载入史册的一年。正是从这一年开始，殷墟所在地的安阳，走上了改革开放的快车道。此时，就连安阳人自己，似乎也早已忘记了那段足以引以为荣的历史，怀里抱着一只金饭碗，却要饿肚子了。由于胡厚宣先生的积极奔走，1984年10月7日，新中国成立以来，商史研究史上最大的一次盛会——全国商史学术讨论会在安阳开幕了。胡厚宣先生和夏鼐先生一道出席了这次盛会。与会的100多位专家学者一致拥戴胡厚宣先生出任了中国殷商文化学会筹委会主任。紧接着，举世瞩目的书坛盛事——安阳殷墟笔会10月15日再次拉开帷幕。这是甲骨文发现85年来，甲骨文出土地的安阳迎来宾朋最多的一次盛会，来自日本、美国以及国内的200多位专家学者欢聚一堂，他们以文会友，共研甲骨书法，交流甲骨书艺，海外及港澳也寄来了论文及作品。可以说，这是一次规模空前的甲骨文书法的大检阅。当初，罗振玉与董作宾都极力倡导甲骨文研究的扩大，其中自然也包括甲骨文的书法艺术。那时他们还身体力行，为我们留下了难得的甲骨墨宝。二位先人在天有灵，该是怎样的欢欣鼓舞呀！

由于安阳一批有识之士的积极奔走，1986年，经国务院批准，安阳跻身国家历史文化名城之列。第二年的3月，安阳召开了历史文化名城保护暨殷墟博物苑规划设计研讨会。安阳人民没有忘记胡厚宣先生，专门赴京请来了这位德高望重的老教授。胡厚宣先生和许多专家学者一道考察殷墟，出谋划策，共商殷墟保护的长远大计。当年9月10日，殷墟博物苑在紧锣密鼓中建成；同日，中国殷商文化国际讨论会在古朴凝重的仿殷大殿里召开。

时年蕞尔一邑的小屯，如今成了整个世界关注的热点。来自7个国家和地区的117名有影响的专家学者又一次会聚安阳，出席在甲骨文故乡召开的首次国际学术会议。会议的主角、中国殷商文化学会会长胡厚宣先生在接受《安阳日报》记者采访时，抑制不住激动地说：要讲安阳将来的发展，就是三个字——不得了！他说，全世界的文化界、知识界的人士，许多都希望到甲骨文故乡的安阳观光。他以西安秦始皇兵马俑为例，谈到了文化对经济发展的巨大推动作用。事实证明，此后几年光景，古都安阳旧貌换新颜，经济方面也收到了巨大的效益。过去外国朋友说，不到长城不算到中国，现在又说西安必去。可以相信，我们安阳将来也是必来之地。这对于安阳的经济及社会事业的发展都有着潜在的意义。

在这次会议上，胡厚宣先生请来的一位客人特别引人注意，他就是绕行了半个地球，来自美国的著名考古学家、美国哈佛大学人类系主任张光直教授。他在会议的开幕式上激动地说："我的愿望终于成为现实！我们有一个共同向往的目标——安阳殷墟。来到殷墟，就像在自己家里讨论自己的事一样！"张光直先生早年师从主持殷墟科学发掘的李济、董作宾等先生攻读考古学，用他自己的话说，他学中国考古学，就是从殷墟开始的。张光直教授当时在哈佛大学讲授中国考古学，并在殷商文化的研究方面取得了令人瞩目的成就。胡厚宣先生介绍说，张光直教授很勤奋，每次来华，回去后都有新著问世。张光直教授则说，我来中国，就是要随时到这儿加加油，得到新的启示。

会议期间，胡厚宣先生与周谷城先生一道，兴高采烈地乘上博物苑里仿制的商代大马车，任车马在昔日的殷商宫殿区里驰骋，胡老的思绪也随风驰骋起来。是啊，亲睹新旧中国数十年的变迁，看到安阳地覆天翻的变化，作为一位历史考古工作者，肩上的担子有多重啊！

可谓好戏连台，1988年10月9日，胡厚宣先生在安阳主持召开了纪念殷墟科学发掘60周年座谈会。时值中国古都学会在安阳召开第6届年会，胡厚宣先生应邀出席了会议。在此前的4月，中国古都学会常务理事会已通过决议，把安阳列入中国七大古都之一。

1989年是甲骨文发现90周年，又是中华人民共和国成立40周年。安阳人民又一次迎来了参加殷墟甲骨文发现90周年国际讨论会的中外学者。金秋时节，胡厚宣先生漫步在殷墟的土地上，流连在古老的洹河边，正在向年轻的学人讲述着国之瑰宝甲骨文在世界文化史上的地位。胡老再次高屋建瓴地说，安阳是甲骨文的故乡，甲骨学的发展与安阳息息相关。安阳要认识到自身地位的重要。

甲骨文发现95周年的盛会吸引了国内外近百位专家，这也是胡老最后一次来到他魂牵梦萦的安阳。

　　我虽是一介愚氓，却长期得益于胡老的错爱和垂教，以恩重如山状之也难以表达十之一二。在我的往来信件中，珍藏着胡老的几封大函。记得是在 1986 年 5 月，我开始收集与甲骨学相关的资料，拟编写一部电视剧《甲骨魂》。当时不知深浅的我竟冒昧地托人给胡老捎去一封信。谁知没有几天，我竟收到了胡老的回信。胡老在信中对我的想法给予了鼓励，还特别提示我，要宣传爱国主义，宣传祖国悠久的历史文化。他在信中还谈到，创作电视剧，千万不要搞成图解学术著作，没有"硬伤"即可。重要的是把电视剧的科学性与趣味性很好地融合在一起。第一次通信，胡老就说，有机会见面再详谈。平心而论，没有胡老的慷慨支持与教诲，就不会有我后来央视播出的电视剧《甲骨魂》。

　　1986 年夏，我趁出差的机会，拜访了仰慕已久的胡老。回到安阳以后，在《安阳日报》发表了两篇文章。一篇是采访胡老的《独于集古爱殷商》，另一篇是《寻觅王文敏公的踪迹》，文中反映北京王懿荣故居未能得到妥善保护的情况。报纸呈寄胡老，不想胡老在紧张的学术研究之余又回信说："你反映的问题很重要，我准备在政协作一个提案，建议把王宅及旧井作为文物古迹保存起来。"

　　1990 年胡老九秩高寿。我与著名书家焦智勤兄合作，拟为胡老献一寿联。因才疏学浅，恐拙联有损胡老形象，特意把寿联内容先行呈上，请胡老指正。胡老来信说："对联作得很好，就是我愧不敢当。"何等的谦虚呀！现在，就把这副寿联写在后面，以示对胡老的纪念：

大师大德甲骨上寿耋耄初度刊合集再续论丛金字塔
厚仁厚教宏著等身商音绝响荫桃李弥复寰宇第一人

此联典出胡老的代表作品，以及各位方家对胡老的褒扬。其中包括：他担任总编辑的《甲骨文合集》，他考证的"四方风名"甲骨卜辞，他的被称为"金字塔式论著"的《甲骨文商史论丛》，以及为日本学者所称道的"大陆研究甲骨学第一人"等。

◎"商周考古第一人"邹衡先生

邹衡（1927—2005），1952 年毕业于北京大学史学系，1955 年获得北京大学中国考古学副博士学位，他是新中国第一位考古学研究生，师从著名考古学家郭宝钧、夏鼐等方家。其论著《夏商周考古学论文集》被学术界认为"在 20 世纪后半叶的夏商周研究中具有里程碑意义"，素有"商周考古第一人"之称，在国际学术界享有极高声誉。

多年来，邹衡一直从事夏商周考古的教学与研究工作，在大量田野考古实践的基础上，创立了夏、商、周三代考古学的体系和基本框架，提出了一系列在世界考古界和史学界引起震动的学术观点。他历任北京大学历史系助教、讲师、副教授、教授、考古系新石器时代——商周教研室主任，先后当选为考古学和先秦史学会理事、商文化学会副会长。

邹衡首次对殷墟成功地进行了文化分期，第一个命名了先周文化，发现了西周的诸侯国燕国与晋国的都城遗址，指导和参与过西周晋侯墓地等重要遗址的考古发掘。邹衡认为中国现代意义考古的七八十年时间，最重要的考古发现当推殷墟遗址的发现。邹衡说，位于河南安阳的殷墟遗址是商代晚期的都城遗址。殷墟遗址自 1928 年开始考古发掘，被视为中国考古学发端的标志。80 多年来，我国考古工作者对殷墟进行了长期的考古发掘和科学研究，出土了大量青铜器、玉器、陶器等珍贵文物，特别是出土甲骨卜辞 15 万多片，包括单字 5000 多个，为殷商考古研究提供了非常重要的实物资料。因此，殷墟发掘被誉为中国考古学建立后最重大的考古发现。

◎ 堪称文史百科大家的李学勤先生

李学勤（1933—2019），著名历史学家、古文字学家，清华大学出土文献研究与保护中心主任、教授。李学勤先生致力于汉以前的历史文化研究，注重将传世文献与考古学、出土文献研究成果相结合，在甲骨学、青铜器、战国文字、简帛学，以及与其相关的历史文化研究等众多领域，均有卓越建树。曾任国际欧亚科学院院士、国务院学位委员会历史评议组组长、夏商周断代工程专家组组长、首席科学家，中国先秦史学会理事长，曾任英国剑桥大学、美国加州大学（伯克利）等多所外国名校的客座教授及国内多所高校的兼职教授。生前主持"清华简"的整理研究工作。2013年获首届汉语人文学术写作终身成就奖。2014年9月获得首届"全球华人国学奖终身成就奖"。2018年1月21日，被评为清华大学首批文科资深教授。2019年2月24日，李学勤先生辞世，享年86岁。

　　李学勤先生涉猎广泛、知识渊博、治学严谨、勤于著述，出版有专著13部，在国内外学术刊物上发表论文有数万篇。在甲骨学研究领域里，他在同辈学者中所取得的成就是令人瞩目的。在甲骨缀合方面，1955年他与曾毅公、郭若愚共同出版了《殷墟文字缀合》，为学术界提供了一批完整的甲骨文资料。他的《帝乙时代的非王卜辞》《殷墟甲骨分期研究》等论著，对甲骨文分期断代研究的深入做出了贡献。他在甲骨文材料公布和利用甲骨文资料研究商史方面，也取得了显著成绩。在国家"九五"重点科研攻关项目"夏商周断代工程"中，作为国务院任命的首席科学家和专家组组长，他不仅以其出色的工作保证了工程的顺利进展，也把现代科学的手段引入甲骨文研究领域，为甲骨学研究的现代化做出了贡献。主要著述有:《殷代地理简论》《东周与秦代文明》《比较考古学随笔》《走出疑古时代》《古文献论丛》《失落的文明》等。

近年来，李学勤先生对安阳发展特别关注，曾经应邀多次为安阳在北京及央视的宣传活动出镜。李学勤先生还曾出任中国文字博物馆馆长。

◎ 沉睡3000多年的第一女将军，被郑振香女士给唤醒了

武丁中兴的确是商代史上值得大书特书的一笔。之所以产生如此的辉煌，除了武丁的雄才大略和深谋远虑之外，还非常得益于两个人物，这就是傅说与妇好。要说妇好，我们还得从一位现代的人物谈起。

中国是一个极富浪漫色彩的国家，在民间传说甚至戏剧舞台之上，有两位备受崇敬的女将军，她们就是花木兰与穆桂英。花木兰替父从军和穆桂英53岁挂帅出征的故事在中国可谓家喻户晓。这要感谢文学艺术家们的创造。两位女将军历史的真实与舞台的形象究竟有多大差异，大概要留给史家考证了。我们所熟悉的，就只是那首脍炙人口的《木兰诗》和著名豫剧名家马金凤舞台上的《穆桂英挂帅》。

我们现在所说的妇好，却是一个地地道道的真实的历史人物，而且，她要比花木兰与穆桂英早得多，也伟大得多。那么，是谁发现了这位伟大的女将军呢？我们先来讲一位唤醒女将军的女性考古学家。她就是发现妇好墓的著名考古学家郑振香先生。

1975年冬，地处殷墟重点保护区的小屯村要平整村北边一块四五十亩大的岗地，驻安阳的中国社会科学院考古研究所考古工作队的队长郑振香研究员，就带领几位工作人员和技工前去钻探。按照国家文物保护法的规定，在国家规定的文物保护区里，是不能随意"动土"的，大凡遇到生产、建设活动，都要请考古工作队先行勘探一番。技工们在这块地上一连开挖了6个探方，发现了一些商代的房基。这一

片原本就是商代的宫殿区，发现房基是比较正常的。一般情况下，经过清理、测绘之后，这些房基就又都回填了。此时已到隆冬时节，发掘工作不得不停了下来。

　　第二年一开春，郑振香先生就跟助手和技工们继续工作了。一连几天过去了，技工们清理一层层的覆土，已经发掘很深了，只是发现这里是一个房子的建筑基址，其他什么东西也没有。别说青铜器，就连殷墟发掘到处可见的陶片也没有发现一片。技工们有点泄气。原来，参加发掘的技工们都有多年的发掘经验，他们能够根据土质的不同，预测有没有重要的发现。一看，这个建筑基址没有什么特点，只是一栋并不大的房子根基，就建议郑队长停止工作。

　　郑振香研究员是新中国培养的第一代考古学家。她 1954 年从北京大学历史系毕业，由于品学兼优，学校留下她继续进行教学与科研工作。1962 年 5 月，郑振香怀着她对田野考古的一腔热忱，离开繁华的首都北京，来到她向往已久的中国考古圣地安阳殷墟。在这里，郑振香一干就是 30 多年。凡跟郑振香研究员打过交道的人，大都知道她的脾气执拗。的确，郑振香先生是一位一心干事业的人，在原则问题上，在学术问题上，她都会坚持真理，不给一点情面的。在安阳的几十年里，她几乎跑遍了殷墟的每一寸土地，可以说，她心里对安阳殷墟的遗址布局早有一个大致的把握了。

根据她的经验，一般的建筑基址不会有这么深。听了技工们的话，她不言语，只是板着一脸的严肃说："挖，我倒要看看这基址到底有多深！"郑振香先生不苟言笑，一说搞发掘，她就如同战场上的指挥官一样，没有任何讨价还价的余地。就这样，技工们在队长郑振香的指挥下，洛阳铲又一厘米一厘米地深入下去。这天在工地上挖掘的是几位富有发掘经验的老技工。他们干活特别地仔细，一手拿着探铲，一手拿着刷子，既不放过任何一丁点线索，又要保证文物的绝对安全。郑振香先生独自一个人在发掘工地上来回搜寻着，她蹲下身子，发现有一块出土的夯土与周围的土质有些异样。这一来，她心里有底了。她嘱咐技工们再仔细一些，说不定咱们能够"逮"住大鱼呢！

技工们一听郑振香先生的话，一个个干得更起劲了。老技工何师傅是位有心计的人。他手持探铲一次又一次地打下去，又轻轻地拔出来，认真清理完铲窝里所带的泥土后，就又换个地方重新打。可不要小看这不起眼的探铲，多少埋藏在地下的宝贝，就是靠它发现的，探铲就是考古工作者的眼睛。何师傅的探铲已经打入地下7米深了，他再一次地小心翼翼地从地下拔出探铲来。突然，几乎是同时，郑振香和助手们发现，探铲铲窝里的土里面夹带着鲜红的漆皮和一只翠绿色的玉坠！连续几天来，郑振香先生难得一笑的脸上第一次见到了微笑。老技工何师傅高兴得孩子似的，他一路小跑地到水渠边，把那原本就制作精美、玲珑剔透的玉坠洗了个干干净净。工地上洋溢着节日般的气氛。

说到洛阳铲，那是河南洛阳附近村民李鸭子于20世纪初发明的。1923年前后，马坡村村民李鸭子来到他家附近一个叫孟津的地方赶集，转了一会儿，他便蹲在路边休息。李鸭子平日里以盗墓为生，所以他经常想的也是有关盗墓的事儿。这时，他看到离他不远的地方有一个包子铺，卖包子的人正准备在地上打几个小洞搭凉棚，他在地上打洞的工具引起了李鸭子的兴趣：这个东西每往地下戳一下，就能带起很多土。盗墓经验丰富的李鸭子马上意识到，这东西要比平时使用的铁锹更容易探到古墓，于是他受到启发，比照着那个工具做了个纸样，找到一个铁匠照纸样做了实物，第一把洛阳铲就这样诞生了。河南洛阳邙山上冢垒嵯峨，几无卧牛之地，地下随葬品埋藏极为丰富。郑和七次下西洋后，中国的古文物和精美的工艺品，为西方商人所看重，不惜重金，购于黑市。由于偷挖古墓中明器的需要，洛阳的凹形探铲，迅速在民间流传起来。

1976 年 5 月 16 日，这是中国考古史上值得大书特书的一页，不仅仅是郑振香，全中国所有的考古工作者都为之自豪。妇好墓的发现，被评为当年世界考古十大发现之一。这时的郑振香先生，俨然一位战场上的指挥员。在她的指挥下，刚刚组织起来的由 80 多人参加的突击队，继续井井有条地进行发掘。在他们发掘出的一个 5 米多长、4 米来宽的大坑里，开始冒出了泉水。郑振香先生一方面派人组织水泵；另一方面依照中国最原始的方法，架起辘轳往上淘水。此时的工作一刻也不能停，要不然，这里就会变成一个大水坑。技工们在泥水里艰难地工作着，当他们发掘到七八米深的时候，奇迹出现了：这里出土了青铜器！原来，这是一个商代的墓葬。在这个墓葬的上层，发现了 16 个殉人和 6 只殉狗。毫无疑问，这是一个商代的贵族墓葬。

这个大墓随葬品极为丰富，在安阳殷墟的发掘史上罕见。在殷墟发现的商代大墓，大部分都被盗过，有的甚至被盗掘过好多次。看来，新发现的这座墓葬还没有遭此厄运。大墓里先后发掘出随葬器物 1928件，计有青铜器 400 多件；玉器 755 件；骨器 560 多件；石器 70 多件；以及象牙制品、陶器、蚌器、海螺、海贝等，简直就是一个商代文物博览会！最重要的是，在出土青铜器中，发现了带有墓主人名字的铭文，不少青铜器上铸有"妇好"二字，甚至在两件兵器青铜钺上面，还有"妇好"的名字。学者们经过研究，得知这就是在甲骨卜辞里出现过200多次的武丁的妻子妇好。

要用"令人眼花缭乱"来形容妇好墓的殉葬品一点也不过分。在妇好墓出土的青铜器中，大致可分为武器、工具、乐器三大部分。炊器、酒器、水器、食器一应俱全，有的还是成双成对或成套的。其中，偶方彝等多种器物是前所未见的。有一件被称为"三联甗"的青铜器，其造型简直就像三个火锅炖在一个铜架子上！在以前的殷墟发掘中，曾经发现不少的青铜乐器编铙，都是三个一组，妇好墓里的编铙竟然是大小排列的五个一组！这五个编铙不仅造型优美，而且敲击起来音频准确，音域宽广，依次由丰厚低沉到高亢明亮，令人陶醉的乐音可谓绕梁三日而不绝。如果专门为它们编一首乐曲，足可以使现代的东西方乐器为之逊色！随葬的755件玉器，每一件都称得上巧夺天工，甚至还有利用原石颜色不同部位而制作的精美的俏雕。这些玉雕不仅工艺精巧，而且生动活泼形神兼备。这些玉器有玉盘、玉壶、玉尊、玉人等，这些来自辽宁、新疆等地的玉料色彩艳丽，白、褐、黄、灰，晶莹剔透。

据专家研究，甲骨文里面，有200多条卜辞与妇好相关。涉及妇好征战、祭祀等方面。商代什么事情最大呢？文献记载："国之大事，在祀与戎。"即在宫廷祭祀先祖，对外征战打仗。妇好曾经为商王武丁主持过不少的重要祭奠，由于妇好品德高尚，她经常主持对先祖的祭祀。她的虔诚感化了许多王公贵族，以至于他们不敢轻易地闹事。妇好墓里出土的大量青铜礼器也印证了这一点。妇好墓里，有两件出土的铜钺特别引人注目。铜钺之上铸有"妇好"的铭文。

苏格兰国家博物馆里珍藏着1777片甲骨，该博物馆的历史可以追溯到1780年，其原型是"苏格兰古文物协会"。1904年，该协会更名为"苏格兰皇家博物馆"。但在20世纪80年代之前，这里的甲骨藏品的价值并未为英国人知晓，它们甚至被借到杜伦大学博物馆待了20年。1972年，法国著名汉学家戴密微专程到苏格兰国博查找这批甲骨的下落，最后无功而返。人们一度以为这批甲骨已经遗失。直到1982年，中国社科院历史研究所李学勤、齐文心，以及伦敦大学亚非学院艾兰（Sarah Allan）来到这里，对这批甲骨进行了调查，并制作了拓片，后汇编出版《英国所藏甲骨集》。其中就包括关于妇好出征那版甲骨：

辛巳卜，壳贞：□妇好三千，□旅万，乎伐□。（□为残缺文字）

这片甲骨记录了商王武丁之妻妇好，在征伐方前占卜的卜辞。大意是，妇好在自己的领地征集了三千士兵，会同其他部族的一万人去征伐部落，结果会如何？

因其内容的重要，这片甲骨在2012年被借到中国台北"故宫"博物院，参加在"商王武丁与王后妇好——殷商盛世文化艺术"特展展出了五个月。

考古学大家李学勤先生在英国偶然发现的这片甲骨文卜辞，记载了商代最大的一次征战，而且是妇好统领的！不少男性将军都属她领导，这也是甲骨文记载的战争中动用人数最多的一次战斗。妇好有一次率军征伐羌方，由于她运筹帷幄，事先在一个地方设下埋伏，配合商王武丁的进攻，打了一个漂亮的伏击战。妇好可谓身经百战劳苦功高。铸有"妇好"铭文的铜钺，正是拥有兵权的象征。

专家们推测，由于连年的征战，妇好终于积劳成疾，先于武丁而亡。想到妇好生前征战南北、屡立战功，武丁痛哭欲绝，他决定对妇好进行厚葬。而且，武丁一反常法，没有把妇好葬到洹河北岸的王陵区，而是葬在了自己处理国家大事的宫殿区里。为了能够经常地祭祀他的爱妻，还在陵墓上面修建了一座享堂，随时献上一份思念。就这样，宫殿宗庙区里极为罕见地建起了一座祭祀妇好的庙堂。

沧海桑田，斗转星移。辉煌的殷商王国成为久远的历史。妇好墓享堂的基址也保护了这位女将军的墓葬。原因很简单，历代的盗墓贼一挖到房子基址，就以为下面没有什么了。

感谢郑振香研究员，是她唤醒了沉睡了3000多年的女将军，为中国的巾帼英雄谱，填补了第一的空白。妇好墓的出土，使我国著名的学界泰斗郭沫若先生激动不已。他不无幽默地对年轻一代的考古工作者说："安阳考古队的同志又为殷墟考古立了一大功！看来，我郭沫若的《中国古代社会研究》要重新改写喽！"妇好墓的出土，也留给学界许多问题：诸如，为什么武丁要如此地厚葬妇好？为什么要把妇好埋葬在宫殿区里？安阳殷墟保护区的地下还有多少"藏龙卧虎"呢？

◎ 王宇信会长——我的恩师引路人

日前读到张弘先生的一篇大作，题目是《王宇信：百年甲骨学的摆渡人》，说的是著名甲骨学家、中国社会科学院荣誉学部委员王宇信先生的学术贡献，以及他奖掖后学的精神。一石激起千层浪，再次勾起了我对王宇信恩师的感激之情。我有幸结识王宇信先生已经36个年头了，得益于王先生的耳提面命，我从一个地道的门外汉，渐渐成为一个殷商文化知识的普及传播者和公众考古学者。

1984年10月，全国商史讨论会在安阳召开，我最初见到了胡厚宣大师与王宇信先生。此后，王宇信先生经常到安阳来，给安阳师院研修历史的学生和文化界一拨学子讲课，进行殷商文化的启蒙教育。王宇信先生讲课不仅生动活泼，而且深入浅出，我这个门外汉都能听得懂。在我的心目中，王宇信先生学养深厚、高不可攀。

后来发生的一系列事情，彻底解除了我对王宇信先生的敬畏，找到了恩师与引路人的感觉。

1986 年安阳甲骨学会成立。王宇信先生是学会顾问之一。为了迎接翌年要在安阳召开的中国殷商文化国际讨论会，安阳甲骨学会准备出版一个论文集。由于我才疏学浅，就发挥自己的优势，准备编创一部反映甲骨文发现保护题材的电视剧《甲骨魂》。由于资料匮乏，尽管遍查安阳的高校图书馆和博物馆，仍然感觉手拙，难于下笔。适逢王宇信先生到安阳师院讲课，我就心情怯怯地去拜见。说明来意，王宇信先生竟然出乎意料地爽快答应了。他不仅为我开列了书单，还叫我给胡厚宣大师写封信带去转交……我一下子感觉到了一种奖掖后学、热情支持的力量。我编剧的电视剧《甲骨魂》很快杀青，由中央戏剧学院导演系系主任鲍黔明教授担任导演，还延请了国内诸多著名演员参加剧组。胡厚宣大师不仅慨然出任该剧历史顾问，还请历史学家、全国人大常委会副委员长周谷城先生为电视剧《甲骨魂》题署了片名。《甲骨魂》在中国殷商文化学会国际讨论会开幕式上首映，得到了国内外方家首肯，次年 2 月又在央视播出，并被山东王懿荣纪念馆收藏。

1999 年是甲骨文发现 100 周年。我如同从一个刚刚迈进殷商文化大门的学子，为博大精深的殷商文化所折服，一时性起，竟然萌生创作一部文史随笔《百年话甲骨》的念头来。书稿完成之后，我拟请安阳甲骨学会党相魁会长写序，党会长谦虚不肯，并鼓励我约请王会长作序，说实话，我心里没底。充其量一个门外弟子，王会长会轻易为我的一本小小的随笔作序嘛？我试探着把书稿寄给了王宇信先生，不料他竟然答应了，不久就为我的小书作了大序。我的小书因为有了王会长的大序而增光添彩，王会长在大序中赞誉我"把深奥的学问通俗化"，还热情勉励我"有志者事竟成"！《百年话甲骨》当年五月出版，九月初，我就收到央视《读书时间》的邀请，与王先生一起参加了《读书时间》"甲骨学一百年"栏目，可以说我是荣幸之至。此后《百年话甲骨》一书和参加了第 37 届国际书展，并赠送开罗大学图书馆。

此后，我有问题就请教王宇信先生，每每都是得到热情的支持。安阳有一处早期加拿大汉学家明义士博士的旧居，我深入研究，发现原先对于明义士的评价多不准确。于是，我积极奔走多年，翻阅史料，不仅在《中国文物报》发表了长文《明义士博士：还你一个公道》，还说服了有关部门，把明义士故居申报成功为河南省文物保护单位。

我拟在故居搞一个纪念馆，但是涉及宗教问题这个雷区，一时无所措手足。汇报王先生后，他高屋建瓴地说：我说一个原则，避开宗教说文化，馆名就叫作"明义士甲骨学研究纪念馆"！王先生慷慨应允担任纪念馆首席顾问，亲自题写馆名，为展览写前言，每到安阳必然到馆视察。明义士故居先后接待了国内外诸多大家，比如加拿前后大驻及夫人等。

殷墟申报世界遗产成功之后，我也从一家媒体内退了，被聘到安阳殷都文化研究院做院长。我一直孜孜追求殷墟保护区失地农民的生存问题，拟走出一条农民文化产业的、可持续发展的路子来。在我的启发下，小屯村农民自发组建公司，成立了小屯艺术团，演出大型仿殷乐舞《大秀殷商》。原汁原味、原住民、原生态的演出，感染了诸多游客，各大媒体好评如云。在小屯艺术团遇到暂时困难的时候，其时担任中国殷商文化学会会长的王宇信先生亲自给小屯艺术团的农民演员鼓劲加油，对演出给予热情的肯定，勉励大家再接再厉。农民演员朋友看到如此鸿儒巨擘对于他们都给予积极的支持，坚定了继续演出的决心。小屯艺术团的《大秀殷商》先后为中国国内旅游交易会、河南省庆祝世界旅游日暨洛阳世界风情巡游活动、奥运圣火传递和殷墟科学发掘八十周年和殷墟申遗成功纪念活动演出，获得诸多殊荣。

2009 年 9 月 3 日，央视《探索发现》播出了有我参与的一期"百年守望·甲骨风云"，有幸再次与王会长一起出镜，畅谈甲骨文的发现与研究。王会长是在北京接受采访的，电视画面中，王会长精神矍铄、侃侃而谈，和蔼可亲，如在眼前，一点都不像年近古稀之人！

那天是中国殷商文化国际讨论会开幕 22 周年纪念日，也是我的电视剧《甲骨魂》播出纪念日，第 36 个教师节来临之际，一种冲动一股暖流激发着我，我想大声疾呼：王宇信恩师，您是我永远的引路人，愿您永远年轻，愿殷商文化研究的大旗永远飘扬……

◎ 考古学大家唐际根先生：喜欢折腾的那点儿事儿

金秋十月，"面向未来：文化遗产的保护与共享"学术研讨会暨"南方科技大学文化遗产实验室"成立揭牌仪式隆重举行。全国几十位科技考古、文化遗产、考古学专家济济一堂，对文化遗产的保护和共享的未来畅所欲言。其中，我们不得不提到一位重要的考古学者：唐际根先生。

这位 1986 年北大毕业的考古工作者，在我国最重要的遗址之一——河南安阳殷墟，一待就是 20 余年。他带领着安阳考古队发现了商代中期的洹北商城，完善了商王朝的编年框架；他一力促成安阳殷墟申报世界文化遗产，历经 8 年，最终在 2006 年得以实现；他一手策划殷墟博物馆的建立，将"司母戊鼎"迎回故里展出；同时，他还多方奔走，筹措安阳文字博物馆……

而如今，他被南方科技大学聘为教授。一位在黄土地上奋斗了几十年的人，转战南国，会为这个新兴的院校带来怎样的改变？

安阳殷墟，是唐际根一生几乎如影随形的地方。它的发掘肇始于

1928 年，中国历史文化语言研究所在傅斯年的大力支持下，开启了中国现代田野考古的序幕，提出"上穷碧落下黄泉，动手动脚找东西"。

从哈佛大学毕业回来的"中国考古学之父"李济带队出发，共进行了 15 次科学发掘，找到了商王朝的宫殿区和王陵区，证实了《竹书纪年》关于商代晚期都邑地望的记载，使得殷墟遗址曾经是商代晚期都邑成了不可动摇的结论。

考古学前辈大家的说法能够质疑吗？唐际根在读硕士的时候就对这样的分期提出了质疑，并写了一系列文章，他觉得除了早晚两期之外，应该还有一段中期，而这个中期的商城很可能在河南北部和河北南部一带。为了找到商代中期遗址，唐际根博士步行一村又一村。于是，20 世纪 90 年代，唐际根带了一支考古队，在河南安阳附近，包括河北的邯郸进行考古调查，"我们撒开了脚丫子跑，从甲村步行到乙村，提溜着一个破编织袋，一路捡陶片"。

摸查、勘探之后，唐际根带领的考古队开始在京广铁路西侧重点勘探，为什么选择在那儿呢？1959 年的时候有个考古队员在那附近捡到过商代的陶片，老百姓挖红薯窖时挖出过一窝铜器，再者有人挖猪圈也挖出一窝铜器……唐际根把这些似乎并无联系的资料联系起来分析，确定这里是连成一片的商代遗址！

奇迹发生在 1999 年！一位技师打洞勘探，一铲子下去，打到商城的城墙！这之后不久，考古队基本上把这座城的范围圈住了——这也就是后来著名的洹北商城。紧接着下一步，他们就要发掘"城里"的东西。2000 年，他们在以前日本人侵略安阳时修的机场旁边进行发掘，零零星星发现了一些灰坑、房址。遗址旁边有一条当时日本人为了保护机场掘的沟，他们把沟铲开，居然发现了一块白陶！这里还有很多夯土建筑、柱础石，有的柱础石下面还埋着小孩。而且那个夯城墙的技术就是典型的商代技术。洹北商城的发现某种程度上来说改变了商王朝的历史。它完善了商王朝的编年框架，把过去早晚两期的构架，变成了早中晚三期的构架，甚至结合全国的材料，可以复原出商代的政治图景。

唐际根天生就是喜欢折腾的人。2003年之后他开始策划殷墟申报世界文化遗产，除了申遗，唐际根还一头扎进殷墟博物馆的筹建中。殷墟博物馆是一座地下一层建筑。建筑面积3535平方米，展厅面积2354平方米，包括展厅、文物库房、研究室、报告厅等设施。博物馆内主要展示殷墟出土的珍贵历史文物，为中外游客在游览殷墟时提供一个科学了解中华文化源流的场所。唐际根先生匠心独运地为这座博物馆设计了倒叙的"时间隧道"，让游客一步步地倒拨时针，回到3000多年的殷商时代。博物馆按照科学、环保、安全、符合遗址保护并与遗址景观相协调的要求进行了建筑设计。从平面上看，新的博物馆酷似甲骨文的"洹"字，即取依附洹河之意，象征洹水在孕育商代文明中的重要作用。所有的建筑全部修建于现有地表之下，地表植被覆盖，继续维持殷墟遗址的原有面貌。2005年9月25日，殷墟博物馆开门庆典，如织的游人在这里亲睹了殷墟发掘出土的从未公开展出过的近600件甲骨片、青铜器、玉器等文物，它们被依次摆放在大邑商厅、青铜器厅、玉器和甲骨文厅、临时展厅等4个展厅里。

2005年殷墟申遗关键时刻，为见证安阳殷墟价值的重要性、原真性，也为了给申报世界文化遗产造势，唐际根一手促成了国宝司母戊鼎在阔别56年后"省亲故里"，举国震惊！

2009年10月，中国文字博物馆矗立于甲骨文的故乡——河南省安阳市，它是经国务院批准建设的集文物保护、陈列展示和科学研究于一体的国家级博物馆，是中华汉字文化的科普中心，全国科普教育基地，爱国主义教育基地。担任副馆长的唐际根博士从建筑设计到展线设计付出了难以想象的心血！

（本文参照梁侨先生《考古学者唐际根：十年磨一剑——一生仿佛"殷墟人"》改写）

◎ 不干不净的海外传教士

近代来华的传教士并非都像明义士博士那样酷爱中国传统文化。

中国近代学术史上有重要的四大发现：流沙坠简、敦煌写经、明清档案与甲骨文字。甲骨文发现之初，立即引起了国际社会的瞩目，最早来到我国的传教士倚仗他们对于中国文物的灵敏嗅觉，不少人染指其中。

甲骨文开始流入英国是在1908年左右，1900年八国联军以武力打开了中国的大门，英国教会在天津设立了一所学校，名为"新学书院"。甲骨文之父王懿荣的儿子王翰甫在这个学校读书，他送给了学校一批家藏的古物，以抵资费。其中，包括25片殷商甲骨。学校当局并不知此为何物，就请当时英国驻天津领事霍布金予以研究。这个霍布金是个中国通，对中国古文字有一定造诣。霍布金研究了这批甲骨以后，把论文发表在新学书院校刊1908年5月的《学院回声》上。从此，霍布金对甲骨文发生了兴趣，后来又与查尔·方特组成了美英联合收买甲骨的集团。这个查尔·方特牧师是1888年由美国长老会派到山东潍县传道的。山东潍县古董商特别活跃，早几年就有人到河南安阳一带搜求古物。是他们之中的人把甲骨文传到了北京。这事在潍县当地也有传闻。查尔·方特嗅觉特别灵敏，虽谈不上是近水楼台，但起码也是消息灵通。从1901年起，他就开始收买甲骨，连传教也顾不上了。到1912年他抱病回国为止，竟做了11年的甲骨贩子。他垄断了整个沿海地区的甲骨市场，致使我国大批甲骨流往海外。

除了霍布金以外，还有不少外国人也私自搜求中国的国宝，并且运到了国外。美国长老会驻山东潍县的传教士方法敛和英国浸礼会驻山东青州的传教士库寿岭也合伙收集了大量的甲骨片。八国联军攻占北京后，山东潍县的古董商范维卿手里还有一批甲骨。库寿龄得知消息，马上登门拜访。库寿岭说到甲骨文，讲得头头是道。价格、成色，都瞒不住他。范维卿禁不住库寿岭的甜言蜜语，五六百块甲骨到了他的手里。库寿岭和方法敛还合伙从山东潍县盗卖甲骨，其中一次，就卖给了英国人在上海所办的亚洲文会博物馆四五百片。

1904 年冬，小屯村地主朱坤在自家地里挖到了大批甲骨，足足装了好几车。后来，这批甲骨流到了库寿龄、方法敛的手中。几经倒卖，1906 年前后，分别藏于美国卡内基博物馆、苏格兰皇家博物馆、大英博物馆以及美国斐尔德博物院等。方法敛还把这些甲骨摹写并编成《库方二氏藏甲骨卜辞》一书。

1909 年，德·威尔茨在青岛买到甲骨 711 片。到了抗日战争期间，这批甲骨下落不明。卫礼贤也买到 72 片甲骨，现在大部分藏于瑞士巴骚民俗陈列馆……据不完全统计，我国甲骨流入欧美的珍品达 5000 片以上。

当然热衷于中国传统文化的日本人更是想方设法地获取甲骨。日本人西村博、三井源右卫门很早就开始收集甲骨。《铁云藏龟》出版以后，日本高等师范教授、文学博士林泰辅一度怀疑书上的甲骨是伪造的。1905 年，日本东京文求堂出售所藏甲骨百片，林泰辅买了 10 片。后来他又买了 600 多片，还写了《清国河南汤阴县发现之龟甲兽骨》一书。1918 年，林泰辅还亲自来到安阳调查搜购。据郭沫若先生后来回忆，他在日本时，得知东京、京都两地有 9 家藏有甲骨，数量在 3000 片以上。特别是到了抗日战争期间，他们更是加紧了对中国古代文物的掠夺。据统计，殷墟甲骨文一共出土了 15 万多片，除国内藏品外，流散到了 12 个国家和地区：日本 12443 片；加拿大 7802 片；英国 3355 片；美国 1882 片；德国 715 片；俄国 199 片；瑞典 99 片；法国 64 片；新加坡 28 片；比利时 7 片；韩国 6 片。

◎ 别装了哈同，你真懂中国甲骨文吗

20 世纪初的老上海，英籍犹太人哈同算是个传奇人物，不少老上海可能还记得哈同花园，这间花园真可谓"大观园"，其中亭台楼阁、山石池水、奇花异木不计其数，相传有八十三景之多，形式可真谓丰富多彩，更是中西杂糅。

您相信吗？就是这位哈同，还似乎与甲骨文有点因缘呢。

犹太人欧司·爱·哈同，1849 年生于法国巴黎。1873 年，24 岁的哈同兜里揣着 10 块银圆，只身从香港来到上海。他的父亲老哈同在印度一家专营鸦片的公司里谋生，这家公司就是臭名昭著的东印度公司的翻版。他靠着在父亲那儿学会的善于钻营的头脑，很快博得了他所在的老沙逊洋行老板的赏识，一年多的时光，便升任业务管事，坐进了写字间。1886 年，哈同与一个中国女子罗迦陵结婚了。

哈同以贩卖鸦片起家，腰包迅速地鼓了起来，成了上海滩上有名的百万富翁。他在上海先后建了几处公馆，最后建成的一座叫作哈同花园。1906 年起，哈同出资 60 万银圆，从印度采购 400 万块铁藜木，铺设于南京路中段。他采购的铁藜木，每块两寸见方，码成马路后，再喷涂一层柏油。哈同这一举动使得南京路成为上海最昂贵的马路，并且轰动一时，当时被人称为北京的蓬尘、伦敦的雾，南京路上的红木铺马路。对于此事还有一说，当时在上海因投机冒险而发迹的犹太籍大地产商哈同，由于做鸦片生意败露，惹恼了当时的中国政府。为

弥补过失，哈同斥资让工部局实施了这项工程。南京路铺设木砖在当时也轰动一时，据说每天都吸引了大批市民前来观看。

哈同的老婆罗迦陵是个附庸风雅的人物，自从哈同发了不义之财，建成了哈同花园之后，她便张罗着建祠堂、修庙宇，还要办学校什么的。她听说有个名叫"仓颉"的人物很有文化，还创造了文字，就把学校取名"圣仓明智大学"，她自任校长。还搜求了一批甲骨文。罗迦陵声称要请全国一流的学者到这所学校里来，出书、编杂志什么的，让哈同花园着实出一下名。由于罗振玉的推荐，王国维进了哈同花园。

王国维把哈同搜求到的甲骨文进行整理、筛选，拓成了一本集子。此后，王国维的不少研究成果都记载到哈同花园名下，由哈同花园出资，圣仓明智大学出版。其中包括著名的《殷卜辞中所见先公先王考》和《殷周制度论》。《殷卜辞中所见先公先王考》不但证明了司马迁的《史记》是一部信史，《史记》所载的史实是有所根据的；同时也证明《帝王世系》等古文献，不应轻易怀疑。此外，它还纠正了《史记·殷本纪》对殷祖先排列顺序上的错误。更重要的是，它告诉我们：研究历史，特别是古代史，除了书本，还有出土文物。历史工作者应当把书本和出土文物相互参证。

盛极一时的哈同花园如同昙花一样，稍纵即逝，随着半殖民地半封建社会在中国的消亡，哈同花园也被扔进了历史的垃圾堆。新中国成立以后，在哈同花园的旧址上，建成了雄伟的上海展览馆。到底是哈同成就了王国维，还是王国维成就了哈同？成了一段难以破解的公案。

◎ 拨开迷雾：明义士博士不是"坏蛋"

2014 年是加拿大汉学家明义士（汉名）博士邂逅甲骨文 100 周

年，作为一个殷商文化的爱好者，我曾经对明义士在华事迹有所了解，写点东西的冲动难以抑制。

初一接触到甲骨文，立即就知道了一个非常重要的不可回避的人物，那就是"披着宗教外衣对中国进行文化侵略"的帝国主义分子——真真可恨呀！再后来，我逐渐读到了他的许多著作，知道他曾经在安阳居住多年，收集并研究甲骨文，后又在齐鲁大学讲授《甲骨研究》《人类学与考古学》；陆续地，我读到了更多的研究介绍明义士的书籍材料，包括富善《明义士传略》、方辉先生《明义士和他的藏品》等。于是疑窦丛生：一位堪称成就卓著的汉学家 PK 帝国主义文化侵略？明义士到底何许人也？

史料越来越多地呈现在面前，原先的第一印象也越来越模糊。终于，错觉层层剥离，真相还原了。作者于 2004 年 10 月 20 日的《中国文物报》上发表了几乎一个整版的文章《明义士博士，还你一个公道！》。一个早年来到中国，浸润在博大精深的甲骨文的海洋里，为中华优秀的传统文化所折服，进而为之奋发奋斗终身并以自己的研究成果，为甲骨学做出重大贡献的西方第一学者。

明义士本名 James Mellon Menzies，他的父母希望自己的儿子中学毕业以后考大学，为家庭带来更大的经济效益。1910 年来华的明义士 4 年以后来到了时称彰德的安阳。入乡随俗，他首先为自己取了一个颇带中国味道的名字——明义士。他认为，"明"不但有明亮的意思，还是中国一个著名朝代的名字。于是，他的英文名字 Menzies 音译过来就成了"明义士"。1914 年明义士在古城安阳遇到了甲骨文，自此他一发而不可收，开始了改变其一生命运的甲骨搜求与研究之中。明义士很快得手不少甲骨，工作之余，他开始临摹龟甲兽骨上的文字。一来二去的，小屯村的村民就与这个会说当地"粉浆饭"方言的洋教士混熟了。

明义士是来到安阳之后才结婚的，他的四个孩子中有三个出生在安阳。1916 年，次子亚瑟（Arthur Menzies）出生了，为了给儿子取个中国特色的名字，明义士翻遍典籍，找到《大学》的开首语："大学之道，在明明德。"对！就叫"明明德"吧！还按照中国人的规矩，给孩子取了一个乳名"天宝"。1976 年明明德 60 岁的时候，出任了加拿大驻中国大使。明义士的大女儿玛丽安娜二战期间曾经代表联合国战时救济署，来到华北解放区协助中国军民进行抗日活动。

明义士不仅收藏了已发现的甲骨文的三分之一，他还依据自己的研究成果，于 1917 年出版了自己第一部也是西方学者的第一部研究著作《殷墟卜辞》。他以《商戈》作为论文获得博士学位，这时候的明义士博士已经 57 岁。明义士关于商代世系的研究成果，几乎与郭沫若站在同一个起跑线上。包括在齐鲁大学任教在内，明义士在华大约有 20 年的时间。其中 13 年是在安阳度过的，为中加文化交流做出了不可替代的贡献。

甲骨文发现的早期，不少外国人染指甲骨文。明义士断然拒绝了他的同乡、河南主教怀特要他坐庄安阳为其倒卖甲骨文的要求。明义士 1936 年回国休假，二战爆发，其后朝鲜战争爆发，明义士一直未能回到他梦牵魂萦的中国。他写信给在中国的同事："在天津的阁楼上，存放着一批很有价值的甲骨和其他文物……这些东西应该留在中国。"

明义士博士的旧藏甲骨，如今现在分别收藏在南京博物院、山东省博物馆和故宫博物院。当然，加拿大多伦多皇家安大略博物馆也收藏有部分明义士旧藏甲骨文，那是二战期间他的同事在与之失联的情况下，作为他的私人物品运回加拿大的。事后这批甲骨文长期存放在港口，明义士生前一直致力于这批甲骨回归中国，遗憾的是直到辞世也未能如愿。

2004 年 11 月，位于安阳市红星路的明义士故居被安阳市人民政府公布为市级重点文物保护单位。其后又升级为省级文物保护单位。加拿大环球邮报驻京分社社长杰夫 2007 年采访了明义士故居。加拿大前后驻华大使罗丹、马大维，明义士的后裔等也造访了明义士故居，他们都表示要接续明义士博士的愿望，为中加友谊和文化交流再做贡献。在明义士故居，有一座小小的明义士甲骨学研究纪念馆，王宇信等学术大家欣然担任这里的学术顾问，成为安阳殷商文化研究的一个补充与亮点。

◎ 甲骨文的"齐鲁之谜"终于揭开了

在一本名为《千古之谜——中国文化史 500 疑案》中，列出了一些与殷商史相关的不解之"谜"，其中之一就是甲骨文的"齐鲁之谜"。该文记载说：当年加拿大人明义士在安阳搜求到 5 万多片甲骨，他后来到山东齐鲁大学教书。抗日战争爆发前，他把大批的甲骨和其他古物，埋在齐鲁大学校园的地下。新中国成立后，找到了这批甲骨，遗憾的是它们全部腐烂掉了！

每每读到这里，真是让人揪心哪。震惊世界的国之瑰宝，在地下埋藏了 3000 多年安然无恙，竟然在出土之后的几十年里，化作了齑粉，怎不令人为之扼腕！这批甲骨文到底怎么回事？"齐鲁之谜"的正确"谜底"是什么？

加拿大传教士明义士当年依仗他得天独厚的条件，从安阳搜求到了大批的甲骨。后来，他到齐鲁大学教书，专门讲授中国甲骨史。明义士为博大精深的殷商文化所折服，成为早期一位伟大的汉学家，而且没有参与倒卖过一片甲骨。抗日战争爆发前，正在齐鲁大学教书的明义士已经感觉到了国际上一触即发的政治气候，他筛选了一部分精品甲骨，连同其他古物，分别存放在当时设在南京的加拿大大使馆。另一部分则藏在了山东齐鲁大学。

新中国成立以后，1951年2月原设在南京的加拿大大使馆宣布关张。明义士所藏的那批甲骨由大使馆临时代办禳东德交出，后归南京博物院收藏了；而在齐鲁大学的那批甲骨，一时间成了不解之谜。1951年人民政府接管了齐鲁大学。在清点校产时，并没有发现明义士所保存的甲骨。那时候学校的外教大都继续留任。原任校长、英国籍的林仰山博士还是学校的代理校长。林仰山回忆说，明义士离开齐鲁大学之前，有些事给他做了交代。明义士说，他这么多年在中国，搜集到了大批的古代文物，他对中国的古代文明太热爱了，这些东西应该留在中国。原来，明义士回国前，为了避免大批古物免遭战事损失，把它们保存到了自己住宅的地下室里。就在日军攻破南京的11月中旬，林仰山派人把明义士留下的8000多片甲骨，悄悄转移到了齐鲁大学绿荫区的图书馆附近。

终于，经历了16年暗无天日生活的宝贝又见到阳光了。此时，人们最担心的，就是那些甲骨是否完好无缺。这些曾经在地下埋藏了3000多年的国宝经受住了又一次的磨难，带着它们所蕴含的上古社会的神秘记录，完整无缺地回到了中国人民手中。

这批8000多片甲骨现藏山东省博物馆，其中有字的3668片。

◎ 日本"哑巴"与神秘大铁箱

殷墟甲骨文散失于国外的，日本是最大的收藏国。从早年的民间收藏，到后来的战争期间，日本人对于中国的包括殷商青铜器和甲骨文在内的国宝，觊觎久矣！1937年7月日本发动了全面的侵华战争，殷墟发掘被迫停了下来。此后华北沦陷，安阳也处于日本帝国主义的铁蹄之下，人民饱受蹂躏，国宝难以保全。日本军人、大学等机构以各种名义来到殷墟进行"调查"甚至非法挖掘。1945年8月15日，日本宣布无条件投降，中国人民终于迎来了抗日战争的伟大胜利。胜利的消息传来，中国的甲骨学家无不奔走相告。他们希望早一天回到安阳，继续对殷墟进行发掘研究。

抗日战争期间，日本人在中国开办了许多工厂，一方面掠夺中国的原料，另一方面他们强迫中国劳工无偿地为他们做苦工。渤海之滨的大连就有家远东榨油厂，是一家日本人开的企业。日本天皇一宣布无条件投降，工厂里的日本人个个成了热锅上的蚂蚁，一心想着早日回国。树倒猢狲散，没有几天，厂里的日本人就跑得差不多了，只留下几个技术人员等着共产党八路军来接收。

1945年9月，十几位接收大员开进了榨油厂。此时的日本人早已没有往日的威风，手续刚刚办完，就都悄悄地"失踪"了，只留下一个曾经留学德国的装聋作哑的"工程师"。这个"工程师"不会讲中国话，日本话也很少听他说。一天到晚地，问他点什么事，他就用手比画比画。这个神秘的"工程师"一直延宕了数月而不去。负责接收榨油厂的同志看他挺老实的，也就没有把他当成一回事。

一天晚上，负责接收的田砚同志突然看见一个人影在黑暗中一晃就不见了。他警惕性很高，马上悄悄地追了上去。三窜两跳地，人影不见了。人影消失的地方就住着那个日本"哑巴"。一连几天，那个日本"哑巴"显得特别勤快。天一放亮，他就起床，抱一把大扫帚，把地扫得干干净净的。田砚悄悄地盯着这个不跟别人一起逃跑的日本人，发现这个日本人怎么老是围着院里那个大铁箱子转，是不是这大铁箱子有鬼呢？

院里这个大铁箱子好生奇怪：整个箱子用铁皮焊了个结结实

实……撬开它，看看到底有什么秘密！

箱子一打开，真相大白了！原来，箱子里装的是大小楠木盒子70多个，布盒子十几个。打开盒子，里面竟是1270多片刻字甲骨！秘密揭开了，那个神秘的日本人也再也不见了。

原来，这箱子甲骨片最早为罗振玉所藏。日本侵略者得手后，下令要严加保护。为了不显眼，就把这批甲骨运到远东榨油厂暂存。他们连夜焊了个大铁箱子，把甲骨封死在里面，以图掩人耳目。胶东行署得知这些甲骨的价值后，立即做了周密安排，上级秘密派船把这批甲骨转到了山东栖霞革命根据地。1947年中国又一次陷入了内战之中。这一年，山东解放区遭到了国民党的重点进攻，为了这批国宝的安全，中共胶东区党委特地抽调了几百名民兵，连夜将甲骨又转移到了海阳，后又转移到莱阳……几经战斗的洗礼，这批甲骨完好无损，中华民族的无价之宝终于保住了。现在，这批甲骨就收藏在山东省博物馆。

◎ 国之瑰宝司母戊鼎的前世今生

在联合国成立50周年纪念活动上，我国赠送给了联合国一只世纪宝鼎。这个被命名为"世纪宝鼎"的巨大的青铜器上，精心铸造着中国商周时期的精美纹饰。坐落在联合国总部门前的这只宝鼎，使人们想到了伟大中国悠久的历史。同时，稍微有点知识的人，就会联想到中国出土的著名大鼎——司母戊鼎。

在中国国家博物馆里，陈列着一件稀世珍宝，它就是至今还保留着世界出土青铜器之桂冠的司母戊鼎。这只大鼎通高 1.33 米，长 1.10 米，宽 0.78 米，重 875 公斤。大鼎腹内铸有"司母戊"三字。司母戊鼎腹内壁铸有铭文 3 个字，旧释为"司线戊"，"母戊"为墓主人的庙号（死后在宗庙的称号）。"司"读"祀"，即祭祀的意思。旧说认为这三个字的铭文表示该鼎为祭祀母戊而作。并认为母戊是商王文丁（属于殷墟 3 期）之母的庙号，该鼎为商王文丁所铸，是用来祭祀其母。司母戊鼎形制非常雄伟，通身龙纹盘绕。纹饰以雷纹为底，并饰以夔龙纹。走近大鼎，可以看到，大鼎两面的鼎耳如同猛虎吞噬之状；两侧为鱼纹和小夔龙纹。就连大鼎的足部也铸满了兽面纹。整个大鼎给人一种凝重之中又有华丽、神秘之中可见沧桑的独特感悟。每一位游客，不管他是来自地球哪个角落，走到它跟前都会不由自主地屏住呼吸，深深地为它所打动。此时此刻，游客甚至产生出这样的疑问：这真的是 3000 多年前我们的先民们用最原始的工具造出来的吗？何等的精美绝伦！

这么精美的青铜巨制，围绕它的出土与保护，还真的有那么一段有趣的故事呢。

就在中央研究院历史语言研究所在安阳殷墟发掘之时的 1934 年 10 月，领导第 10 次发掘的梁思永先生就得知，上一年的秋季，在洹河北岸的侯家庄，由私人盗掘而出土了 3 件体积硕大的青铜器。盗掘者正是侯家庄村上的农民。他们挖到宝物之后，立即倒手，卖给了无缝不钻的古董商，据说古董商又转手卖给了日本人。当时，不少人参与了这次暗中进行的交易。但一个个守口如瓶，不敢言及。就连这几件青铜器是什么样子，似乎也无人知晓。

梁思永他们联想到，自北宋起安阳一带就以出青铜器而著名了。

1928 年 10 月，安阳殷墟有组织的发掘工作一开始，立即引起国外几家报纸的关注。英国一家名为《伦敦插图新闻报》的报纸更是紧追不舍，连续报道了安阳的发掘情况。这更引起了世界上的"殷墟热"。随之而来的，是非法的盗宝活动又一次活跃起来。这些盗墓贼，往往趁着考古团发掘的间隙，纠集一拨人大肆盗掘。今天还是平整的土地，一夜之间，一个大洞打下去，留下了一堆黄土。

徜徉在侯家庄村的周围，梁思永发现了一处被称为"西北冈"的地方。根据以往经验，梁思永断定，这里极有可能就是商代大墓的集中之地。这次发掘发现了 4 座大墓和 60 多座小墓。

同时，他们还发现，在西北冈的东部，有一处被叫作"吴家柏树坟"的地方。这是一片密集的坟地，坟地周围栽种着 100 多棵柏树。这里离他们发掘的大墓不远，坟地下面，很有可能埋藏有商代王陵。梁思永把想法告诉了队员们，大家也表示赞同，打算进行发掘。但是，跟村里管事的一商量，立即遭到了严词拒绝。理由很简单：这可是祖祖辈辈的坟地呀，怎么能够随随便便就挖哪！

就这样，他们心中留下了一点点遗憾，那就以后再发掘吧。谁知道，日本发动的一场战争，竟然阻隔了蕴藏着更大希望的殷墟发掘！

日本侵略者占领安阳以后，这片坟地上的柏树都给砍光了。1939 年 3 月的一天，武官村一位名叫吴希增的农民在农闲的地里"探宝"，这片地就离当年的坟地很近。当他挖到十来米深的时候，发现地下土颜色异常，可能埋有青铜器。他悄悄回到村里，告诉了这块土地的主人吴培文，想约请二十来个青壮年棒小伙，大干一场。他们事先约好，任何人也不能走漏风声。如果"挖宝"有了收获，大家平分。这时候正值春旱，青黄不接，各自家里都没有东西吃。吴培文一号召，真有不少人响应。当天夜里，他们就开进了那块地里。因为宝物太大，土坑挖得小了上不来，就使劲儿往大里挖。3 月的天气还不暖和，又是夜里，他们连一盏灯也不敢点，生怕走漏了风声。一直到了第三天夜里，一个前所未见的庞然大物出现了。以前，发现什么古物，总是挖个土坑，在坑口上加上一只绞水用的辘轳。等井下的人把宝物放到笺头里，上面的人用力一绞，就升到地面了。眼下不同了，井口太大，无法支架辘轳，怎么办？

毕竟是二十多条壮汉，又套上了牲口一起拉，他们凭着人多力量大，硬是把这个大家伙给弄了出来。一看是个巨大的铜鼎，他们面面相觑，简直不敢相信自己的眼睛！说实话，这一带的农民们可是见过世面的。从小他们就听父辈们说地下出宝的事，渐渐长大了，又赶上考古团来这里，见的青铜器多了。不过，见这么大的大铜鼎还是第一回。一看大家愣了神，吴培文有点沉不住气了，距离这里不远就是日本人占领的飞机场，他压低嗓门儿说："乡亲们，眼看着就要天明了，万一走漏了风声，让小鬼子知道了，别说这个大炉，恐怕咱们小命儿也难保啊！"他一边说，一边安排一位小伙子回村去赶马车。一会儿工夫，马车到了，大家七手八脚地把大鼎装到车上。吴培文再次让大伙指天发誓，这才回到村里，把鼎埋到吴培文家院的粪堆下面。由于这只大鼎很像农村里牲口棚里的马槽，大伙儿私下称它为"马槽鼎"，把它当作镇村之宝。

不知怎么地，这事儿还是让日本人知道了。没有几天，驻在安阳飞机场的日本警备队队长突然来到武官村。他提出一定要亲眼看看这件宝贝。吴培文想尽一切办法，终于哄走了日本人。惊魂甫定的吴培文这下可犯了愁：这么大个物件，就在鬼子眼皮子底下，这事儿能久吗？他偷偷找到两三个人，大家一合计，有人说还是赶快出手保险，有人说这东西可是卖不得呀！不卖怎么办？留着它招惹是非？正在此时，有个自称从北京而来的古董商也不动声色地找上门来。他摆出一副神秘的样子，跟吴培文讨价还价起来。吴培文一口咬定：没有这回事儿！古董商以为吴培文嫌他出的价钱太低，一路翻升，竟然给到了20万银圆。

20万银圆！这对于他们来说，可谓天文数字了。于是有人动了心。可是古董商又要他们把大鼎截开，分成一小块一小块的，以便装车外运。几个年轻小伙又是锯又是砸的，生生把大鼎的一只耳给砸掉了，真让人伤心！看到千疮百孔的大鼎，其中有位长者出面制止了他们。大鼎又一次保全了。

事后，村民们把大鼎转移到了吴家东屋草房里，深深地埋到地下，漫上了地砖。日本人还是得知了消息。这天，一队日本兵凶神恶煞地开进村里，强迫全村的老百姓都到一个打麦场集合。百姓们到齐了，小鬼子呜里哇啦地开始讲话。汉奸队里一个斜眼睛当翻译，他说今天日本水野太君要给大家训话，都听好了。这个名叫水野的日本人是个大佐，据说在日本还倒腾了几天甲骨文什么的。水野站到前边说：他是来向中国乡亲们求教的，不是什么训话。日本文明与中国是不可分的。他对中国的甲骨文十分地崇拜。说着，他让手下人搬来一张桌子，桌上摆了一只香炉，正儿八经地点上了三炷香。老百姓们你看看我，我看看你，不知这家伙今儿是演的哪一出。说着说着，水野跪到桌子前，双手伏地，真的磕起响头来。水野屁股撅得比头还高，前后一拱一拱地，逗得小孩子们吃吃直笑。吴培文这时就站在人群中，他可是一点也笑不出来。他心里有数，知道日本人今天干什么来了。吴培文暗自给几个青年汉子使了眼色，无论如何不能"软"了。

水野头也磕罢了，话也训完了，大家都在等下文呢。这会儿，整个打麦场上安静极了，谁也不知道下面会发生什么事儿。斜眼睛翻译一看鬼子训完了，他干咳了两声说话了，乡亲们，水野太君今天特意到咱们村，是看得起大家。这么着吧，我把话挑明了说。水野太君天天在据点里也太闷得慌了，他要读读甲骨文、学学中国话。听说咱们村上有人挖了一只大鼎，想献给水野太君作纪念。今天，水野太君上门来"请"大鼎，以表示对中国文化的虔诚。怎么样？大家抬抬手，水野太君不会亏待大家的。

斜眼睛叨叨了半天，嘴干舌燥的，老百姓里没一个吭声的。大家此时都捏着一把汗，日本鬼子可不是好东西呀！水野这会儿往前迈了一步，打住了斜眼睛的话头，用不太流利的中国话说：我水野，可是要跟大家交朋友的。不过——

"不过，我看这真是一场误会呀！"只见吴培文走出人群，上前跟水野咬了咬耳朵。大家正担心他出事呢，不料水野哈哈地狂笑起来："幺西，幺西！你，朋友的。"他突然一翻脸："走，你前边去！"

这下可糟了，闹了这么些日子，原来吴培文跟日本人有联系！大鼎，看样子是保不住。村民一下子似乎明白了。就这样，一队日本兵走在吴培文后面，吴培文在前面耀武扬威地直奔武官村而去。吴培文进了村子，一个弯都不拐地径直往自己家去了。就这么顺利？连水野也没有想到。他怕吴培文跟他要什么花招，一步不落地紧跟其后。

哗啦一声，大门打开了。又是哗啦一声，屋门打开了。堂屋正中间的方桌上，摆着一只锈迹斑驳的青铜鼎。哇！这不就是朝思暮想的青铜大鼎吗？水野一下子扑上去，露出了狰狞的笑容。嘴里还连连叫着：幺西幺西……

事情原来是这样的：水野的残暴是出了名的，他到安阳时间虽然不长，却是做尽了坏事。前几天，就有人捎过信来，说是水野看中了武官村的那只大鼎。还加了一句话，要是藏起来不交，水野可没有工夫磨蹭。根据情报，他已经知道吴培文是头目。不仅吴培文难免一死，村上的老百姓也得遭殃。吴培文跟几位知己一商量，就想出这么个点子来：水野根本没见过"马槽鼎"什么样。为了保住全村老百姓的生命安全，只得委曲求全。村上还有一只前几年挖出的铜鼎。后来，经常来的古董商一看，硬说是后世仿造的赝品，贵贱不要。这回，正好把它给派上用场了。

就这样，司母戊鼎安安稳稳地在吴培文家的草房地下睡了 7 年之久。日本投降以后，一直到 1947 年，当时的安阳县古物保存会的头头打听出了大鼎的下落，他是威胁加利诱，动员村民把国宝"献给国家"。司母戊鼎终于又见天日了！遗憾的是，当年锯掉的那只"耳"再也没有找到。

古物保存会把司母戊鼎放到了该会所在地的安阳县县东街 4 号院陈列，让安阳百姓一饱眼福。这里是原先的萧朝庙，如今已经移建到了文峰南街。谁知这一张扬，又张扬出更大的事儿来。1947 年秋，正处于焦头烂额之中的蒋介石为了给自己打气，勉强振作一下精神，沸沸扬扬地要做什么六十大寿。驻在豫北的国民党第三十一集团军司令长官王仲廉日夜发愁，给这老头子送什么礼物呢？听说安阳出了"宝贝"，这不正中老蒋的下怀吗？一声令下，司母戊鼎被运到了新乡的司令部。接着，又由重兵护卫，连夜运到了南京。

司母戊鼎没有挽救老蒋失败的命运，终于，这只国宝级的礼器留在了南京。据传，老蒋仓皇败走台湾之时，曾打算把这件"神器"一同带走，以便时时得以佑护的。时任南京博物院的曾昭燏女士是曾国藩的侄孙女，她打心眼儿里不愿意把这件国宝弄到台湾去，就推说太大太重无法装箱。最后拗不过，还是打包运到了机场。无奈司母戊鼎占地太大，只顾逃命的达官贵人们，嫌它"白占"飞机上宝贵的位置，不管三七二十一，扔在机场了事……

新中国成立以后，它理所当然地摆进了中国历史博物馆的展厅里，供全世界的游客参观游览。说到这里，还要告诉大家：据专家学者研究，这只世界出土青铜器之最的司母戊鼎，可能是商代国王祖庚为了祭祀他的母亲而专门铸造的。专家们还推断：这只大鼎，代表了当时的最高工艺水平。这只大鼎是如何浇铸成功的一直是个不解之谜。连续浇筑会出现冷隔，看来只有四周若干座熔炉同时集中浇铸了。

司母戊鼎出土时缺失一耳，为了寻找此耳，更为了弄清出土司母戊鼎的大墓的情况，根据盗墓人指认的出土地点，经过国家文物局批准，1984 年 9—12 月中国社会科学院考古研究所安阳队对出土司母戊鼎的大墓进行了考古发掘。该墓曾多次被盗，随葬品基本上已被盗一空，因此考古发掘没有发现缺失的那只鼎耳，仅发现白陶簋残片、玉戈、金叶以及石磬残片等。根据地层关系及白陶簋残片等的时代特征，发掘者确定该墓的年代属于殷墟 2 期，即商代晚期的商王武丁后期至其子祖庚、祖甲时期。

◎ "司后之争" 的口水战

从出土那一刻起，司母戊鼎就有过好几个 "名头"：大马槽、司母戊鼎、后母戊鼎……当年，大鼎的保护者吴老先生则亲切地称呼它 "大炉"。时隔 70 多年，它又要改名了——2011 年 3 月 6 日中午 12 时，央视《新闻 30 分》播报了一条文物消息称 "……今天上午，从国家博物馆文物科技保护中心起运了第一批 184 件文物运往国家博物馆，其中包括国宝级文物——商代的 '后母戊鼎'"。

"一言" 激起千层浪。当即就有电话打到了央视，问责央视主播张泉灵。张泉灵在微博上称：看到新闻自己也以为错了，查过资料后，才发现 "原来早在 20 世纪 70 年代，学术界就有人建议把 '司母戊' 改为 '后母戊'……" 此后，广大网民乃至更多的各界民众纷纷参与讨论，支持者有之，反对者有之，他们以双方专家为 "后盾"，几乎演绎成了两大阵营。

主张不必改名的阵营首先抬出的是学养深厚的郭沫若先生，半个世纪前他老人家释读鼎腹铭文，认为"司母戊"即为"祭祀母亲戊"，一锤定音认定该鼎为"司母戊"。这一命名也获得了学者们的普遍认同。后来有学人研究认为殷商甲骨文"司""后"难以分辨，主张释读为"后母戊"更符合逻辑，所以1979年版《辞海》对该鼎的描述就是：……鼎腹内有铭文"司母戊"三字（或释"后母戊"）。

"司后之争"其实早已有之。早在1962年金祥恒先生就发表了著名文章《释后》，提出甲骨文及商周铭文中被释为"司"的字应释为"后"，意为王后、商王母亲的尊称。当时释读后母戊的专家以屈万里、金祥恒等为代表，起初影响较小，随着学术研究的进展和文字考释水平的提高，很多专家逐渐认同读为"后"。他们读"后"的主要依据是，商代甲骨文字体结构较为自由，偏旁可以随意放置和挪动，可以正写读作"司"，也可以反写读作"后"。

主张易名阵营的另一"领军人物"、中国国家博物馆研究员、历史学博士于成龙认为，"司母戊鼎"改名为"后母戊鼎"是学术界的共识，学术研究应当实事求是、知错就改、与时俱进。尽管"司母戊"的叫法已成为历史。但是，错的东西必须要改，不能一味崇拜权威。

"司后之争"对于大鼎出土地的安阳来说，显得尤为重要，引起的波动也更大。在此地举办的一场由作者全程指导的"司后之辩"辩论会上，红蓝双方各自举出例证，争辩得难解难分。主张不更名的红方一辩手刘伊丽来自中国文字博物馆，她强调要以民主和科学的精神谨慎对待更名问题，她认为"司母戊鼎"更名毫无必要。小刘通过诸多例证来支持自己的观点，最后反诘道：请问，我们为什么执意要更名呢？

蓝方四辩手刘盾来自著名的司母戊公司，他暂时搁置自己的观点，力挺应该更名。刘盾慷慨陈词，对于"后母戊"名称的定位，应该本着严谨、科学、务实、认真的态度。他力陈主张更名的专家的各种论据，认为对这件举世瞩目的文物命名应该尊重专家的研究结论，不能一味地抱残守缺，更不能以公众喧嚣的方式予以全盘否定。

…………

安阳的"司后之争"辩论会，还吸引了来自北京的多位专家学人，他们还现场解释了公众关心的许多疑惑与问题。中国社会科学院荣誉学部委员王宇信先生认为，更名可能会带来一连串不必要的社会问题；中国国家博物馆研究员于成龙先生解释说，国宝更名是经馆学部委员会一致同意，并征求了相当一部分专家的意见后才进行的。北大教授葛英会先生，中国社会科学院历史研究所副所长王震中先生以及甲骨文研究专家、安阳甲骨学会老会长党相魁先生等，也都畅所欲言，发表了各自的研究成果与观点，对于普及公众考古学知识，弘扬殷商文化起到了积极的推动作用。

"司后之争"并没有争出一个"子午卯酉"来，似乎也不需要一个"标准答案"。论争带来的不仅仅是一个命名问题，首先是广大民众的积极参与意识，这也从一个侧面反映了我国改革开放以来，物质生活水平大为提升之后，民众对于精神文化食粮不断增强的需求。论争普及了灿烂辉煌的殷商文明，使得普通民众对于国之瑰宝司母戊鼎有了更为深入的认识，这正是世界遗产组织所推崇的公众考古理念的延伸与实践。

◎ 你知道"商业"这个说法怎么来的吗

举世瞩目的妇好墓中，一下子出土了 6800 多枚打了孔的贝壳。难不成女将军妇好喜欢玩这个？

最早的商品交换，在远古的原始社会时期就已经有了雏形。传说在神农氏的时候，"日中为市，致天下之民，聚天下之货，交易而退，各得其所"。

今天，我们来想象一下原始社会以物易物的情景。一个人马剽悍的部落，在一次围猎中，捕捉了十几只野羊。他们得胜而归，部落里的男女老少都出来欢迎了。入夜，整个部落沸腾起来。在中间的篝火上，烧烤着的羊腿吱吱地冒着烟，大家围着篝火，唱啊跳啊，一直闹腾到半夜，才渐渐散去。次日一早，部落长带上一个帮手，用绳子牵着几只他们吃不完的野羊上路了。他们要赶到一二十里远的地方，那里今天有一个自发的交易市场。

市场到了，那是一片平坦的地方，已经有三三两两聚在一堆儿的人了。部落长牵着野羊从他们中间经过，被另一个人叫住了："野羊，好！怎么样？想换什么呢？来来，看看这把蚌镰什么样！"部落长只管走，他径直向一个摆着草药的地摊儿走去。部落长心里知道，自己部落里的一个壮汉，昨天狩猎的时候，被一只狗熊咬断了手臂。只有这里的草药才能使他早日康复。终于，他们的交易成功了。部落长高高兴兴地带着草药回家了。

在殷墟发掘中，曾经出土过大量的贝壳。这些来自南海的贝壳就是中国最早的货币。人们在贝壳上钻一个小孔，用绳子串起来，10个穿成一串，叫作"一朋"。学界泰斗郭沫若先生在看到安阳殷墟出土的货贝时，曾吟咏道："海贝三堆难计数，十贝一朋不模糊。"同时，漂亮的海贝又成为贵族妇女追逐的财富——她们把成串的贝壳挂在脖子上，以表示富有与美丽。试想：一位体态雍容的贵夫人，身着丝绸衣裙，腰挂名贵玉坠，头顶富丽头饰，长长的项颈上戴着闪亮的贝壳项链，从一辆精心装饰的、由四匹高头大马牵引的车子里走出来，那该是多么的风采！

这些来自大海边的贝壳质地坚硬，性能稳定，不仅光洁美丽，而且坚固耐用、携带方便、容易计数，最适合用来做货币。

殷墟发掘证实，殷都的许多物品并非都是本地的产品。大到冶炼青铜的矿石，大都远在陕西、江西乃至湖南、内蒙古等地。小到玉石、贝壳、绿松石、占卜用的龟板，大抵来自新疆以及东南沿海一带。这些物品中，可能有些是周围的方国供奉来的，或者通过战争等途径来得到的，但其中大部分还是源于民间交易。既然存在大量的物质交流，商业活动的繁华是可以想见的。商代晚期，殷都已经具有了相当的规模。有学者推断，仅在京畿居住的常住居民就有十数万人，加上经常贸易来往的客商，人数就更多了。繁华的殷都开设了若干专门用于交易的场所——市、肆，可谓行商坐贾，商品琳琅满目。除了官办的贸易之外，经商者还有自由民和奴隶。他们往往成群结队地到各地去从事贸易活动，甚至成为各个方国之间的"经贸大使"。据研究，当时的贸易范围波及荟萃甚广，东北达朝鲜一带，西北达宁夏、新疆，西南达湖北、四川，东南达江浙地区。

由于交易的不断扩大，仅靠供奉的贝壳已经不能满足要求，于是，商代后期就出现了青铜铸造的仿照贝壳样子的货贝，开创了中国漫长的金属铸币的先河。当时，货贝不仅用于交易，还作为财产的一种形式，赏赐给下级。甲骨文中，就有赐贝的记载。

在殷墟发现的大量墓葬中，往往可以见到一般的平民死后口中含着一粒贝壳，有的放在手中或者脚下。贵族墓葬中，出土的货贝更是无计其数。著名的妇好墓里就发现货贝6800多枚！显然，我们不能说，这些都是妇好的项链，只有一个答案：财富。如今是21世纪了，在一些偏远的农村里，我们还能看到，人们在装殓死者之前，总要往其口里塞一只铜钱或是玉石之类，以图个吉利。这大概也是古风犹存吧。

直到今天，凡是跟财富有关的汉字繁体字，大都使用"贝"字作偏旁。比如，财、寶、賄賂、賬、貪、貧、貿、賑……赚钱的"賺"、输赢的"赢"，"贊助"要动真格的，借了人家的钱物是"賴"不了的……中国文字真是神奇，闭目一想，就不难想出几十个带"贝"字旁的字来！

根据《尚书·酒诰篇》的记载，武王灭商以后，商遗民"肇牵牛车远服贾"，也就是说，商亡国后，商族的遗民流离失所。因为他们有从事商业活动的经验，大部分人继续从事贸易。其活动范围比原来更大了。他们带着家乡的特产，一边走，一边进行交易，买回或换回自己需要的东西。相对而言，周族人更看中农业。后世就称之为"殷人重贾，周人重农"。学者们推断，这大概就是把从事交易的人称为"商人"的由来。由此推之，"商业"一词产生于兹也就顺理成章了。想想如今的一些"大老板"，腰包满满的，却不知这些宝贝从何而来。为了保佑自己财源不断，就供奉一个瓷捏的"财神"，这倒是乐坏了烧陶瓷的！

要是真的识货的话，就不如在门口挂上一只大大的贝壳，这才是供奉我们的老祖先呢！

◎ 甲骨文：书法艺术的源头活水

书法艺术是中华传统文化宝库中的菁华之一。以汉语言文字为基础的书法艺术，是中华文化所独有的一种艺术门类，在西方，仅仅有美术字而已。书法艺术之博大精深，几乎可以涵盖中华文化的全部。除了执笔、用笔、点画、结构、分布等技巧外，书法艺术更讲究的是它的意境美。如同中国画一样，这种意境美只可意会，不可言传。

从秦始皇命李斯统一文字，把各家文字厘定为小篆之后，中国的书法开始走上了健康发展的道路。书法历经演变，形成了以真、草、隶、篆为主流的法体。此后，我国出现了多少书法大家，以欧、颜、柳、赵为代表的各大流派，对后世产生了巨大的影响。然而，无论欧、颜、柳、赵，还是癫张狂素，都不如我们今人幸运——我们今天得以欣赏到由最古老的甲骨文而演化出的最年轻的甲骨文书法。

要说甲骨文书法，其实可以包括两个阶段。其一即为殷商时期，其二就是发现甲骨文之后的百年。甲骨文不仅对中国的文字发展产生了巨大的影响，而且它亦可谓后世书法契刻艺术的鼻祖。中国汉字由于受时代、地区、用途、工具、方法和写刻者不同等条件的限制，形状变化复杂多样，其流变又往往体现在书写风格和契刻艺术上。在由篆、隶、草发展成为现行楷书的过程中，甲骨文首当其冲，其后文字书法契刻才渐次进步。无论是武丁时期雄伟整齐的甲骨文契刻，还是帝乙时代细如黍米的文字，其书法艺术上，以笔画的肥瘦、结构的疏密、转折的方圆、位置的高下，自然而然地产生出一种和谐的美。

在殷墟的发掘中，还发现了甲骨之上有毛笔书写的痕迹，以及色彩艳丽的填墨填朱的甲骨文书法。有些甲骨文是先用毛笔写上然后再刻写的。这说明，至少在当时，甲骨文就已经产生让人赏心悦目的书法功能了。虽然，此后的3000多年中，甲骨文湮没以致不再流行，但是，后世的书法，在诸多方面受到了甲骨文的影响，如春秋以后所谓的薤叶篆、垂露篆、蝌蚪书、鸟虫书、玉筋篆等。

由于甲骨文是用铜刀、玉刀契刻的，也有人称为"刀笔文字"。甲骨文以直线居多，故而显现出它的雄浑豪放。即便是殷商各个时期的甲骨文字风格迥异，其细小秀丽者亦可谓锋芒毕露。由是说来，殷商甲骨文又是后世契刻艺术之源泉。周人之铜器铭刻、春秋铭辞、战国之竹木玺印……无不以甲骨文为源头。

前几年，中国科学院院士、中国科技大学校长朱清时先生偶然造访了社科院的安阳考古站，他向唐际根博士提出一个最新的说法，即甲骨文字不都是"契刻"的，他以高倍电子显微镜观察，发现有些甲骨文字的刻画，看不出刀痕，反倒有烧灼的痕迹与碳离子！很快，这一惊人的消息就由新华社对全世界宣布了！看来，学科的交叉研究太有必要了！

1899 年，甲骨文字在湮没于地下 3000 多年以后，得以重见天光。我们欣喜地注意到，早年搜求甲骨文者亦大都是书法大家。王懿荣精于金石、版本、书法，山东王懿荣纪念馆内还收藏有他的许多墨宝。王襄、孟广慧、刘铁云、罗振玉等皆为著名的书家。罗振玉第一次见到甲骨文字，就惊呼："此汉以来小学家若张杜杨许诸儒所不得见者也！"中年之后的罗振玉摹写甲骨文十分用心。他在日本期间，研究甲骨文兴致正浓，甚至把甲骨文写作方块字。甲骨文发现伊始，早年的甲骨学家们大都浸淫于文字的考释，未及注意到甲骨文的书法价值。罗振玉则可谓先知先觉。1921 年春，他从日本回国，寓居天津。闲暇时即用甲骨文字撰写对联，三个晚上即撰成对联百副。说起此事，罗振玉写道："昨小憩尘劳，取殷契文字可识者，集成偶语，三日夕得百联。存之巾笥，用佐临池。辞之工拙非所计也。"当年，罗振玉先生首次用甲骨文书写楹联，从集字成联，到集联成册，出版了《集殷墟文字楹帖》，开创了现代甲骨文书法的新时期。其后章钰、高德馨、王季烈等，也集甲骨文字为楹联。1927 年，罗振玉将自己和其他三人作品集为《殷墟文字楹联汇编》出版，共收 400 余联，四言、五言、六言至十言不等。另一大家董作宾先生也在殷墟发掘报告里呼吁：要广开甲骨文研究的路子，他提出了甲骨文研究之扩大的若干途径，其中也包括甲骨文书法的研究与利用。

直到 20 世纪 80 年代之后，我国书坛才再度勃发。各路书家，竞相墨海泛舟，祖国传统艺术之菁华梅开二度，甲骨文书法这一古老而又年轻的艺术，迅速得到广大书家的青睐。1984 年 10 月，甲骨文之乡的安阳首开纪录，举办了国内外书家参加的大型的殷墟笔会。两年之后的 1986 年 9 月，"安阳殷墟笔会出土甲骨文物展"东渡扶桑，在一衣带水的日本引起轰动。1985 年，吉林大学出版社整理出版了罗振玉的《集殷墟文字楹帖》，为甲骨书潮推波助澜。其后，不仅安阳，江苏等地也举办了或海峡两岸或内地的甲骨文书展，甲骨文书法活动进入辉煌时期。

在我国书坛，长期以来就有"书画同源""书画相通"之说。综观甲骨文字，已经具备了"六书"的造字方法，其中尤以象形、指事、会意、形声为最。据专家研究，各国的文字初始时大都为象形文字，国外也有学者称为"图画文字"。甲骨文中，惟妙惟肖的象形文字，略一指点，今人即可辨识。与后世的文字书写方法比较起来，甲骨文无疑更具灵气。由于它是刀笔文字，运刀的冲、切、摆、舞、提、挑，无不显出早期书家的豪爽大气来。虽然甲骨之上也有先书后刻的文例，但是，刀笔字法的神韵远非毛笔所能比拟。我们曾经看到过一块刻有六十甲子的甲骨，有学者推断是为初学者练习所用。这块甲骨之上，六十甲子排列整齐，无论章法、字法、刀法都十分精当，可谓早期甲骨文书法之上品！

著名甲骨学家王宇信先生在他的《甲骨学通论》一书中写道："书法是一种综合艺术。甲骨书法家要有一定的文学修养，要有一定的甲骨学基础，要参见和临摹一些甲骨拓本。"他提出甲骨文书法要合情、合理。合情，即符合甲骨文当时之情。学者们把甲骨文分为五期，各个时期的字形、书体各具特点，要严格把握；合理，即甲骨文书法要神似，体现出真正的甲骨文韵味来。王宇信先生还强调，由于甲骨文数量有限，万不得已时，"借"字、"造"字都要适当。

著名书家焦智勤先生曾长期致力于甲骨文书法的研究与实践，他认为，作为记录语言的交际工具，汉字从诞生之时，也同时创造了书法艺术。他在研究了殷墟朱书墨书文字后指出，正是毛笔的广泛应用，促进了书法艺术的发展。殷墟朱书墨书文字是以其实用为基础的，笔法尚未成为主要的审美内容。这些自然形态的文字，随着社会的发展和人类实践活动的不断丰富，从其他艺术门类中吸取营养，使毛笔书写的书法逐渐丰富起来，这种融合丰富了书法艺术本身。殷墟甲骨文字的墨迹已经树立起书法从形成技巧到艺术风格的基本规范。

书家在论述甲骨文之书法美的时候，从诸多方面研究了甲骨书艺的美学特征。从视觉艺术的角度看，甲骨文书法以点与线、面与形以及它灵活的结构变形，构成了视觉美的基本要素。甲骨文书家普遍认为，甲骨文的书写，要注意把握其笔画的变化、字形的变化、结构的变化。甲骨文的笔画直而不折，古朴直率；字形变化随意，自然天成；无论章法字法，其结构都灵活多样，洒脱而疏朗。

当然，甲骨文书法发展到今天，又产生了一些新的流派，诸如追求画意、追求写意、追求现代等等。但是，万变不离其宗，一味地去追求新、奇、怪，追求别人看不懂，追求个人内心世界的宣泄，也就失去甲骨文书法的艺术之美了。

◎ 丝绸之路启于殷商盛于汉唐

近年，由于学术研究和考古新资料不断涌现，关于连接欧亚大陆的丝绸之路的研究成果不断更新。原先学界认为丝绸之路的东方起点只是起于西安的论点，也为众多新资料所刷新，反映了新时期学术思想的创新与新成就的突破。

从上古的欧亚大陆桥开始，历经周秦汉唐宋元明，实际上丝绸之路是一个漫长的历史过程，不仅有着若干个起点，也有海上、草原等多条通道。西安、洛阳一度大争第一，实在没意思。不管怎么样，起点也包括殷商时代的大邑商——今天的安阳，有和田玉为证。

安阳殷墟，素以甲骨文字、青铜冶炼和都城建设为世人所瞩目，成为早期中国文明三要素最具代表性的都城。2006 年 7 月，安阳殷墟作为文化遗产载入《世界文化遗产名录》，成为我国第 33 处世界文化遗产。2017 年，甲骨文也列入了世界记忆遗产。

1976 年，妇好墓的发现，一时石破天惊！妇好墓是当时殷商一系列墓葬中第一个未经盗掘的中型墓葬。其中不仅出土了众多青铜器，更吸引眼球的莫过于那些晶莹剔透的新疆和田玉了。

自从殷墟妇好墓中发现的玉雕文物大都被认定为新疆和田玉后，上古时代是不是存在一条"玉石之路"的假设就一直困扰着考古学术界。2002 年 6 月，中央电视台与中国社科院考古研究所联袂，进行了"玉石之路"大型科学考察，取得了惊人的成果。从新石器时代至商朝，昆仑山下的先民们把美玉分别向东、西两个方向运送，开辟了一条"古玉石之路"。

从 3000 多年前开始，东线"玉石之路"——一支经罗布庄、罗布卓尔至敦煌；另一支经喀什、库车、吐鲁番、哈密，在今玉门关、酒泉一带会合，再继续向东延伸，经兰州、西安、洛阳而到达安阳。西线经由新疆进入乌兹别克斯坦到欧亚各国。由于"玉石之路"的开辟，大量的珍贵和田玉向东、西方向运送，至商周时代出现了我国第二个玉器高峰时代。

殷墟妇好墓里，出土玉器 755 件，当时玉器的选料有绿色、褐色、灰色、白色、黄色、黑色等，专家鉴别后认为，除了新疆和田玉外，还有辽宁的岫玉、南阳的独山玉等。玉器中有造型厚重的礼器，有实用工具，更有形象生动活泼可爱的鸟兽。娴熟的技艺，栩栩如生的造型，显现了先民艺术家们的匠心独运。细致打量这些艺术品，甚至可以发现某些与毕加索大师相近的技法，可见，艺术的领悟是跨越时空和国界的。

显然，自殷商时代起和田玉就大举东进，成为宫廷权贵用玉主体，统治者视其为宝物，推测商代已形成了规模开发。妇好墓中发现的玉器就足以说明这一点。著名学界大师李学勤先生早年就论证过，夏商时期就已经基本形成了贯通东西方的欧亚大陆桥。19世纪80年代，德国人李希霍芬对中国地貌和地理进行了规模宏大的综合考察后，在他的《中国，亲身旅行和据此所做研究的成果》一书中首次提出，古代在中国的北方曾经有过一条称得上是"丝绸之路"的横贯亚洲大陆的交通大动脉。然而，李希霍芬先生没有想到的是，在他考察之后仅仅过了99年，安阳殷墟妇好墓惊现和田玉。

古玉研究大家、殷畿博物馆馆长常庆林先生的藏品里面，竟然有几件造型非常特殊的殷墟和田玉雕塑小玉人，可谓令人惊诧不已！首先，如此精美的殷商出土小玉人竟然是来自如今新疆的和田玉！和田玉是怎么远隔千山万水运送到中原腹地的？其次，这些出土小玉人头上都戴着小圆帽，这种小圆帽不是殷商风格，而今中东犹太教信徒们还依然戴着这种帽子！这种帽子希伯来语叫作"基帕"。还有玉人身披硬质圆领、后摆开衩的燕尾披风，后脑中分缝发式，也是典型的中东特征！难道……

同时，商代发达的青铜冶炼技术也为我们留下了许多不解之谜。殷商时期的青铜冶炼技术已经十分纯熟，分析发现，当时冶铸的青铜器，其铜、锡、铅的比例已经与今天研究的最佳比例非常接近。然而，令我们不解的是，殷墟附近至今没有发现有开采价值的铜、锡、铅的富矿。学者们认为，国都大邑商一带冶铸所使用的原料很可能就是一些半成品，即在矿藏出产地就已经冶炼出来含量较高的粗制品了。当时使用的这类铜矿推测在湖北、河北、江西一带；锡、铅可能会在更远的湖南和两广一线。毋庸置疑，当年有一条连绵不断的金石运输线常年保持畅通。商代战争频仍，连年征战，可能也与争夺优质的矿产有关。当然，殷王室的玉石来源是多元的，会有一部分来自方国供奉。

此前殷墟遗址发现了窖藏的 3.3 吨铅锭，更加证实了青铜原料的"远道而来"。还有占卜用的鱼板与作为货币使用的贝壳，也都是来自南海的舶来品。

商族人是善于从事物流业的。早在商朝立国之前，商人的祖先相土作乘马，王亥作服牛，驯养牛马用于远距离经商。商代覆灭之后，商民族遗民又分散到了全国各地，他们以自己善于经商的传统为生，以行商坐贾为业。人们看到，从事物流交易的人群几乎都是商族人，于是就呼之曰"商人"，以区别于周围的"周族人"——久而久之，"商人"成为一个泛义的概念，他们所从事的行当也就成为"商业"了。

再者，关于"殷人东迁"近年海内外学者多有论述。已故旅日华侨欧阳可亮先生专门寄书作者，以其亲身经历，论证安阳与美洲印第安人的关系。欧阳可亮先生是我国唐代大书家欧阳询的第四十四代孙，他的父亲欧阳庚曾经是清末民初的外交官，欧阳可亮先生自幼随父在海外生活过。欧阳可亮先生在《安阳人起来!》一文中说，美洲是殷商时代的安阳人发现的，而且要早于哥伦布2500多年，并非后来记述的哥伦布发现新大陆……欧阳可亮先生小时候曾经在智利接触了不少印第安儿童。他回忆说，那里的孩子说话与中国河南方言极为接近，他们还口耳相传唱着一首歌：我们的祖先们3000年前怎么来的？祖先徒步过冰雪，祖先乘涕竹舟过天之浮桥，祖先乘艋艟战船，风帆送我们来的，千辛万苦来到日出之国……那时候，七八岁的欧阳可亮与三哥欧阳可宏和印第安儿童一起游泳、玩耍。孩子们一唱这首歌，就会相拥抱头而放声痛哭。

欧阳可亮先生认为，殷商时期人们已经掌握了制作大船的技术，武王伐纣之后，大将攸侯喜率十万军士和十五万民众，趁着大洋季风暖流，跨海逃亡美洲……带去了先进的甲骨文字、金属冶炼技术和农耕技术。早期甲骨文大家、国学大师王国维和他的老师罗振玉，就曾经委托欧阳庚到中美洲后设法调查"华侨中有无殷人东迁的痕迹"。

欧阳可亮先生还说："董作宾是我的老师，他说，根据我作的殷帝辛日谱，攸侯喜征抚东夷林方、人方、虎方、粤方，迁殷民十五万与林方、人方等同化……武王灭周之际，东夷殷军民从此失踪。虽无从查起，但东方之东亦即东方，殷人东渡当在美洲。为此，董作宾两度赴美调查……所憾未到墨西哥、秘鲁、智利去看看，太可惜了……"

近年，殷墟考古也有诸多新的发现和研究成果。有学者在研究殷商头骨中惊喜地发现，在主要为蒙古人种的基础上，还有部分明显带有中东人特征的头骨和非洲人特征的头骨出现。香港中文大学饶宗颐先生，甚至在殷商出土器物上发现带有明显西文刻画的字符。

著名考古学家李济先生可谓中国考古学之父。李济先生在《殷商陶器初论》《记小屯出土之青铜器》中就殷墟出土之陶器和铜器的型式详加比较，得出结论，殷墟铜器其实是仿自殷墟陶器，而殷墟陶器又沿用的是仰韶、龙山的形制。殷墟铜器之型式不能比殷墟陶器更早，因而李济怀疑殷墟以前的中国并无单独发展的青铜器，而青铜器在殷墟时代的突然兴盛，十分可疑。

同时李济指出：殷墟侯家庄帝王陵墓 HPKM1001 大墓椁顶一种"肥遗"怪兽图案，和另一种在木雕残片中发现的母题是一对老虎的图形，考证都源于美索不达米亚。李济称这是"中国在纪元前 2000 年或更早时期和西方文明接触的最有趣的证据，是从陶器的形制上得到的……同样的也在杰姆德纳剎（Jemder Nasr）和莫汗久达鲁（Mohen-jo-daro）地方发现过。将商代陶器和近东中东的形制加以比较，可以发现很多甚为相像的例子，但我以为这一个是说明文化接触无可置疑的范例。在相隔这样遥远而且互异的世界的两端，能独自发生结构如此相似是难以想象的"。李济先生进而认为，中国古代，两轮大车其型式跟巴比伦遗物上的图画并无差别。而巴比伦的两轮大车，是公元前3000年的事，其时代比殷墟要早。

我们知道，文明的演进是一个漫长的过程。甲骨文发展到殷商时期的成熟阶段，至少需要1000年到1500年。同样，丝绸之路也不是一天形成的，需要一个逐渐发展成熟的过程。

学者研究发现，殷商鼎盛时期，在国都大邑商京畿一带居住的人口达到了14.6万人左右，是当时东方最大的都市。此时，西方古罗马城所在的台伯河口才刚刚出现一些原始的聚落。

综上所述，鉴于"金石之路"和"玉石之路"的存在，殷商时期疆域之广大，加之殷商国都大邑商之繁荣，商人又具有善于物流、航运等生存能力，加之一系列考古证据的研究论证，相信殷商时期的"玉石之路"对于其后1200多年兴起的"丝绸之路"起到了重要的启发作用，是为丝绸之路的滥觞、前身和准备。因此，我们可以客观地说，丝绸之路起于殷商，盛于汉唐。

（本文是作者2007年4月2日在国家旅游局专家论证会上的发言）

◎ 千古之谜：殷商人发现了美洲

在一部由美国人威尔·杜兰编著的最新版本的《世界文明史》上，记载着这么一段历史：

1492 年 8 月 3 日，哥伦布带着一封写给中国可汗的书信，驾驶着他的旗舰"圣玛利亚"号、"品达"号与"妮娜"号，带着 88 个人，备足了一年的口粮，驶离了帕洛斯港。哥伦布希望抵达之地是中国，而不是印度。

33 天焦虑地过去了……

10 月 9 日，"品达"号与"妮娜"号的船长登上了旗舰，请求立即回航到西班牙。哥伦布答应：除非三天之内，看到陆地，否则悉听尊意。

10 月 11 日，他们从海洋上拖上一根开有花朵的绿树枝……翌晨两点，在近乎满月的夜晚里，"妮娜"号的守望者终于喊出了："土地！土地！"

原来，这里并不是他们梦寐以求遍地黄金的中国，而只是来到了马哈尔群岛。

…………

1502 年 5 月 9 日，哥伦布开始他的第四次航行。他先后抵达洪都拉斯、尼加拉瓜与哥斯达黎加的海岸。12 月 5 日开始，他们经历了一场为时 9 天的前所未见的包括龙卷风在内的暴风雨。就在这年年底，哥伦布在巴拿马的一个小小的港口里，庆祝圣诞节与新年。

哥伦布没有发现中国，他们以为那就是印度。于是称当地人为"印第安人"。

这就是威尔·杜兰笔下哥伦布发现美洲大陆的一个场景。如果我要告诉读者：中国人发现美洲大陆比哥伦布还要早 2500 多年，您一定会惊讶得合不拢嘴！您不妨先合上嘴巴，听我细细道来。

1996 年 7 月 24 日的《光明日报》上发表了一篇文章，题目是《中国·墨西哥文化本是同根？》。文章的第一句就问道："墨西哥古历阿斯台克太阳历就是中国的原始八卦图吗？"中国的《易经》是周文王根据伏羲的先天易发展而来的。但此前的原始八卦、原始八卦历，在中国早已失传。学者王大有认为，中国失传的那部《易经》，极有可能就是阿斯台克太阳历。中国与古墨西哥文化具有整体、序列、共时、历时特殊指向的同一性。他们在考察中发现，龙凤文化、太极八卦文化、五方五行五音五色五气文化都浓缩在墨西哥国宝阿斯台克太阳历中，其间显示出鲜明的中华本土文化的基因。甚至，美洲印第安人使用的乐器阳埙、排箫、螺号、人骨笛与中国的古羌人、西藏人的乐器功能相同，而且在五声音阶和五声调式上也与中国的宫、商、角、徵、羽完全相同。

无独有偶，解不开的"谜"还有许多：

在古代墨西哥奥尔梅克文化中，竟然发现了360余个已经释读的甲骨文字！在出土的玉圭上，发现了殷人远祖、高祖、始祖、先公、先王谱系，可以断定，这玉圭就是神主牌位。

在美洲墨西哥西海岸，曾经发现25个"亚"文和20多个"舟"陶文。

美洲安第斯山土著中，流传着"侯喜王歌""摩且王炮烙火刑"。

中美洲尤卡坦半岛居住着的玛雅人，自称是"三千年前由天国乘涕竹舟经天之浮桥，到科潘河畔种豆麦黍粟"的。而在CHIHUAHUA居住的INFUBU人则自称是中国血统、殷人后裔。每每他们思念故乡，就祈祷说YINDIAN（殷地安）。

1976年，美联社发布了一则消息称：在美国加利福尼亚州的帕拉斯维德半岛的浅海中，发现了30块神秘的石头。"这些石块的外部长满了珊瑚，每个石块中间有一个洞。"此前的1975年，潜水员在洛杉矶附近，先后出水几只重125公斤的古代石锚。根据石质分析，它们出自亚洲，显然它们比哥伦布早上千年来到美洲。

饕餮纹是商代青铜器上的主要纹饰之一。而中美洲印第安人同样以饕餮纹用于装饰。

…………

如此种种难以破译的"谜语",近年来,似乎有了一些转机。旅日华侨欧阳可亮先生曾致书作者,题目就叫《安阳人起来!》。他以亲身的经历,论证了美洲是安阳人发现的。

欧阳可亮先生是唐代书法大家欧阳询的四十四代孙,其父欧阳庚(1858—1941)曾在清政府和民国担任外交官50余年。1901年,欧阳庚在美国任外交官。王国维转清钦差大臣张荫棠之手谕,嘱在华侨或华裔中间寻觅"殷人东迁"之事。1909年,欧阳庚赴墨西哥受命处理华侨被杀索赔案。是时,墨西哥INFUBU(殷福布)人,以墨西哥革命时杀害印第安人十倍于华侨为由,要求欧阳庚代为交涉。清政府软弱无能,以"不可多事"拒之。

欧阳可亮先生之兄欧阳爵出生在美国。他在接触了大量的美国印第安人后说:"印第安人是最早到达美洲的中国人,殷人东迁确有此事,这些中国殷民到达美洲后,分成了飞鹰族、日乌族、月兔族、飞虎族、殷福布族等近百个民族。"

欧阳可亮先生幼年随做外交官的父亲侨居智利,也曾接触了不少印第安人的儿童。在YINCA的印第安人,说话与河南人很相近,他们每天都唱一首歌:"我们的祖先3000年前是怎么来的?祖先徒步过冰雪,祖先乘涕竹舟过天之浮桥,祖先乘艋艟战船,风帆送我们来的,千辛万苦来到日出之国种地,YINCA是我们的故乡,HOSI,我们敬爱您!"奇怪的是,一唱这首歌他们就相互拥抱而哭起来,连吵架的人都不吵了。欧阳可亮八九岁的时候,与三哥欧阳可宏在墨西哥CHIHUA-HUA村的大垫咸池跟印第安小孩儿WBDITA一块儿游泳,WBDITA告诉他,大垫咸池是与汤谷扶桑相通的。

欧阳可亮先生认为,殷人本是东方航海拜日民族,母系社会之时,已去美洲居住往返。殷商民族以鸟为图腾，即扶桑崇乌拜日之像。武王伐纣之后，大将侯喜（HOSI）率十万大军及十五万殷民跨海逃往美洲，寻找乐土，务农安居。YINDIAN（殷地安）即是他们怀念故乡的祈福语。

另有学者研究认为，商代最后一个国王纣王帝辛征伐位于今山东境内的人方国获胜，随带少数人马回商都过年。武王聚多路诸侯宣师伐纣，大年初二发起进攻。商军主力远在人方国，应战军中多为奴隶，部队阵前倒戈，殷商败亡。周武王死后，纣王的儿子武庚发动商国旧势力在山东起兵反周，周公旦领兵历时三年方才剪灭叛乱，杀了武庚。房仲甫先生认为，战败滞留在山东半岛的殷人夺海而逃，先至台湾，后遇黑潮洋流漂过琉球群岛日本列岛，经阿留申群岛南面，乘太平洋暖流，顺阿拉斯加到达美洲西海岸。有人进而推测殷人继续南下到达中美洲，甚至在墨西哥拉文塔又建立起了自己的都城……

中国科学院院士贾兰坡先生曾深入研究美洲文明起源于亚洲之说。他关于印第安人是 2000 年前白令陆桥断失之前从亚洲到达美洲的研究课题，已为现代自然科学所证实。

著名考古学家、前中国历史博物馆馆长俞伟超先生说过这样的话："古代中国、亚洲东北部和古代美洲，在人种和文化上的相似性，早已被大家看到。新的科学发现，进一步揭示了这种关系。中美两国学者应该携起手来，共同探明这千古之谜！"

读者朋友，将来有一天，谜底的破译或许还有您的一份功劳呢！

◎ 世界遗产殷墟：来自维尔纽斯的掌声

第 30 届世界遗产大会 2006 年 7 月 8 日至 16 日在立陶宛首都维尔

纽斯举行。殷墟，作为中国唯一报送的文化遗产项目，将在这里接受大会的最后评审。按照原来的议程，秘密举行的评审会议将于 12 日下午结束，维尔纽斯时间 12 日下午 7 时（北京时间 12 日 24 时），大会将举办新闻发布会，宣布评审结果。

北京时间 12 日 21 时，我们准时进入直播间。按照预定的程序，殷墟排在申请进入《世界文化遗产名录》的第 19 位，估计下午 6 点就会轮到评审殷墟。于是，我们一边等候，一边开始陆续介绍一些有关世界文化遗产和殷商文明的知识，同时，随时与杨林连线，及时反馈维尔纽斯世界遗产大会的"动静"。

我们的心情如同 5 年前的申奥一样紧张。时针嘀嗒嘀嗒逼近了 24 时，我们预先准备好的资料也告罄。几经询问，维尔纽斯方面依旧按兵不动。看来，会议程序拖延下来了。

此时的殷墟博物苑大门外，30 多平方米的露天舞台上，厚重优美的交响合唱《安阳颂》、独唱《甲骨卜辞》等节目响遏云天。数千名群众自发组成的欢呼队伍，挥舞着手中的旗子和荧光棒，任凭喉咙已经嘶哑，还是在焦急地等待着最后的冲刺。他们之中有充满稚气的少年儿童，也有身挎腰鼓的老大妈……

终于，维尔纽斯传来了记者杨林同样焦急的声音："由于大会评委在审议非洲一个申报项目时产生了激烈的争议，一直拖延了一个多小时才告通过。原拟当天举行的殷墟审议，要推迟到翌日举行了……"

原定当晚 7 时举行的新闻发布会也不得不取消了。晚上，维尔纽斯市市长要宴请各国代表团！关键时刻，再好的宴会吃得下去吗？我们无奈地带着几分遗憾离开殷墟宫殿宗庙遗址，约好次日下午 2 时（维尔纽斯时间 14 日 9 时）再次进入直播状态。

可以骄傲地说，安阳殷墟获得通过的第一时刻，我们在直播间的几位同志是近水楼台先得月的。苦苦等待 5 年、痴痴期盼 1800 多个日日夜夜的激动时刻，竟然如此平静地姗姗走来。前方记者杨林女士抑制不住的声音有些颤抖："就在刚刚过去的维尔纽斯时间上午 10 时 05 分（北京时间 15 时 05 分），殷墟获得了评委们的一致通过！殷墟已经获准进入《世界遗产名录》！"

作为观察员出席大会的中国社会科学院考古研究所安阳工作站站长唐际根博士在会议现场更是焦急万分。事后他回忆说，我们在维尔纽斯立陶宛饭店的会议大厅里更是心急如焚，因为距离审议殷墟项目只有一步之遥了。中国代表团的几位同志都在猜度：有的说殷墟审议估计会在 4 点至 4 点 30 分进行，有的认为会在 5 点进行……不管怎么样，总不会超过 6 点！结果实在出乎意外了，原定次日排在首位的殷墟审议，由于墨西哥提出国内大选要提前离开立陶宛，强烈提出要求"加塞儿"——殷墟只好一推再推，又先后退到第二位、第四位……

大概，殷墟的审议注定会一蹴而就的！

终于等来了对殷墟项目的审议，审议过程与等待的延迟完全相反。从北京时间 13 日下午 2 时 58 分开始，整个过程只用了 6 分钟！当担任报告员的国际古迹遗址理事会总协调员尤嘎博士刚刚宣讲完推荐报告，按照程序会议主席要向与会代表征询意见之时，会场竟然没有一位专家提出异议，而是随即响起了雷鸣般的热烈掌声，殷墟顺利获得通过！

参加会议的国际博物馆协会主席雅克·佩罗特先生起身来到中国席位，与每位代表握手致贺；很多代表用各种方式致意；世界遗产中心负责人从主席台上递下条子，盛赞殷墟这一重要时刻！3000 多年的厚重底蕴，我们该如何传承？2006 年 7 月 13 日（北京时间）15 时 05 分参加第 30 届世界遗产大会的 21 个成员国一致同意：殷墟入选《世界文化遗产名录》！

会议宣布：殷墟完全符合世界文化遗产的第 2/3/4/6 条标准。据悉，世界文化遗产共有 6 条标准，只要符合其中一条，就可以进入《世界文化遗产名录》；我们不妨来重温一下大会对殷墟的评价——"这里出土的 15 万片甲骨上，发现了目前中国文字体系最早的证据，至今仍为世界上 1/4 的人口使用。""殷墟，与古埃及、巴比伦、古印度媲美，以其甲骨文、青铜文化、玉器、古文历法、丧葬制度及相关理念习俗、王陵、城址、早期建筑乃至中国考古学摇篮闻名于世，文化影响广播而久远，真实性完整性强，具全球突出普遍价值，有良好的管理与展示。"

第三编

甲骨书法启蒙课

我们今天为什么要学习甲骨文化？

2017 年 11 月，中国最早的文献记录载体甲骨文成功入选联合国教科文组织《世界记忆名录》，"世界记忆名录"又称世界文献遗产或世界记忆遗产，是继"世界文化遗产"和"世界自然遗产"之后，联合国教科文组织于 1992 年启动的一个文献档案保护项目。该名录主要收录具有世界意义的手稿以及图书馆和档案馆保存的各种介质的珍贵档案、文件等。

兴奋之余我们会问：我们今天学习甲骨文化是为了什么呢？不可能重回远古时代通用甲骨文字吧？学习甲骨文化并不等同于学习甲骨文字，我们首先要从中学到古人造字的智慧，以及其中包含的上古科技与思想。以甲骨文为开端的中国汉字，在国际语言文字大家庭中独树一帜，3000 多年传承发展，一脉相承，让我们今天借助一些工具书，就可以轻易地阅读到流传几千年的古代典籍。

为了加深广大青少年朋友对甲骨文造字智慧的理解，我们精选了 20 个甲骨文字串，附有造字原理和甲骨文书法，便于学习临摹。

（此部分与刘志敏合作，甲骨文书法选自马如森先生《甲骨文书法大字典》）

◎ 洹水东向

洹：形声字。从"水""亘"声。"洹"字专指流经古都安阳的一条水系，因其流域诞生了一系列上古文化，亦被称为"母亲河"。洹水

发源于太行东麓林虑山脉，流经安阳市区到内黄县入卫河，最后入天津经海河入渤海。距今3300年的商王盘庚带领族人从奄迁都时称北蒙的安阳小屯村一带，结束了频繁迁都的游牧状态，在此建立了稳定的都城，传八代十二王，历255年，创造了丰富多彩的殷商文明，武王灭商以后被称作殷墟。殷墟先后出土了15万片甲骨，上万件青铜器与宫殿、宗庙遗址。

《史记·项羽本纪》记载此地为："洹水南殷墟上"，殷墟三面濒临洹水，现为全国重点文物保护单位，世界文化遗产。例句：洹水安阳名不虚，三千年前是帝都。（《郭沫若·观圆形殉葬坑》）

水：象形字。甲骨文像流水形，其本义为河流，也是江河湖海的总称。水是人类最基本的生存条件，先民早期无不逐水草而居。组词："山光水色""水火不容""水木清华"等。例句：问君能有几多愁，恰似一江春水向东流。（《李煜·虞美人》）

东：象形字。像日出东方掩映在树丛之中，又像橐中实物以绳约括两端之形，后引申为出门时的方位：东。其本义为物品：东东，东西。组词："东奔西跑""日出东方"等。例句：大江东去，浪淘尽，千古风流人物。（《苏轼·念奴娇赤壁怀古》）

向：象形字。房屋南向开窗户。组词："方向""所向披靡"等。近水楼台先得月，向阳花木早逢春。（《苏麟·断句》）

滔滔洹水，逶迤东去，为我们留下了一系列上古文化遗址，如2500年前的小南海原始人洞穴、下七垣文化、殷商文化，彰德漕运文化，乃至民国文化等。殷墟宫殿区现为国家 AAAAA 级景区，首批国家大遗址公园等，吸引着大批海内外研究与拜谒者。

清末民初推翻清王朝的"中华民国"第一任大总统袁世凯，下野时并未回籍项城，而因此地通达火车与电报，便于觇觎掌控国内大势，于是垂钓洹水之上，等待时机东山再起，后为当时的维新大计做出了贡献，其家宅为著名的洹上村，去世后遵嘱葬于此地，为东西方文化融为一体的"袁林"。

◎ 山高水长

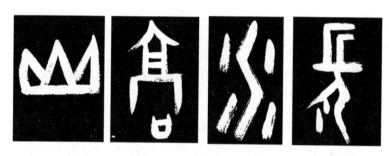

山：象形字。实实在在就是"山"峰连绵的样子，本义就是山峰，《说文解字》说，山，有石而高，指地面上由土石构成的巨大而高耸的部分。组词："山东""山脉""山清水秀"等。例句：横看成岭侧成峰，远近高低各不同。不识庐山真面目，只缘身在此山中。（《苏轼·题西林壁》）

高：象形字。其构造就是穴居或楼阁，与低相对。殷商时期的建筑，有"土阶茅茨、四阿重屋"之说。到今天的世界文化遗产地殷墟博物苑看看，就会释然。巍峨的宫殿宗庙大都建设在高高的土台上面，土台是由一层层经过夯实的土垒起来的。宫殿的木柱立在高台之上，是为了防止受潮腐朽。殷商建筑的"高台"发展到后来，已经从最初的"防潮"演绎成为皇家的威严，以高为贵。看看北京故宫的多层高台。故宫太和殿建在三层重叠的"工"字形须弥座上，由汉白玉雕成，离地8余米，下层台阶21级，中、上层各9级。不过高台建筑的鼻祖还是在殷墟哟。组词："高矗""高跟鞋""高楼林立"等。例句：圆月出高城，苍苍照水营。（《卢纶·夜泊金陵》）

水：象形字，流水形，其本义为河流，也是江河湖海的总称。水对于人类极为重要，当年盘庚迁殷不就是看中了这里有一条荡荡东去的洹水吗？组词：水车、水木清华、水到渠成等。例句：《毛泽东·水调歌头游泳》才饮长江水，又食武昌鱼。

长：象形字。像是一个拄着拐杖的长发老人。其本义就是年长发长。组词："长江""一技之长""吃一堑长一智""不到长城非好汉""尺有所短寸有所长"等。例句：八月秋高风怒号，卷我屋上三重茅。茅飞渡江洒江郊，高者挂罥长林梢，下者飘转沉塘坳。（《杜甫·茅屋为秋风所破歌》）

这里的山特指太行山，水特指洹水。太行山是我国一座著名的东北—西南走向的山脉，是中国东部地区的重要山脉和地理分界线，位于山西省与华北平原之间，纵跨北京、河北、山西、河南4个省份，山脉北起北京西山，向南延伸至河南与山西交界地区的王屋山，西接山西高原，东临华北平原，绵延400余公里。

在中国灿烂悠久的古代文化宝库中，神话传说可谓一种神奇瑰丽的艺术奇葩，这些美丽动听的神话故事，反映了远古时代先民对自然现象和社会生活的原始解释和对美好理想的向往，并给后人留下极其深邃的精神启迪。源于太行山的神话故事如《愚公移山》《女娲补天》《精卫填海》《羿射九日》《神农尝百草》等，极大地影响了中华民族的性格禀赋，对世界文明产生了深远影响。

◎ 河南安阳

河：形声字。从"水""荷"声。其本义为黄河。世界各国的先民都是逐水而居，得水之利，避水之害。当初盘庚迁殷，也是看中了洹水河畔这一优越的地理位置和环境的。据著名的气象学家竺可桢先生研究，3000 多年前的殷墟一带，较之今天要温湿得多，平均温度高3 摄氏度左右，最冷的元月甚至高出 4 摄氏度到 5 摄氏度。温湿的自然环境造就了土肥水美动物出没的良好生态，不要说豺狼虎豹，甚至还有大象等动物呢。组词："大河""黄河""银河"等。例句：大河上下，顿失滔滔。(《毛泽东·沁园春·雪》)

南：象形字。像一个悬挂着敲击的乐器形，上部为悬结，下部为乐器。东汉《说文解字》的作者许慎先生，估计是没有眼福亲睹甲骨文的风采。他只是根据篆书解释此字，认为"南方有枝任的草木"这显然是附会了。南，后又演变为"乐舞""南方"等义。组词："南腔北调""南辕北辙"等。例句：千磨万击还坚劲，任尔东西南北风。(《郑板桥·竹石》)

安：会意字。从"女"坐在一座房子之中，表示静如处女之意。本义即为"平静""稳定"。后又演绎为"静止""舒缓""安定"等

意。组词:"安宁""安全"等。例句:燕雀安知鸿鹄之志哉!(《司马迁·陈涉世家》)

阳:会意兼形声字。甲骨文从"阜"(阝)从"昜"(太阳),会意山的向阳面,山南水北为"阳"。仅仅河南地名带"阳"字的特别多,比如洛水之北的"洛阳",在宜水之北的"宜阳",濮水之北的"濮阳",等等。组词:"艳阳""向阳""阳春白雪""阴差阳错"等。例句:劝君更尽一杯酒,西出阳关无故人。(《王维·送元二使安西》)

安阳是河南省最北部的省辖市,国家历史文化名城,中国十大古都之一。自古兵家必争,朝代更迭,也称为七朝古都。如今的河南、河北两省以漳河为界,历史上的安阳属于 1913 年撤销的彰德府辖制,彰德府辖横跨漳河两岸的 7 个县,并长期隶属于河北大政区,漳河、洹水均汇入海河水系。除著名的殷商国都以外,此后相继有三国时期的曹魏,十六国时期的后赵、冉魏、前燕,北朝时期的东魏、北齐等在此建都,留下了西门豹治邺、三曹七子、西园之会等文化佳话。

◎ 心在家乡

心:象形字。甲骨文像心脏形。组词:"良心""用心良苦""画虎画皮难画骨,知人知面不知心"等。例句:谁言寸草心,报得三春晖。(《孟郊·游子吟》)

在：象形字。徐中舒释为草木出生。组词："在行""事在人为""心不在焉"等。例句：国破山河在，城春草木深。(《杜甫·春望》)

家：会意字。甲骨文从"宀"（棚屋）从"豕"（公猪），会意养猪棚之意。有居家才可能养猪，引申为"家"。说到这里想起一个"国际"笑话，据说韩国人要把甲骨文申报世界非物质遗产，说是他们就是东夷人的后裔，后来跑到高句丽了，最大的理由就是，如今韩国农村还有人"在家里养猪"……呵呵荒唐！国旗都是中国人帮助设计的，上面的卦爻还是从安阳的羑里城学来的呢。组词："回家""一家之长""胜败乃兵家常事"等。例句：襄阳堤路长，草碧杨柳黄。谁家女儿临夜妆，红罗帐里有灯光。(《李端·相和歌辞襄阳曲》)

乡：会意字。甲骨文从二人张口相对，共食"簋"形器中食物。本义是用酒食款待别人，是"飨"的古字。《说文解字》释为：乡，国离邑民所封乡也。啬夫别治封圻之内六乡六卿治之。组词："乡愁""乡巴佬""鱼米之乡"等。例句：清猿断人肠，游子思故乡。明发首东路，此欢焉可忘。(《李白·春陪商州裴使君游石娥溪》)

家就是居住的地方，乡就是一个地方的统称。家乡，是指自己小时候生长的地方或祖籍，又被称为"故乡""老家""故园"等。无论是土生土长的家乡人，还是生活在当地的外乡人，抑或是旅居在海外的华人，谁不对自己的家乡有份难舍的情怀？每个人都爱自己的家乡，喜爱家乡的理由何止千百条。家乡是生命的摇篮，记载着自己的人生轨迹，想起自己的家乡，就会想起家乡的亲人，想起带给自己快乐的童年和充满乐趣的美好青春。家乡是我们心灵的依靠、感情的寄托。家乡是缕阳光，冷寂时可以寻得温暖；家乡是个港湾，孤单时可以停泊靠岸。

我们常常说爱国，爱家乡就是爱国的基础。家乡是每个中国人的心灵归宿，人人爱家乡，就构成了集体意识的爱国情结。身在殷都，知我家乡，爱我祖国，懂我殷商。

◎ **天命燕雀**

天：指事字。人的头上加一指事符号，表示头顶上的苍穹。组词："天平""天使""天河"等。例句：先天下之忧而忧，后天下之乐而乐。（《范仲淹·岳阳楼记》）

命：会意字。开口对人发布命令的样子，古时命令同用。组词："革命""命根子""不辱使命"等。例句：丈夫心爱横行，报国知嫌命轻。楼兰径百战，更道戍龙城。锦字窦车骑，胡笳李少卿。生离两不见，万古难为情。（《武元衡石州城》）

燕：象形字，一只飞动的燕子之形。《说文》："燕，玄鸟也。"玄鸟是商族人的图腾。组词："飞燕""莺歌燕舞""燕雀安知鸿鹄之志"。例句：旧时王谢堂前燕，飞入寻常百姓家。（《刘禹锡·乌衣巷》）

雀：会意字。甲骨文"雀"从"小"从"佳"，会意"小鸟"。后来演变为雀科鸟的统称。组词："朱雀""孔雀石""鸦雀无声""麻雀虽小肝胆俱全""螳螂捕蝉黄雀在后"等。例句：维雀有巢，维鸠居上。（《诗经·召南·鹊巢》）

图腾是先民时代的人们把某种动物、植物或非生物等视为自己的亲属、祖先或保护神，相信他们有一种超自然力，会保护自己，并且还可以获得他们的力量和技能。在原始人的眼里，图腾实际是一个被人格化的崇拜对象。他们用图腾作为群体的集体名称，认为图腾是他们的祖先，商族人的图腾就是被称为"玄鸟"的神秘动物。

在远古的黄河之滨，一只"玄鸟"唱着歌儿从空中飞来，带给人们无穷无尽的遐想——它是天的使者，原始部落的人一个个对它顶礼膜拜。一个叫简狄的女人，吞服"玄鸟"下的蛋后，怀孕生下一个儿子叫契。契，即是阏伯，就是传说中的商之始祖。

中国第一部诗歌集大成者《诗经·商颂·玄鸟》篇说："天命玄鸟，降而生商。"这就是"玄鸟生商"的美丽故事。这是上古时期广为流传的关于商民族起源的美丽传说，是人类的初民对自身生命产生的一种朴素的解释。其实每个民族都有类似的传说。人类的初民不知道自己的生命从何而来，就像在西方宗教故事里，圣母玛利亚受孕于天神而生下耶稣一样。

◎ 降而生商

降：象形字，两只脚从山阜往下走，是与"升"对应的反义词。组词："下降""降临""喜从天降"等。例句：我劝天公重抖擞，不拘一格降人才。（《龚自珍·己亥杂诗》）

而：象形字，两颊毛发的样子，后借用成为虚词。屈原《离骚》"路漫漫其修远兮，吾将上下而求索"，用作连词。组词："反而""言而无信""迎刃而解"等。例句：雄关漫道真如铁，而今迈步从头越。（《毛泽东·忆秦娥娄山关》）

生：象形字。如同地上生出草木一般，小草破土而出，生机盎然。也象征"生生不息"。"生"字又引申为生育、制造、生存等意。组词："生日""生活""自力更生"等。例句：生当作人杰，死亦为鬼雄。至今思项羽，不肯过江东。（《李清照·夏日绝句》）

商：玄鸟生商是中国古代一个美好的传说。《诗经·商颂·玄鸟》记载道：天命玄鸟，降而生商，宅殷土芒芒。古帝命武汤，正域彼四方。殷墟出土了很多鸟形的纹饰和器物，玄鸟就是商族人崇拜的图腾。组词："经商""协商""士农工商"。例句：商女不知亡国恨，隔江犹唱后庭花。（《杜牧·泊秦淮》）

前面我们知道了《诗经·商颂·玄鸟》的记载，关于玄鸟，后世有很多说法，比如燕子、凤凰等。传说中商的始祖契大约与夏禹玄鸟同时，因为帮助禹治水有功，被舜任命为司徒，封于商。契的母亲简狄"见玄鸟堕其卵"，遂"取吞之，因孕生契"，这种只知其母不知其父的故事，反映出商族也和世界上其他民族一样，经历过漫长的母系氏族社会阶段。大概传到契，商族开始向父系氏族社会过渡，因为契以下的世系就是按父系排列的。商族又是一个常常迁徙的民族，在商汤灭夏建立商王朝之前，不断迁徙，游移不定。记载说有"前八后五"即迁都13次之多。囿于史料的匮乏，商族起源于何地遂成为千古之谜。千百年来，专家学者们做了大量的考证，得出了商族起源于东方说、西方说、北方辽河流域说、燕山地区说、山西说等各种各样的结论。

◎ 殷商甲骨

殷：此字学术界尚存争议。根据现有资料，出土的 15 万片甲骨卜辞中，仅有一处出现"殷"字，卜辞残片内容也极为简短，为"其殷"。四川大学徐中舒先生在《甲骨文字典》中"解字"认为"所会意不明，疑即殷字"。宋镇豪先生在《夏商社会生活史》一书中，引用胡厚宣大师《论殷人治疗疾病之方法》中的学术观点，认为甲骨文"殷"字"本义像一人身腹有疾，另一人手持针刺之"。就是说用针灸方法治疗一位有大腹病症的患者。但以"殷"代指商不为学界认可，商族人并不以"殷"自居，所以出土甲骨文仅仅发现一个"殷"字。组词："殷实""殷切"等。例句：蓬山此去无多路，青鸟殷勤为探看。（《李商隐·无题》）

商：象形字，本义是一个双柱、大腹、三足的酒器。商为周灭之后，商族遗民流离失所，不少人从事"以物易物"的贸易活动维持生计，周人就称之为"商人"，以至于演变到今天的"商业"。经过演变，"商"字又有了新的义项：诸如计时单位，"一刻"称为"一商"；计量单位；等等。商字的甲骨文结构之上又"王冠"状笔画，说明商族人对自己民族的尊崇。组词："经商""协商""士农工商"。例句：盐商妇，多金帛，不事田农与蚕绩。南北东西不失家，风水为乡船作

宅。本是扬州小家女，嫁得西江大商客。(《白居易·盐商妇恶幸人也》)

甲：象形字。本义是指植物果实成熟时外壳上面的十字裂纹。因为与"十"外形容易混淆，就在外面加上一个方框表示果实的轮廓。后来演变为动物身上的硬壳、士兵打仗的护身符，甚至天干纪年的第一位数等。组词："富甲天下""年过花甲"等。例句：桂林山水甲天下，玉碧罗青意可参。(《王正功·嘉泰改元桂林大比与计偕者十有一人九月十六》)

骨：象形兼会意字。本义为骨节。组词："刻骨铭心""寒风刺骨"等。例句：粉身碎骨浑不怕，要留清白在人间。(《于谦·石灰吟》)

19世纪末年以来，河南安阳的殷墟遗址先后出土了15余万片刻有文字的占卜甲骨，绝大部分是商代后期王室的遗物，已有3000多年历史。

◎ 文明之光

文：象形字。本义为人胸部刺花的花纹，其实就是古代文身的写照。文身在世界各地均有发现，在中国起码可以上溯3500年，被用于刑法上，称为"墨刑"。组词："文化""文章"等。例句：指点江山，

激扬文字，粪土当年万户侯。（《毛泽东·沁园春·长沙》）

明：会意字。一种解释为，从月光照耀到窗户；另一解释为，日月朗照，光明、明亮之意。《说文解字》释其本义就是光线足，光线亮。后演变为照耀、点燃、天亮、年月等。组词："照明""明察秋毫""明哲保身"等。例句：野径云俱黑，江船火独明。（《杜甫·春夜喜雨》）

之：指事字。甲骨文从"止"从"一"。古人造字"止"即"脚"，表示人脚从这里出发前往。"之"字在汉语里面的作用非常大，还释为"至""是""用""有"等意。还借为第三人称，指代"他""她""它"。甚至还可以用作虚词、连词等。组词："总之""操之过急""反其道而行之"等。例句：我欲因之梦吴越，一夜飞渡镜湖月。（《李白·梦游天姥吟留别》）

光：会意字。甲骨文从"火"在"儿"（人）上，会意光明。许慎进一步解释为本义为明亮。"光"的引申义很多，诸如光亮、景色、时间、荣耀等。组词："观光""光年""正大光明"等。例句：诚宜开张圣听，以光先帝遗德，恢宏志士之气。（《诸葛亮·前出师表》）

学界对"文明"的定义是：文字、金属与都城建设。商代的甲骨文的内容无所不包：要去打仗，能胜与否？今年小麦，丰收与否？老天下雨吗？有人进攻吗？王后什么时候生孩子，是男呢还是女呢？等等。殷墟出土的甲骨有十五六万片，甲骨卜辞上记载的内容非常丰富，有几十个类别之多。再加上大量的遗址遗物的文化遗存，不但记载着大量的商代历史史料，就是商以前和商以后的好多古史上的问题，也可以从这里探求而获得解决。随着甲骨学研究的日益深入，上古社会的许多不解之谜被学者们一一破译。甲骨学从"绝学"发展成为显学，甲骨文走出了象牙塔，成了一门与不少学科搭界的边缘学科。甲骨学涉及的相关学科有：考古学、历史学、文献学、语言文字学、文学、历法学、医学、天文学、地理学、物理学、数学、生物学、农科学等。

所以说，商代的甲骨文，简直就是当时社会的一部百科全书。

◎ 武丁中兴

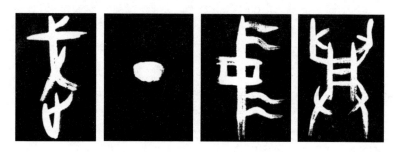

武：会意字。甲骨文从"戈"从"止"（脚），会意手执兵戈前进之意，阅兵或者征伐示威。许慎先生在《说文解字》里面说：止戈为武……只是自己一个美好愿望而已，并不是"武"的本义。许慎先生的误读，关键在于古文"止"——甲骨文中"止"是"脚"，不是停止的意思。组词："武术""文韬武略""文治武功"。例句：风烟含越鸟，舟楫控吴人。未枉周王驾，终期汉武巡。（《杜甫·江陵望幸》）

丁：象形字。有专家解读为俯视的钉头形，上古时期没有钉子。徐中舒先生的《甲骨文字典》释为：上古建筑最上部的窗口，甲骨文以"窗口"状契刻，表示"顶巅之意"，他认为其本义为"顶"。在甲骨文卜辞中，"丁"经常指代"天神"，"丁祭"是一种祭祀方式。此解较为准确。组词："丁香""紫丁香""庖丁解牛"等。例句：古来隐者多能卜，欲就先生问丙丁。（《贾岛·赠牛山人》）

中：象形字。甲骨文像旗帜形，原本是氏族社会的一种徽帜。中间、中正是引申义。"中"在中国很重要，孔夫子说道：君子中庸，小人反中庸，君子之中庸也，君子而时中；小人之中庸也，小人而无忌

惮也。组词："中国""中庸""中规中矩"等。例句：慈母手中线，游子身上衣。(《孟郊·游子吟》)

兴：会意字。从舁，从同。会意四只手共同举起一个物体。"中兴"表示：中途振兴，转衰为盛。《诗·大雅·烝民序》：任贤使能，周室中兴焉。组词："兴趣""兴奋""兴旺"等。例句：闻道毗陵诗酒兴，近来积渐学姑苏。(《白居易·戏和贾常州醉中二绝句》)

武丁，是汤的第十代孙，盘庚的侄子。他的父亲是盘庚的弟弟小乙。武丁执政时殷商国势达到鼎盛。武丁在位共50余年，他日夕思复兴殷，苦于未得忠良之佐，后在傅说等辅佐下，国势强盛，政治清明，百姓富庶。商王武丁唯才是举，衣食朴素，推进了商朝最鼎盛的时期。武丁在位时期，灭鬼方，亡土方，平西羌，定荆襄，扩疆数千里。故史书将武丁统治的50余年称为"武丁中兴"。

◎ 妇好出征

妇：会意字。甲骨文从"女"持扫帚，家庭主妇之意。笔者以为"家庭主妇"是后来的引申义。甲骨文的"妇"主要是指代"国王的配偶"。

好：会意字。甲骨文中记载的"妇好"有200多条，涉及征战、祭祀、生育、疾病等方面，甚至包括做梦和死亡之后的凶吉。"好"字是封地名。组词："爱好""喜好"等。例句：岐王宅里寻常见，崔九堂前几度闻。正是江南好风景，落花时节又逢君。(《杜甫·江南逢李龟年》)

出：会意字。从"止"（脚）从"凵"（古代穴居之洞），会"走出去"之意。《说文解字》释为：进也。草木益滋，上出达也。显然不确。组词："出差""出租车""出神入化"等。例句：为文无出相如右，谋帅难居郤縠先。归去雪销溱洧动，西来旌旆拂晴天。(《韩愈·酬别留后侍郎》)

征：形声字。从"彳""正"声。向某地进发之意，本义为有目标的远行。引申为征战。组词："征尘""征集""征战"等。例句：单车欲问边，属国过居延。征蓬出汉塞，归雁入胡天。大漠孤烟直，长河落日圆。萧关逢候骑，都护在燕然。(《王维·使至塞上》)

商代早期所谓"方国三千"，那时候其实还不完全是今天的国家形态，只是一些部落或者部落集团而已。周围方国对于疆域宽广的"大商国"，是一种"即若即离"的关系。它们弱小或者贫困之时，便会主动称臣，向大商国供奉以求和平；如若它们强大一些的时候，就会进攻、掠夺大商国。武丁就有用兵三年征服羌人的记载。武丁之四方征伐，极大地拓展了商的疆域。在一片甲骨文卜辞中，记载妇好带领一万三千兵士出征，一举凯旋。这也是甲骨文记载中最大的一次征战。

◎ **东南西北**

东：象形字。像日出东方掩映在草丛之中。又像橐中实物以绳约括两端之形，为"橐"之初文，指方向"东"。组词：其自东来雨、

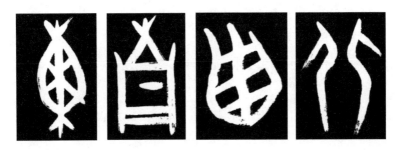

东奔西跑、日出东方等。

例句:《苏轼·念奴娇赤壁怀古》:大江东去,浪淘尽,千古风流人物。

南:象形字。像一个悬挂着的敲击的乐器形,上部为悬结,下部为乐器。东汉《说文解字》的作者许慎先生,无缘亲睹甲骨文的风采。只是根据篆书解释此字,认为"南方有枝任的草木",这显然是附会了。南,后又演变为"乐舞""南方"等意。组词:"南京""南腔北调""南辕北辙"等。例句:日暮江头闻竹枝,南人行乐北人悲。白从雪里唱新曲,直至三春花尽时。(《刘禹锡·杂曲歌辞踏歌行》)

西:象形字。像是竹木编成的器物或鸟巢。其本义我们今天还在应用,就是"东西"的"西"。《说文解字》释为:鸟在巢上,日在西方而鸟栖。其实是把"西"和"栖"混淆了。组词:"西医""西安""西班牙"等。例句:六盘山上高峰,红旗漫卷西风。今日长缨在手,何时缚住苍龙?(《毛泽东·清平乐·六盘山》)

北:会意字。侧视两人向背形,假借表向东南西北的北。组词:"北京""北斗星""塞北江南"等。例句:夕照红于烧,晴空碧胜蓝。兽形云不一,弓势月初三。雁思来天北,砧愁满水南。萧条秋气味,未老已深谙。(《白居易·秋思》)

甲骨文中空间的名称均已具备。我们可以举出不少著名的甲骨文卜辞来看。比如著名的"四方雨"和"五土受年":

今日雨？其自西来雨？其自东来雨？其自北来雨？其自南来雨？

己巳王卜贞，岁商受年，王占曰：吉。东土受年，吉；南土受年，吉；西土受年，吉；北土受年，吉；中土受年，吉。

中国上古时代已经具有了明确的方位意识。不仅仅是如今的东、南、西、北，还有一个"中"即"中土"概念。

东、西、南、北、中表示五个方位，东方、西方、南方、北方和中央，与五行、五色和五季相对应。也指国家的四至和中心。在中国，最东边为黑龙江主航道与乌苏里江主航道的交汇处（东经135度左右），最西边是帕米尔高原（东经73.5度），最北端是黑龙江省漠河以北黑龙江主航道中心线（约北纬53度），最南端为海南省曾母暗沙（约北纬4度），最中间的，也就是原点，在陕西省中部。

◎ 礼乐之邦

礼：会意字。甲骨文的"礼"字就像是一个殷商青铜器"豆"盛满了祭品，表示祭祀之意。根据字形有专家考释认为"豆"中的祭品是"玉"，也有人认为是"贝壳"即商代货币，不管什么吧，反正是贵重的东西才做祭品的，也可能每次祭品都不一样的。

组词："礼貌""知书知礼""礼仪之邦"等。例句：痴儿不知父子礼，叫怒索饭啼门东。（《杜甫·百忧集行》）

乐：象形字。"乐"字像是木头上面张着丝弦的一种乐器。大学者罗振玉认为，是琴瑟之相。殷商时期由于国都的稳定，宫廷的文化生活大为提升。据记载，当时已经有很多类别的"乐舞"了。我们知道，上古时期诗乐舞是三位一体的，也就是说奏乐必然和着跳舞歌唱。那时候"国之大事，在祀与戎"，祭祀是与征战一样重要的事情。乐舞的发达，也促进了乐器的发展，据研究，当时已经有十几种乐器，除我们常见的磬、铙、埙、鼓、篪、箫等之外，还发现有"笙"和拉弦乐器的"痕迹"，因为这类物品极易腐朽。

组词："快乐""伯乐""闷闷不乐"。例句：硕鼠硕鼠，无食我黍！三岁贯女，莫我肯顾。逝将去女，适彼乐土。乐土乐土，爰得我所？（《诗经·硕鼠》）

之：象形字。甲骨文从"止"从"一"。古人造字"止"即"脚"，表示人脚从这里出发前往。"之"字在汉语里面的作用非常大，还释为"至""是""用""有"等意。还借为第三人称，指代"他""她""它"。甚至还可以用作虚词、连词等。组词："总之""言之有理""有过之无不及""反其道而行之"等。例句：相逢之处花茸茸，石壁攒峰千万重。他日期君何处好，寒流石上一株松。（《卢仝·喜逢郑三游山》）

邦：会意字。有学者认为"邦"与"封"同源。甲骨文"邦"象征在田上种树，会意"植树为界"疆域之意。组词："邦交""乌托邦""一言兴邦"等。例句：天平篇什外，政事亦无双。威令加徐土，儒风被鲁邦。清为公论重，宽得士心降。岁晏偏相忆，长谣坐北窗。（《韩愈·奉酬天平马十二仆射暇日言怀见寄之作》）

中华文明的"礼乐文化"创造了人类的辉煌。虽然当下传统的

"礼乐文化"受到商业世俗文化的冲击，已失去古典纯朴的本质精神，但是传统的"礼乐文化"在今天依然能起到提升人类道德，使人们达到自我完善的作用。早在夏商周时期，古代先贤就通过制礼作乐，形成了一套颇为完善的礼乐制度，并推广为道德伦理上的礼乐教化，用以维护社会秩序上的人伦和谐。

◎ 保卫中土

保：会意字。甲骨文从"人"从"子"，会人背负孩子之意。本义：背子于背。组词："保护""保健""保卫祖国"等。例句：朔风吹雪透刀瘢，饮马长城窟更寒。半夜火来知有敌，一时齐保贺兰山。（《卢汝弼·和李秀才边庭四时怨》）

卫：会意字。甲骨文像四只脚围绕守卫城邑。本义即护卫。组词："卫星""卫生间""护卫舰"等。例句：草浅浅，春如剪。花压李娘愁，饥蚕欲成茧。东城年少气堂堂，金丸惊起双鸳鸯。含羞更问卫公子，月到枕前春梦长。（《温庭筠·春野行》）

中：象形字，古代旗帜或标，其"口"表示中间，借为"中"，为方位词。组词："中国""中间""中流砥柱"等。例句：北涧流恒满，浮舟触处通。沿洄自有趣，何必五湖中。（《孟浩然·北涧泛舟》）

土：象形字，地也。《说文》：像地上有土块形，地之吐生物者也。组词："土地""混凝土""寸土必争"等。例句：身心安处为吾土，岂限长安与洛阳。水竹花前谋活计，琴诗酒里到家乡。荣先生老何妨乐，楚接舆歌未必狂。不用将金买庄宅，城东无主是春光。（《白居易·吾土》）

保卫中土就是保卫国家。上古时代人们还不具有现代意义的国家意识，认为自己就是天下之中即中土之地。有学者认为，收藏于中国宝鸡青铜器博物院何尊之上的铭文中即出现最早的"中国"一词，未免有些牵强附会。何尊高 38.8 厘米，口径 28.8 厘米，重 14.6 公斤。圆口棱方体，长颈，腹微鼓，高圈足。腹足有精美的高浮雕兽面纹，角端突出于器表。体侧并有四道扉棱。造型浑厚，工艺精美。何尊是中国首批禁止出国（境）展览的国家一级文物，是中国西周早期一个名叫何的西周宗室贵族所做的祭器。何尊内底铸有铭文 12 行 122 字铭文，其中有"宅兹中国"四字。其记述的实际是成王继承武王遗志，营建成周（今河南洛阳）之事。

◎ 鼎立天下

鼎：象形字，像古食器鼎形。《说文》："鼎，三足两耳和五味之宝器。"组词："鼎立""一言九鼎""司母戊鼎"等。例句：大江横万

里，古渡渺千秋。浩浩波声险，苍苍天色愁。三方归汉鼎，一水限吴州。霸国今何在，清泉长自流。（《戴叔伦·京口怀古》）

立：象形字，像正面之人，立于地上形。站立也。《说文》：立，住也。组词："独立""立体声""而立之年"。例句：皇天后土力，使我向此生。贵贱不我均，若为天地情。我家世道德，旨意匡文明。家集四百卷，独立天地经。寄言青松姿，岂羡朱槿荣。昭昭大化光，共此遗芳馨。（《皇甫松·古松感兴》）

天：指事字。甲骨文在人的头上加一圆圈指事符号，表示头顶上的苍穹。组词："天平""天河""天线"等。例句：虏地寒胶折，边城夜柝闻。兵符关帝阙，天策动将军。（《骆宾王·宿温城望军营》）

下：指事字，由两横构成，顶端一横较长，底端的一横较短。以短横方向表示朝天、或朝地的方向。造字本义：与天相对的地。组词："下列""下马威""上吐下泻"等。例句：飞流直下三千尺，疑是银河落九天。（《李白·望庐山瀑布》）

鼎原为中国古代炊食器。中国鼎文化的起源可以一直追溯到原始社会新石器时代，早在 7000 多年前就出现了陶制的鼎。而其真正的发展最高峰则出现在商朝和西周时期，青铜器冶炼铸造技术的成熟，使得鼎的发展到了鼎盛时期，尤其是商代以鼎为代表的祭祀用容器的制作，盛行于商周时期，延续到汉代。

最早的中国鼎被认为是立国重器，它是中国青铜器的杰出代表。象征着高大、显赫、尊贵。鼎的尺寸比生活实际大得多，是由于古人认为它是神的尺寸，这也反映鼎一开始是作为一种祭祀的礼器。文献记载："天子九鼎，诸侯七鼎，大夫五鼎，元士三鼎或一鼎"，又载"铸九鼎，像九州"。如著名的司母戊鼎。

◎ 四方鼓舞

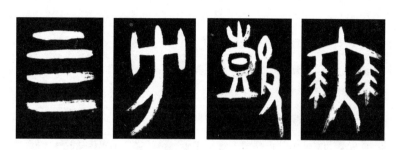

四：指事字。甲骨文画四根横线表示四个筹码。有学者认为其本义为"喘息"之意，表示数字只是借用而已。组词："四书""四边形""五湖四海""二十四节气"等。例句：四面边声连角起。千嶂里，长烟落日孤城闭。（《范仲淹·渔家傲》）

方：象形字。《说文解字》认为本义是"并行的船"。有学者认为是农村起土出粪的工具"粪锸"。徐中舒先生的《甲骨文字典》析为：耒之形也。上面的短横像柄，首横木。下长横即是足所蹈履处。旁两短画或即饰文。古者秉耒而耕，刺土曰推。后借为方位之意。组词："方位""多方面""志在四方"等。例句：凤驾送举人，东方犹未明。自谓出太早，已有车马行。（《白居易·早送举人入试》）

鼓：会意字。一手执棒击鼓之形。殷商时期的"鼓"有木腔皮鼓，也有铜鼓。而且"鼓"与"舞"经常是连在一起的，敲鼓即要跳舞，征伐时候更是如此。商代大事就是祭祀和战争比什么都重要。而祭祀和战争这二者之间，又有一点是相通的，那就是都少不了"鼓"与"舞"。后来，"鼓"字与"舞"字经常连用，就成了一个双音词。我们今天说，因为某某事而感到很受"鼓舞"，这里的"鼓舞"一词，即"使人振作，增强信心和勇气"之意。组词："鼓励""大张旗鼓"

"京韵大鼓"等。例句：夫战，勇气也。一鼓作气，再而衰，三而竭。
(《左丘明·曹刿论战》)

舞：象形字。甲骨文像一个人手持牛尾状道具在跳跃。殷商时期的舞蹈非常繁复。最早的"傩舞"（戴着面具跳舞）在殷商时代即已经产生。如图，这就是甲骨文中傩舞的记载：活脱脱一个戴着面具翩翩起舞的人。《周礼·夏官·方相氏》："方相氏掌蒙熊皮，黄金四目，玄衣朱裳，执戈扬盾，帅百隶而时傩，以索室驱疫。"一般研究者认为傩舞较晚时候起源于南方。至今一些民族地区仍有遗存，西藏甚至还有傩戏，其源头可以追溯到殷商时期。组词："跳舞""拉丁舞"等。例句：赤橙黄绿青蓝紫，谁持彩练当空舞?(《毛泽东·菩萨蛮·大柏地》)

最早的原始舞蹈起源于劳动。著名的《葛天氏之乐》歌颂的内容十分丰富：一曰载民，即歌颂人类自身；二曰玄鸟，即歌颂商族人的祖先——契的诞生；三曰逐草木；四曰奋五谷；五曰敬天常，意即向上帝表示敬意；六曰达帝功；七曰依地德，感谢大地的赐予；八曰总禽兽之极，希望鸟兽大量繁殖。

◎ 龙马如虹

龙：象形字。龙是中国神话中的一种善变化、兴云雨、利万物的神异动物，甲骨文"龙"字就是依据这些形象创造的。后成为皇权象

征，历代帝王都自命真龙天子。龙成为一种文化的凝聚和积淀，中华民族的图腾与象征。安阳殷墟不仅大量的出土器物有龙的纹饰，如蟠龙等。红山文化典型玉器中，最有名的就是 C 形龙，被誉为中华第一玉龙。龙已渗透中国社会的各个方面，对每一个中华儿女来说，龙的形象是一种符号、一种意绪、一种血肉相连的情感。组词："龙袍""龙飞凤舞""叶公好龙"等。例句：熊咆龙吟殷岩泉，栗深林兮惊层巅。(《李白·梦游天姥吟留别》)

马：象形字。甲骨文是一个侧面的马形。古人造字很有技巧，既要使用最简洁的笔画，又要区分形体相近的事物的不同的字体。"牛""羊"都是正面观察。马，侧面观察，强调的是"马鬃"和"马尾"。我们就以十二属相中的鼠、虎、兔、蛇、猴、鸡、狗、猪为例，看看古人造字的智慧。鼠，很明显是突出了它的牙齿；虎，最有印象的就是身上的斑斓虎纹；兔，大脑袋大眼睛；蛇，委婉的身材；猴，活灵活现的一只猴子；"狗"和"猪"呢？前者卷起的尾巴就是特征，后者圆圆的肚子使我们想到慵懒的猪猪。怎么样？古人很聪明吧？组词："马虎""马到成功"等。例句：枯藤老树昏鸦，小桥流水人家，古道西风瘦马。(《马致远·天净沙·秋思》)

如：会意字。从"女"从"口"，会顺从人指令之意。《说文解字》：从随也。组词："如果""如虎添翼"等。例句：欢笑情如旧，萧疏鬓已斑。何因北归去，淮上对秋山。(《韦应物·淮上喜会梁川故人》)

虹：象形字。因为殷商时期人们对自然界认识有限，他们觉得虹是一条龙喷水，另一条龙口对口接住形成的水汽。组词："彩虹""霓虹灯""气贯长虹"等。例句：返照斜初彻，浮云薄未归。江虹明远饮，峡雨落余飞。凫雁终高去，熊罴觉自肥。秋分客尚在，竹露夕微微。(《杜甫·晚晴》)

龙马是古代传说中形状像龙的骏马，比喻人精神旺盛。龙马精神是中华民族自古以来所崇尚的奋斗不止、自强不息的进取、向上的民族精神。祖先们认为，龙马就是仁马，它是黄河的精灵，是中华儿女的化身，代表了华夏民族的主体精神和最高道德。它是刚健、明亮、热烈、高昂、升腾、饱满、昌盛、发达的代名词。《易经》中说："干为马"，它是天的象征又代表着君王、父亲、大人、君子、祖考、金玉、敬畏、威严、健康、善良、远大、原始、生生不息。气势"如虹"形容精神高昂，气势极其壮盛，好像可以贯穿长虹，引申指气势强盛。

◎ 日月分明

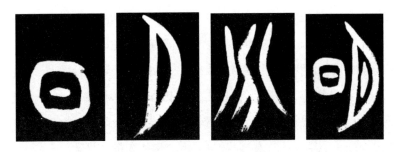

　　日：象形字。像太阳之状，甲骨文是刀笔契刻出来的，所以早期的"日"近乎方形，中间一点表示光芒。组词："日记""一日千里""日臻完美"等。例句：白日依山尽，黄河入海流。欲穷千里目，更上一层楼。（《王之涣·登鹳雀楼》）

　　月：象形字，月牙形。组词："月光""峥嵘岁月""春江花月夜""八千里路云和月"等。例句：人有悲欢离合，月有阴晴圆缺，此事古难全。（《苏轼·水调歌头·中秋》）

　　分：会意字。甲骨文从"八"从"刀"，会以刀分物之意。本义为把整体变成几部分。组词:"分析""入木三分""分门别类"等。例句:迴出江水上,双峰自相对。岸映松色寒,石分浪花碎。参差远天际,缥缈晴霞外。落日舟去遥,回首沈青霭。(《李赤·天门山》)

明:会意字。一种解释为,从月光照耀到窗户;另一解释为,日月朗照,光明、明亮之意。《说文解字》释其本义就是光线足,光线亮。后演变为照耀、点燃、天亮、年月等。组词:"照明""明察秋毫""明哲保身"等。例句:村杏野桃繁似雪,行人不醉为谁开。赖逢山县卢明府,引我花前劝一杯。日月分明是句俗语。常言道:是非曲直苦难辨,自有日月道分明。(《白居易·过永宁》)

◎ 暮鼓晨磬

暮:会意字。甲骨文从"日"和四个"草",会意太阳落于林木或者草丛之中,本义就是日落时分。组词:"暮冬""朝三暮四""朝发暮至"等。例句:神龟虽寿,犹有竟时;腾蛇乘雾,终为土灰。老骥伏枥,志在千里;烈士暮年,壮心不已。(《曹操·龟虽寿》)

鼓:会意字。一手执棒击鼓之形。殷商时期的"鼓"有木腔皮鼓也有铜鼓。而且"鼓"与"舞"经常是连在一起的,敲鼓即要跳舞,征伐时候更是如此。殷人尊神,率民以事神。商代社会生活中,有两件最大的事,即"祀与戎"。就是说,祭祀和战争比什么都重要。而祭祀和战争这二者之间，又有一点是相通的，那就是都少不了"鼓"与"舞"。后来，"鼓"字与"舞"字经常连用，就成了一个双音词。我们今天说，因为某某事而感到很受"鼓舞"，这里的"鼓舞"一词，即"使人振作，增强信心和勇气"之意。组词："鼓励""偃旗息鼓""大张旗鼓""京韵大鼓"等。山下旌旗在望，山头鼓角相闻。（《毛泽东·西江月·井冈山》）

晨：会意字。会意以手来耕耘除虫。古人日出而作，耕作自然是早晨了。本义就是太阳出来的时候。组词："早晨""晨光""寥若晨星""晨秦暮楚"等。例句：水波文袄造新成，绫软绵匀温复轻。晨兴好拥向阳坐，晚出宜披踏雪行。（《白居易·新制绫袄成感而有咏》）

磬：会意字。会意手执槌子敲击悬磬之意。最早的石磬出现于新石器时代，在中国的打击乐器中，它的起源较早。石磬在商代是重要的礼乐之器，商人用以祭天地山川和列祖列宗。1950年河南省安阳市殷墟出土的虎纹石磬正面刻有雄健威猛的虎纹，可称为商代磬中之王。据测定，该磬有5个音阶，可演奏不同乐曲，轻轻敲击，即可发出悠扬清越的音响。组词："石磬""磬乐"。例句：月峰禅室掩，幽磬静昏氛。（《吕温·终南精舍月中闻磬声诗》）

◎ 麦黍受年

麦：象形字，像整株麦子形，有根、叶、茎、穗。《说文》："麦，芒谷，秋种。"组词："小麦""不辨菽麦"。例句：大麦干枯小麦黄，妇人行泣夫走藏。东至集壁西梁洋，问谁腰镰胡与羌。岂无蜀兵三千人，部领辛苦江山长。安得如鸟有羽翅，托身白云还故乡。（《杜甫·杂歌谣辞大麦行》）

黍：象形字，像黍形，黏谷。罗振玉释：黍为散穗，与稻不同，故从之状以像之。《说文》：黍，禾属而黏者也。组词："黍米""玉蜀黍"。例句：黑黍春来酿酒饮，青禾刈了驱牛载。大姑小叔常在眼，却笑长安在天外。（《曹邺·田家效陶》）

受：会意字。一手推舟一手承之的样子。《说文》解释为，相付也。本义为"两手互相授受"之意。组词："感受""受益""受用无穷"等。例句：何时眼前突兀见此屋，吾庐独破受冻死亦足！（《杜甫·茅屋为秋风所破歌》）

年：会意字，像是一个人背着禾，会意谷物成熟收获之意。至于今天的"过年"，已经含有新的意义了。春夏秋冬周而复始，谓之一年。在古人的想象中，"年"是一种为人们带来坏运气的动物。"年"一来，树木凋敝，百草不生；"年"一"过"，万物生长，鲜花遍地。"年"如何才能过去呢？需用爆竹轰，于是有了燃鞭炮的习俗。当然，如今的过年燃放鞭炮只剩下喜庆的意义了。组词："过年""连年有余""年富力强"等。例句：夏曰岁，商曰祀，周曰年，唐虞曰载。（《尔雅·释天》）

商民族迁都北蒙以后，逐步发展起来稳定的种植业，成为游牧与原始农业的分界。据记载，当时已经培育成功了今天所谓的"五谷"，即稻、黍、稷、麦、豆。在著名的一片卜辞中记载有：东土受年，南土受年，吉。西土受年，吉。北土受年，吉。这是说占卜东土、南土、西土、北土的年谷成熟；粮食的富余与水果的发酵，促进了酿酒业的发展。1983 年殷墟发掘的一个商代后期的古墓中，就发现了一个密闭的装有酒液的青铜饕餮纹卣。经北京大学化学系分析，铜卣中的酒为葡萄酒。这可真是世上最古老的酒呀！

殷商时期酿酒业已经非常发达。大量的征战、祭祀离不开酒。国家政治生活中宴请方国宾客、军戎钱行、封侯任官、养老教子等，也都离不开酒。更有甚者说殷纣王腐败到营造"酒池肉林"供其享乐。殷商时代酒品大致有三类：黄酒、甜酒、香酒。甜酒味甘性平，即使豪饮也不会醉人，而香酒主要是祭祀用的。

◎ 豕马牛羊

豕：象形字，像猪形，有头、身、腹、前后腿足和尾，并有鬃毛。《说文》："豕，彘也。竭其尾，故谓之豕，像毛足而后有尾。"家，造字，源于猪。组词："母猪""猪娃子""猪为六畜首""人怕出名猪怕壮"。例句：阮籍生涯懒，嵇康意气疏。相逢一醉饱，独坐数行书。小池聊养鹤，闲田且牧猪。（《王绩·田家三首》）

马：象形字。甲骨文是一个侧面的马形。古人造字很有技巧，既要使用最简洁的笔画，又要区分形体相近的事物的不同的字体。我们前面说到的"牛""羊"都是正面观察。马，侧面观察，强调的是"马鬃"和"马尾"。组词："马虎""马到成功"等。例句：枯藤老树昏鸦，小桥流水人家，古道西风瘦马。（《马致远·天净沙·秋思》）

牛：象形字，像牛头形，有角、面和耳，以局部头，盖全体。《说文》："牛，大牲也。"组词："牛奶""九牛一毛""牛郎织女"等。例句：斜阳照墟落，穷巷牛羊归。野老念牧童，倚杖候荆扉。（《王维·渭川田家》）

羊：象形字。像正面的羊头形，有角、面、耳。由头局部概全体。《说文》："羊，祥也。"组词："山羊""虎入羊群""挂羊头卖狗肉"等。例句：空迹昼苍茫，沙腥古战场。逢春多霰雪，生计在牛羊。冷角吹乡泪，干榆落梦床。从来山水客，谁谓到渔阳。（《戴司颜·塞上》）

豕就是野猪，殷商祭祀用的牺牲。由于殷商时代气候的温湿，不仅有大型动物如象、虎、豹、鹿的出没，狩猎所获的动物产生剩余，逐渐对幼小的捕获动物开始圈养，野生的猪、马、牛、羊等，经过驯养驯化，衍生了早期的养殖业。这也从一个侧面反映了商代晚期社会已经逐渐进入了稳定的农耕时代。殷商时期，民间农耕已经进入金石并用阶段，劳动力获得初步的解放，劳动效率大大提升。所有这一切，都应该归功于商代第 20 位国王迁都的英明决策，255 年的"再不徙都"，创造了伟大的商文明。

由于甲骨文字的"表意"特征，中华文明得以一脉相承，中华优秀传统文化是我们的民族的 DNA，我们要树立坚定不移的文化自信，屹立于世界民族之林。

◎ 后 记

　　1999 年我写了一本文史随笔《百年话甲骨》，对于当时殷商甲骨学普及读物稀缺的图书市场来说，无疑起到了一定的推动作用。那是基于我 1986 年创作电视剧《甲骨魂》，和创作编导大型仿殷乐舞《商颂》的资料积累。1999 年 7 月，我即受邀与时任中国殷商文化学会会长的王宇信先生一同参加了央视《读书时间·甲骨学一百年》栏目，后来该书又于 2001 年参加了第 37 届国际书展，并赠送开罗大学图书馆。

　　时光荏苒，一晃 20 年过去了。2019 年 11 月，习近平总书记致信祝贺甲骨文发现和研究 120 周年，再一次提到坚定文化自信与促进文明的交流与互鉴……甲骨文是迄今为止中国发现的年代最早的成熟文字系统，是汉字的源头和中华优秀传统文化的根脉，值得倍加珍视、更好传承发展。

　　传承，就是一棒一棒地接力下去。文化自信不仅仅是专家们的事，更是全民族尤其是青少年的事。当然不是让他们去"啃"甲骨，人人都变成甲骨学家或者甲骨书法家。而是让孩子们从小就懂得甲骨学殷商文化的科学内涵、古人智慧，更好地去弘扬甲骨文化的价值、意义，以及我们须臾不可分离的汉字源头甲骨文字在世界文明史上的重要地位。

　　这些年陆续出版过一些公众考古读物，如《殷墟　殷商　殷都》《大家来学甲骨文》《趣谈殷商》等，也做过几百场以"身在殷都、懂我殷商"为主旨的"神奇甲骨文"讲座、动漫《梦回殷商》等。此次删繁就简拨谬更新拢到一起，尤其是增添了 20 年来的新发现、新成果，易名《神奇甲骨文》，希望能对日益兴起的研学实践和有志于学习中华优秀传统文化的各界同人有所裨益。

付梓之际，特别感激我的恩师引路人、八十岁高龄的甲骨学泰斗、中国社会科学院荣誉学部委员王宇信先生，王老的大序曾为我二十年前的《百年话甲骨》增光添彩。此次王老再次慷慨命笔，为拙作题署书名，实乃耳提面命奖掖后学耶！还要感谢舍弟刘志敏先生，他以公众考古学者身份，致力于安阳的红色培训与研学实践，多有创建，补我之短板也。

秋分在即，凉风习习，拙作杀青，是以为记。

庚子年桂月初四日作者识于安世轩